# 2013中国电商营销案例年鉴

金麦奖巅峰案例全纪录

红旗出版社

**图书在版编目(CIP)数据**

巅峰营销：2013 中国电商营销案例年鉴 / 金麦奖组委会编著.
—北京:红旗出版社,2014
ISBN 978-7-5051-3141-5

Ⅰ.①巅… Ⅱ.①金… Ⅲ.①电子商务-市场营销学-案例-中国-2013-年鉴 Ⅳ.①F724.6-54

中国版本图书馆 CIP 数据核字(2014)第 128610 号

---

**书　　名** 巅峰营销：2013 中国电商营销案例年鉴
**编　　著** 金麦奖组委会

| | | | |
|---|---|---|---|
| **出 品 人** | 高海浩 | **责任编辑** | 丁　鋆 |
| **总 策 划** | 蒋国兴 | **特约编审** | 王晶菁　金　烨 |
| **总 监 制** | 徐　澜 | **封面设计** | 陈　喆　岳瑞友　回归线视觉传达 |
| **策　　划** | 陈青晓　杨清宇 | **图文排版** | 杭州兴邦电子印务有限公司 |

**出版发行** 红旗出版社
**地　　址** (南方中心)杭州市体育场路 178 号
**邮　　编** 310039　　**编 辑 部** 0571-85310806
**E-mail** rucdj@163.com　　**发 行 部** (北京)010-64036925
(杭州)0571-85311330
**欢迎项目合作　项目电话** (北京)010-84026619
(杭州)0571-85310806
**印　　刷** 杭州富春印务有限公司

**开　　本** 710 毫米×1000 毫米　1/16
**字　　数** 284 千字　　**印　　张** 19.25
**版　　次** 2014 年 7 月北京第 1 版　2014 年 7 月杭州第 1 次印刷

**书　　号** ISBN 978-7-5051-3141-5　　**定　　价** 68.00 元

# Content
# 目录

**家庭及汽车类**



**数码电器类**



**食品饮料类**

### 其他类



## Part Ⅲ 营销趋势

Preface

# 序言

## 激荡时代，更需冷眼旁观

叶茂中

叶茂中营销策划机构董事长，2008 年荣获国家工商局颁布的中国广告 30 年突出贡献大奖、中央电视台策略顾问、清华大学特聘教授。

回顾历史，人类在短短150年间就经历了五次科技革命，以棉纺业的变革为起点的工业革命时代、蒸汽机与铁路时代、电力钢铁和重型机械时代、汽车大规模生产时代，一次次变革都大幅度地改变了人们对于世界的认知。大多数人都有这样的认知：这100多年的科技成果，大于过往几千年的科技总和。

而第五次科技革命，也就是信息革命，则彻底颠覆了人们对于这个世界的认知。

如果说前几次的科技革命成果是各种金属和机械的轰鸣之声，通过钢铁和石油来展现人类改变世界的力量的话，那么信息革命的狂潮则真正作用在了每一个人身上。

世界上最远的距离本来就是“距离”二字。在过去的几千年里，距离永远是困扰人类的最大难题。只怪地球太大，我们太小。为何古时知己送行，都要西出城外十里？因为今日一别，下次相逢不知是何年。而距离带来的沟通效率低下，更是限制着社会前进的脚步。当一个所有人都可以无缝即时对接的时代来临时，这种切身之感，让我们每个人都不由自主地去体会、拥抱这个时代。

互联网改变了一切，商业也不例外。很多年前比尔·盖茨就告诉所有人，21世纪不做电子商务，那就无商可务了。所有人都知道这话没错，可没人知道真正的“电子商务”是怎么一回事。而短短十几年时间，这出大戏的第一幕已经开始华丽上演，淘宝平台2013年销售额1.4万亿元，垂直电商京东2013年销售额也破了千亿元。

但是在飞奔过后，硝烟逐渐散尽，剩下的却更多是迷茫和彷徨：飞速狂奔的时代，带动着一日千里的商业体系和模式，淘宝从成立到突破万亿规模，被《经济学人》称为“世界上最伟大的集市”，才花了不过10年的时间。对于“电子商务”这个绝代佳人，我们大可以感慨：10年之前，我不认识你；10年之后，我依然看不透你。也许我们唯一清楚的一件事就是，电商并不是把商品放在网上卖这么简单，线上的生意绝不是一本万利的露天金矿，而厮杀的程度也可能更为激烈，更是陷阱满地、暗流涌动。更加让人挠头的是，每一个问题都是崭新的，没有经验参考，没有前人指导，一切都是未知。

在电子商务应用越来越广泛的环境下，老牌的传统品牌上线之后，该如何解决产品价格战压力、同质化竞争、传统经销渠道的冲突？

· 在线上如何更好地借势，如何玩转事件营销，如何利用新媒体向目标客户群更好地传播？

· 在选秀节目横行、真人秀遍地开花的今天，如何利用此类事件抢夺资源？

· 在包邮五折的时代已然成为过去时的情况下，在“双 11”已经初显审美疲劳之时，如何再度抓住消费者的目光？

· 在电商这样一个虚拟购物场景中，如何采用一些特殊方式去销售类似汽车、珠宝类型的贵重商品？

……

这是一个知识与经验让位给洞察力、创造力和想象力的时代。

因为，当没有前人的智慧和总结、成功与失败当作参考物之时，我们却不能就此停下前进的脚步，既需要吃螃蟹的勇气，更需要破解这新时代营销迷雾之颠覆性的创造力和想象力。当然，三国时代再怎么风起云涌，若是没有陈寿和罗贯中，精彩少了不只三分。我们需要感谢这个时代里营销的破局者和拓荒者，也要感谢记录者和分享者。将这些闪耀着智慧光芒的案例进行冷静的旁观、整理和分析，实在是一件善莫大焉的事。

· 想知道茵曼、裂帛、阿卡这淘宝女装的三巨头为何会联手？

· 想知道烟王再度出山之作“褚橙”怎样利用电商的力量一天卖 4500 箱？

· 想知道红米如何在一分半钟时间里卖掉 90 万部手机，如何吸引超过 700 万用户预约？而他们又为何独独选中 QQ 空间作为主战场？

· 想知道周生生如何利用一只蝴蝶推广铂金，而佐卡伊又如何在网上卖钻石？

· 想知道三星 Note3 如何又和微信中的“摇一摇”扯上了关系？

……

相信在这本《巅峰营销——2013 中国电商营销案例年鉴》中，你会找到自己想要的答案。

在自然界中，狼是一种很奇特的动物，因为这是唯一一种在奔跑中也能保持冷静思考的动物。在这个飞速狂奔的时代里，希望你能一边撒丫子狂奔，一边冷静地审视和洞悉这个时代的真相。

愿你喜欢这本书。

叶茂中营销策划机构董事长　叶茂中

Preface

# 序言

## 电商本质是实效

贾丽军

大中华区艾菲奖执行主席、《创意经济》杂志主编、卓越形象创意产业机构（EXISCHINA）CCO 首席创意官。

互联网为营销带来了新思路和新挑战。传统的行业在进军互联网，尤其互联网电商，而传统电商行业的利润空间在以价格为主导的“红海战役”中愈显微薄。此刻，一个线上与线下交互转型的大时代已经来临，促成交互成功的关键在于有塑造、有实效的品牌。在品牌营销的评估中，电子商务的本质就是实效，而艾菲中国和《卖家》杂志的联姻更是一次高契合度的合作，是一个漂亮的实效营销案例。

1968 年，美国营销协会创立艾菲奖时定下宗旨：“创意，以实效论英雄。”艾菲奖认可所有有助于品牌营销成功的传播形式。只要效果得到验证，任何营销传播媒介或媒介组合所诠释的创意都可以角逐艾菲奖。时至今日，艾菲奖已经覆盖了全球 40 多个国家和地区，赢得艾菲奖标志着一种国际水准的专业成就。

艾菲中国是国际艾菲在中国的唯一执行机构，接受国际艾菲机构和中国广告协会的共同领导。艾菲中国秉承国际艾菲宗旨，联合两岸三地具有专业实力与公益心的行业精英机构与专家，共同提升行业的专业标准，促进大中华地区营销传播业与世界的交流与发展。

借助艾菲国际化的管理模式，嫁接《卖家》杂志在电商圈广泛的影响力，它的合作实效就是金麦奖。

从 2013 年 8 月 1 日案例征集以来，截至当年 11 月底，金麦奖共收到逾 200 个符合参赛资格的电商营销案例，质量之高超过我们的预期，这说明 2013 年的确是一个电商创意的勃发之年，也证明金麦奖生逢其时。这些案例中包括了天猫“双 11”大促、“My Starbucks Rewards™——星巴克香港”、红米首发社会化营销、“褚橙”营销案例等 2013 年电商圈著名的营销事件。

这些可圈可点的案例把我们的视角引向了当下关注的许多热门话题：传统零售商如何做未来？O2O 是否雷声大雨点小？无线端是否为新的流量豪门？社会化营销是否有新玩法？大数据怎么用？等等。这些案例或是以鲜活的结果或是以再定义的方式给了我们可供借鉴和选择的答案。

《巅峰营销——2013 电商营销案例年鉴》就是围绕着这些巅峰案例展开。通过对

36个入围案例进行深度解读，由资深营销专家进行专业、细致的剖析，它给我们带来一个深度剖析、传递信息和交流互动的平台和空间，同时也为我们深度提炼和再现了金麦奖的案例精髓。

翻开书，金麦奖的大门轰然打开，让我们共同走进这个创意无限的世界，共同领略电商人带给我们的饕餮盛宴！

大中华区艾菲奖执行主席　贾丽军

Preface

# 序言

## 营销的最好时代

胡志弘

“淘宝天下”—— 一个打造中的枢纽型电商服务平台、一家具有互联网特质的媒体公司的掌门人。潜身传统纸媒 20 余年，与团队共同致力于文化创意、文化创造领域的采访与写作，营造了广泛的影响力。2009 年，推动“以新媒体为核心的全媒体战略”的浙江日报报业集团与中国最大的电子商务平台阿里巴巴集团共同创办纸质新媒体《淘宝天下》后，投身于新媒体，探索传统纸媒的互联网化转型。4 年来，与团队一起成功将《淘宝天下》从最初的单一纸质媒体打造成为拥有《淘宝天下》纸刊、电子刊、官网，《卖家》纸刊、电子刊、官网以及基于大数据营销的 DM“店惠宝典”所构成的、面向淘宝用户和商家的复合型服务平台。

作为观察者、记录者和参与者，不妨把《卖家》比作是一江春水里的水鸭，很早就感知到了营销在电子商务生态圈里的温度。营销学在传统零售业早已花起花落几多年，营销之术也早成为诸多零售大鳄和规模品牌的必杀技。但当我和团队5年前带着传统媒体的惯性思维闯入电子商务圈时，就重重地撞在了那道无形的墙上，撞得有点不知所措。回头再看，一是因为传统品牌广告的营销理念在以追求效果为导向的电商面前显得疲软无力；同时，我们也应该意识到，当大部分电商卖家尚以生存为要义时，奢论品牌和营销，无疑是向一个刚刚毕业的大学生推销带花园的别墅了。对于他们而言，营销还是奢侈品。但星转斗移，到如今，电商圈早已是不营销不电商了。

2013年“双11”期间，我去了温州某品牌公司，现场感受惊心动魄。从10日晚零时起，老板们的目光就停留在了两个数字上：成交额、流量。然后就是感叹流量的今不如昔。其实这很正常，5年前淘宝数千万的日均UV对于卖家还是机会均等的面包，而当更多有实力和营销技巧的传统品牌转身电子商务，经历10年磨砺的淘宝大卖家日渐成熟时，淘宝日均亿万的流量对于不少卖家而言却已是杯水车薪。如果单纯地依靠一二渠道来引流，无疑已经力不从心。习惯于在线下运用各种营销武器的传统品牌，一旦熟知互联网的种种运作手法，更是将营销用得长袖善舞。此时，营销已是核心之器了。

其实，我们生活在一个营销的最好时代。思想更OPEN，终端更多元，传播更即时，营销的手法更能依靠创意和技术直抵人的内心。小投入也能搅动大江湖，一句话也能让一个品牌成为永久的记忆。但这一切对于众多的电商而言还是力所不逮。如何让奢侈品成为一个大众品，如何让一个创意、一种技术启迪大众，如何让小圈子的智慧惠及大圈子，还需要多个平台、多个推手。由浙江日报报业集团和阿里巴巴集团共同创办的淘宝天下传媒（TBTX）经过5年的转型，已经从一家面向淘宝消费人群的纸质媒体全面成长为一家具有媒体特质的互联网服务公司，“媒体＋互联网＋服务商”的新角色已逐渐融入电商生态圈。旗下的《卖家》杂志与中国艾菲携手推出的金麦奖就是力图营造这么一个服务平台。希望我们的努力能够得到你的认同，并邀你共同构筑起中国电商的梦想。

淘宝天下周刊社总编辑　胡志弘

金麦奖

golden wheat awards

# 金麦奖介绍

# 金麦奖

## 中国电商实效营销大奖

金麦奖由国际营销大奖艾菲奖与中国最具影响力的电商媒体《卖家》共同打造，是首个电商领域国际标准的营销大奖，旨在评选全网顶级企业的跨平台、跨渠道的实效营销案例，为寻求突破的电商企业提供突破瓶颈的策略，为传统转电商的企业提供切入电商的理想模式。

- 国际化的奖项运作管理模式，多年传播运作经验和媒体资源，打造国内最具影响力的电商营销奖项。
- 百位电商及营销领域的专业评委，挖掘年度最具实效营销的电商案例。
- 探讨、分析热点营销话题，构建电商营销行业标准，为企业搭建最具影响力的营销平台。

## 联合主办

艾菲奖 1968 年由美国营销协会创立
中国唯一官方引入的国际大奖
艾菲奖宗旨是“以实效论营销”
被誉为营销传播界的“奥斯卡”

创刊于 2010 年，中国第一本专注于网上零售的先行媒体
提供富有远见的电商经营解决方案
“做电商看《卖家》”已成为圈内人的共识

从 2013 年 8 月 1 日启动营销案例征集以来，至 11 月底截稿日止，金麦奖共收到逾 200 个符合参赛资格的电商营销案例。

经过评审，各类奖项共计入围案例 47 个，最终获奖 13 个。它们代表了 2013 年电商营销领域的最高水平。

## 资深专业的评委阵容

金麦奖评审由行业推荐和定向邀约产生，由中国广告协会、中国艾菲机构、《卖家》杂志理事会本着“客观、公正、严谨”的态度，对评委的资历和资格严格审核后确认。

评委包含电商领军企业高管、顶尖电商服务商和广告公司创意总监、电商主管单位和行业协会领导、传媒行业领军人物、院校广告营销专业研究学者等。

# 评委阵容（部分）

梁春晓
前阿里巴巴集团高级研究员、副总裁

叶茂中
叶茂中营销策划机构董事长

陈岩
分众传媒
(Focus Media)
首席战略官

吴飞
浙江大学传媒与国际文化学院院长，浙江大学数字未来与媒介社会研究院院长

郑志昊
腾讯公司副总裁

（以下排名按照姓氏拼音首字母顺序排列）

包文青　广州星光聚网络科技有限公司（星光聚品牌梦工厂）CEO 、创始人
陈功伟　浪淘金(北京)科技有限责任公司高级副总裁
陈亮途　威动营销董事、总经理
陈　先　杭州智在枫为品牌管理有限公司总经理
胡志弘　淘宝天下周刊社总编辑
黄嘉鹏　艾瑞市场咨询(iResearch)副总裁
黄　若　前当当网首席运营官，天猫商城首任总经理
贾丽军　中国艾菲奖推广委员会执行主席
贾　育　中科院博士，两岸和商网创始人
姜宁康　华东师范大学软件学院教授
金　光　资深电子商务专家，前阿里集团大客户部营销专家
林　亚　北京电子商务协会副会长兼秘书长
刘东明　中国电子商务协会 PCEM 网络整合营销研究中心主任
刘皇甫　微米联合创始人、CMO
朴世桓　杰尔鹏泰电商事业部总经理
申　音　NTA 创新传播创始人
沈　翔　知世安索帕首席创意官
宋中杰　维络城 CEO
王海波　中国网库创始人、董事长，中国 B2B 电子商务服务联盟主席
魏武挥　上海交通大学媒体与设计学院讲师，天奇基金首席战略顾问
魏燕翔（青鸟）　唯品会 VP
鬼脚七　独立自媒体人
吴孝明　奥维思副总裁
夏燕成　成都理工大学商务品牌研究中心主任，教授，硕士研究生导师
肖明超　商业趋势观察家、数字营销专家
许晓辉　凡客诚品副总裁
杨风召　南京财经大学国际经贸学院教授，电子商务系主任
俞　雷　喜临门家具股份有限公司副总裁兼国际事业部总经理
袁　岳　零点研究咨询集团董事长，飞马旅发起人、CEO
张　璐　氩氪互动总经理
张惠辛　中国广告社长兼主编
赵何娟　钛媒体创始人

金麦奖

golden wheat awards

# 优秀案例

## 女装类

[本案例荣获 2013 金麦奖 | 女装类　金奖]

[本案例荣获 2013 金麦奖 | 最佳社会化营销类　入围奖]

# 茵曼、裂帛、Artka 阿卡三大互联网原创女装品牌 # 光复单身 #“双 11”推广

文 | 金　烨

**项目介绍：**2013 年天猫“双 11”，分别获得女装类目销量第一、第三、第四的三个淘品牌联手投放以“光复单身”为主题的电视广告，无论是线上视频的播放次数、微博 # 光复单身 # 的话题排名、各大门户的新闻报道、“双 11”当天的销量，数据都令人惊喜——# 光复单身 # 无疑是 2013 年“双 11”前最引人注目的营销事件。

**营销背景：**

女装类目作为淘宝天猫的第一大类，同质化现象严重，同时淘内流量成本日益增加，纯粹的流量购买低价折扣转化，越来越得不偿失。另一方面，女装类目也是传统线下品牌的必争之地，ONLY、欧时力、歌莉娅等携其多年积累的品牌力加入电商大战，加剧了女装类目的竞争。

起源并成长于互联网的原创女装品牌茵曼、阿卡、裂帛作为女装类目的佼佼者，如何面对来自淘品牌和传统品牌的双向挑战，增加品牌在大众消费者中的知名度，实现销售二次飞跃，从而坚守江湖地位，已经显得迫在眉睫。

天猫也提出：商家不只要关注“双 11”做到多少销量，更要关注“双 11”为未来留下了什么。这对三大女装品牌提出了一个核心问题——如何在关注旺季节点做销量的同时，发力品牌建设。本案正是在这个背景下应运而生。

**营销策略：**

**内容策略：**发挥互联网一贯以来在洞察消费者消费心理上的优势，发现三大品牌消费者共同的情感需求，提出动人心弦又具备社交媒体强烈性话题的主题诉求 # 光复单身 #，并策划设计充满创意的传播内容和互动机制。

**媒介策略：**当很多传统品牌还在犹豫传统媒介和新媒介投放的分配比例问题时，本案着力于驾驭传统媒体和新媒体的交互模式，制造社会化病毒事件，短时间内集中引爆话题，实现有限资源下的影响力最大化。

本案的难点在于需要在短时间内快速提升三大网络原创女装品牌在大众消费者（区别于网购消费者）中的知名度和影响力，吸引新消费者在“双 11”购买。传统女装品牌基于遍布全国的专卖店专柜，直接通过销售终端的海报广告牌、橱窗陈列、明星模特代言等常规手段，就能很好地达成品牌传播和提升销量的目的。加上女性消费者普遍品牌忠诚度不高，购买服装随意性极大，依靠品牌广告吸引消费者的营销行为比较少，所以在大厦墙体投放巨幅的新款时尚大片广告是最常见的模式，我们很少见到传统女装品牌在其他渠道投放广告。

而三大互联网女装品牌并没有线下落地的专柜，他们的销售渠道只有天猫旗舰店。天猫的户外广告牌、大厦内海报就是所谓的淘宝首焦、“双 11”活动页面、直通车等展示广告位，很容易就淹没在茫茫的引流 BANNER 中，而且展示的内容非常有限不说，也无法触及到大众消费群体。

如何另辟蹊径吸引大众消费者关注并认识、认同茵曼、阿卡、裂帛，并形成购买冲动？靠传统营销的创意品牌广告投放肯定不行，靠淘内及线上 BANNER 广告投放也不行。三大互联网女装品牌的方法是创造了一个 # 光复单身 # 运动的话题，通过投放电视广告吸引全社会关注，引发社交媒体病毒式传播，引流落地到 MINISITE 进行与产品和店铺的直接互动，最终在“双 11”三大品牌的天猫旗舰店转化成销量。我们可以把本案简单粗略地归纳为以下几个步骤：

1.“双 11”前 5 天，雇用名人开始泄密式预热，一是爆料 TVC 包日投放，引发对土豪广告主的猜测，二是爆料TVC 内容，文艺清新范儿，引发网友好奇。

2.“双 11”前 4 天，即 11 月 7 日，投放东方卫视包日广告，讲诉三段不同生活态度女性的 # 光复单身 # 云南之旅，传播品牌理念，引发女性强烈共鸣，引爆话题。

3. 与此同时，通过雇请名人微博大号讨论转发、视频网站同步 TVC 播放、线上移动端广告投放，使 # 光复单身 # 全天占据新浪微博热门话题榜首，引发网民热议并主动参与讨论，持续加剧话题热度。

4. 线上流量落地到活动 MINISITE，通过签订 # 光复单身 # 协议互动活动、发放“双 11”优惠券引导新消费者收藏关注三大品牌的天猫店铺，引爆“双 11”当日销量。

从预热到引爆，整个营销过程不过 5 天，效果却是惊人的：活动期间品牌曝光量达到 3.15 亿次，TVC 网络点击播放量 350 万次，消费者主动搜索量 120 万次；三大品牌官微粉丝增长近 9000，26.8 万微博话题讨论了 # 光复单身 #，值得关注的是其中 72%是用

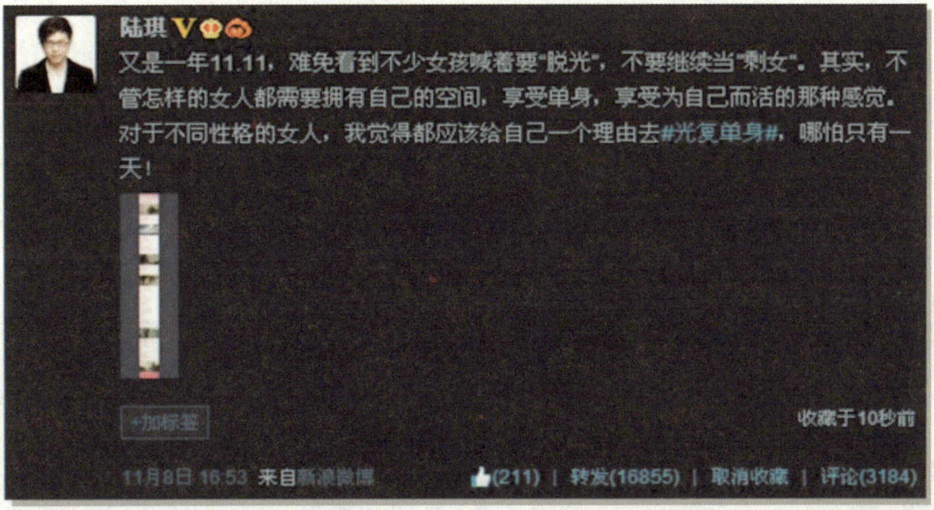


户自发产生的讨论，超 550 个蓝 V、黄 V 大号主动参与讨论，新华网、《新闻晨报》等海内外媒体主动报道。

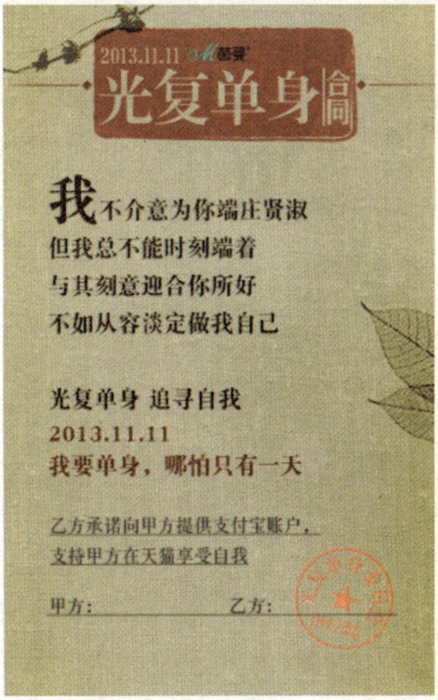


主动传播和被动接受是两个完全不同的境界，也就是近年来我们所说的传播呈现出无中心、网状化的趋势，读者即媒体、用户即媒体、人人都是媒体。一个成功的营销活动，必然能够吸引用户自发主动传播。而衡量一个营销活动的影响力，是否有传统媒体把它当做事件主动报道是一个重要标准。只有成为社会性话题，才能让传统媒体把你当做一篇新闻而不是软文。

所以我们不禁要问，# 光复单身 # 这个话题真的能吸引几百万点击、几十万普通消费者和几百个大号讨论、传统媒体主动报道吗？答案是能。这个看似表达不够直白、内涵也不算深

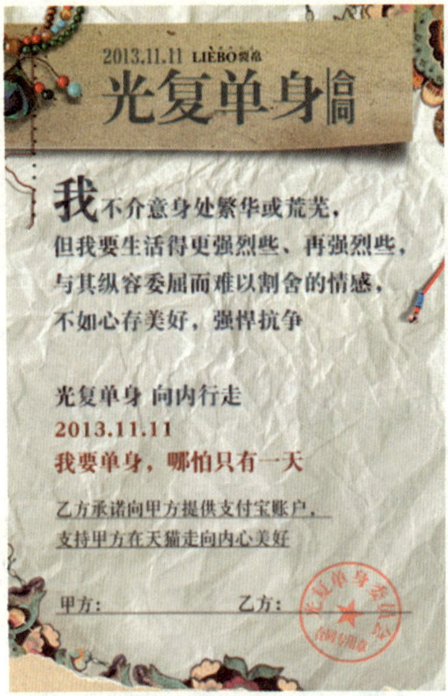


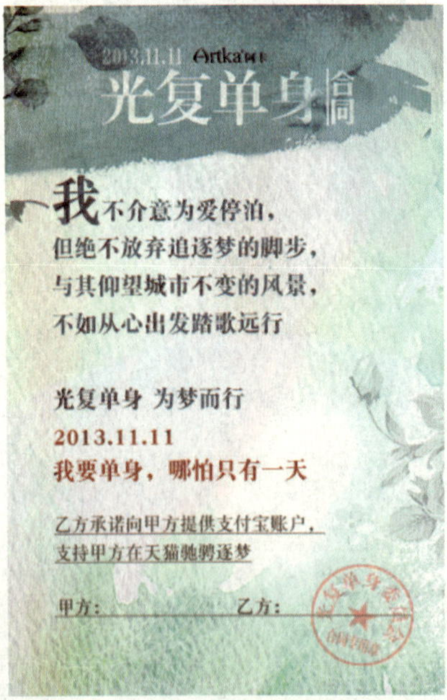


刻的话题，在适当的时间、用适当的方式传播出去，造就了不一样的内涵和非凡的影响力。

“双 11”在成为购物节之前是光棍节，人人要脱单，茵曼、阿卡、裂帛却反其道喊起了女性要单身的口号——“我不介意为你端庄贤淑，但我总不能时刻端着，与其可以迎合你所好，不如从容淡定做我自己。光复单身，追寻自我。”反潮流、反常规，但充满正能量。

广告片拍摄地是文艺朝圣地云南，三家女装的御用模特行走在纯朴的古镇、广阔的草原、蜿蜒的山间小路上，头顶蓝天白云，身穿最具代表性的各自品牌服饰，唯美的拍摄风格，自我宣言般的独白，让三部广告片都充满了浓浓的文艺感。不难发现倡导女性独立自主、自由生活本就是这三个品牌的理念，目标消费群体是有梦想的文艺女青年，向往一场说走就走的旅行。而这三则广告片，完美充分地展示了这一点，并引出“双 11”女性回归自我过一天单身生活的话题。

契合当下热点的好内容加上好的表现形式，为话题的引爆奠定了基础。

酒香也怕巷子深，本案破天荒地把传播渠道也炒作成了一个话题，并且让 # 光复单身 # 的内涵上升了一个层面。三则广告片通过东方卫视包日投放，开创了中国电视广告投放的先河。做前人从未做过的事，怎能不成为话题？

广告媒体界关注了。在大众眼中“小而美”的淘品牌抱团投放属于传统大品牌才有资本使用的电视广告，是否预示着淘品牌出逃，是否宣告了传统女装品牌冲击电商的同时，互联网品牌也开始冲击线下市场了。无论话题是不是光复单身，淘品牌卫视包日投放这个行为，都能将话题本身升华成专业领域的行业事件。@传媒老王、@广告门、@龚文祥、@麦迪逊邦等一批社交媒体上极具影响力的意见领袖加入点评，事件对营销界的轰动效应和学习价值无疑又能刺激消费者和新闻媒体进一步关注。

另一方面，#光复单身#话题本身落地在社交性极强但又不那么私密的新浪微博，吸引了女性情感类大号的关注讨论，@陆琪、@苏岑等女性知心专家分析#光复单身#的社会意义，名人带动普通消费者，持续在新浪微博上发酵话题，引起了病毒式传播。尽管微博在微信的冲击下开始走下坡路，但对于#光复单身#这样充满宣誓性的话题，私密性不强、名人大号粉丝数极高的微博无疑是最合适的。

但是，微博上讨论得再热烈都无法直接成为销量，#光复单身#的第四步是利用微博的热度，配合全网和移动端女性论坛和社交网站的定向广告投放，将对此感兴趣的用户吸引到活动MINISITE上，由名人牵头签约#光复单身#协议，抽取云南旅游机会，派送“双11”优惠券，展示文艺风格新款服饰，线上互动和销售结合，成功地把话题的热度转化成销量。

综观#光复单身#这个案例，我们不难发现它与近年来互联网思维下大多数成功案例都类似——创造一个多维度的话题，既满足消费端的基本情感诉求，又能引发专业领域探讨，利用新媒体平台、通过名人大号带动普通用户产生病毒式传播，打造全社会影响力，并且最终都直接落地到线上销售渠道。既传播品牌理念，又极大地提升销量。这也是金麦奖倡导的实效营销理念，不能对实际销量负责的品牌传播都是耍流氓。我们期待今后，三大女装和更多的电商品牌能够策划出这样具有全社会影响力的正能量营销事件。

**专家点评**

**点评：**金　光

资深电子商务专家，前阿里集团大客户部营销专家。

# 淘品牌新贵与传统媒体的一次超物种恋爱

2013 年“双 11”电商大战前夕，天猫领衔，京东、苏宁、当当等电商平台跟进，纷纷抢占各大电视荧屏和电脑屏幕、大战尚酣之际，三则分别时长 80 秒，名为“光复单身”的广告横空出世，斥千万巨资包揽了东方卫视的全日广告（8：00～17：00），抢了各大电商平台的不少眼球。

裂帛、阿卡、茵曼，对于网购消费者而言，是耳熟能详的网络原创品牌，是女装行业中新复古主义的三面红旗。与传统女装不同，它们售卖的不是时尚，而是文化。比如裂帛带有流浪气质的“边缘文化”；茵曼倡导的麻棉主义口号下的“森女文化”；阿卡拜占庭风格的“女巫文化”等。每一个品牌只聚焦一个小众人群，只考虑百分之十，甚至百分之一消费者的需求，是典型的小众品牌。在消费者心目中，其品牌影响力并不亚于 ONLY、欧时力、江南布衣等传统女装大牌。但在传统的消费者心目中，有很多是第一次听闻这三个品牌的名字，未免有些惊诧。

其实，这是一次淘品牌新贵与传统媒体的超物种恋爱。

诞生于互联网的淘品牌们，在媒体推广的选择上，似乎天生就应该抛弃传统媒体而拥抱网络媒体，但三大女装品牌这次却出人意料地选择了东方卫视这样的传统媒体去引爆，背后究竟有哪些原因呢？

近些年来，随着网购人口红利的逐渐减弱，人口红利的巅峰时代也成为过去，网络推广的成本越来越高。寻找新的用户，成为网络媒体从网络平台发展到网络品牌的重中之重。

那么，新的用户在哪里？

我们不仿回顾一下，近些年来，在网络媒体的攻城略地下，报纸、杂志经营窘迫，步履维艰，但是电视台却仍然欣欣向荣。很多网络品牌和平台，如京东、易讯等，在电视媒体上的投放并不少。

毋庸置疑，电视媒体还是中国的第一大媒体，根据市场研究公司尼尔森（Nielsen）发布的最新《全球广告视野》报告显示，2013 年各媒介的广告支出和发展趋势与之前的预估基本一致：电视广告依然是广告发布商的首选平台，其全球份额高达 50%以上，而在中国大陆地区，其增长也超过 15%以上。短期内，其霸主地位将无可替代。

传统的电视广告投放，不外乎就是标版、栏目赞助、随片广告、企业宣传片等。包断卫视全日广告，尚属首次。

这是一次冒险。

从事后的数据来看，这是一次成功的尝试，不算东方卫视覆盖的常规人群，仅就广告视屏在网络上的播放，5 日内就达到了近 800 万人次，网络总曝光量超 3 亿以上。三大网络原创品牌目标搜索量也超万百。

从内容来看，这三则广告也有很多开创性的创新，比如互为竞争对手的三个品牌居然联手拍摄广告。而内容，也摒弃传统的说教和“高大上”的价值观，别出心裁地呼吁女性在 11 月 11 日“光棍节”这一天，回归简单独立，释放自我光芒。看似违和，但却得到了广大“屌丝女”到“白富美”的呼应和认同。

但美中不足的是，这次活动，看似美好，可惜浅尝辄止，昙花一现，只能算是“一夜情”，没能持续地与传统优势媒体发生关系，不无遗憾。以裂帛、茵曼 2013 年 10 亿级的销量，阿卡超 5 亿级的销量，完全具备在电视媒体上与传统品牌一较高下的实力。

从这次事件我们可以预估，未来网络品牌试水传统媒体将会越来越多，但在合作形式上需要有创新，而不仅仅只是单纯的广告投放。笔者的看法是，淘品牌或者网络原创品牌，前期可以依靠网络积累初期人气，然后通过创新的形式与强势电视媒体合作并引爆，成为全国性品牌。

期待这种“超物种恋爱”的案例越来越多。

**［本案例荣获 2013 年金麦奖｜女装类 银奖］**

**［本案例获 2013 年金麦奖｜最佳无线营销类 入围奖］**

# 韩都衣舍无线营销

在战略引导下，手机淘宝店铺已经成为商家的标配，对于无线端的玩法也在不断推陈出新。

文｜ 王晶菁

**项目介绍：**移动端是目前商家热抢的又一阵地，对于卖家而言，手机淘宝是最容易操作和上手的一个流量来源。作为互联网品牌代表，韩都衣舍在两年前就开始运营手机淘宝，从产品定位、营销活动创新等方面来围绕手机端用户进行运营，终在 2013 年“双 11”取得了无线端女装类目销量第一的桂冠。

**营销背景：**

· 2013 年，是手机闪购时代的转折点，也是无线成交爆发的一年。

· 韩都衣舍无线运营团队 2012 年 8 月成立时只有 1 人，2013 年 11 月扩充至 25 人，如何磨练团队成长。

· 无线端流量的引入与承接。

· 截至 11 月，无线端销售成交额已有 1 亿元，如何就全年 1.5 元的销售额进行最后冲刺。

**营销策略：**

根据移动端与 PC 端消费者的差异，对货品进行重新组合。前期在聚划算等平台进行流量导入。针对手机端在微淘和微博进行活动宣传，最后进行流量承接和转化。

随着移动购物时代的到来，商家的眼光早已不局限于 PC 端的流量争夺。从 2014 年年初淘宝重金签下长腿欧巴李敏镐为手机淘宝的代言人，并联动线上线下发起“3.8 手机淘宝生活节”，就能窥视淘宝在大战略布局中对无线端的重视程度。

在战略引导下，手机淘宝店铺已经成为商家的标配，对于无线端的玩法也不断在尝试和改进。女装品牌韩都衣舍是较早成立无线运营团队的，虽然 2012 年 8 月刚成立的时候只有 1 人孤军奋战，到 2013 年奋战“双 11”的时候已有 25 人，分管各个平台的运营，如 M.TAOBAO、天猫 APP、淘宝 APP、微淘、微信、微博等。这种团队扩充的节奏，相信也是很多商家经历的。在 2013 年的“双 11”大战中，韩都衣舍将无线端的主要推广和预热放在了微淘，与手机淘宝进行联动，最终达成了 2600 万元的销售，无线端的销量占旗舰店的 23%，摘得无线端女装类目第一的桂冠。

## 市场定位 产品区隔化

在做活动策划前，最重要的是了解用户需求和市场定位，即使是同一品牌的不同渠道，其消费者需求和市场定位也有所区别。韩都衣舍无线运营团队首先做的一件事情就是了解无线端用户需求，从而制定产品规划。

团队在微淘、微信等与手机淘宝用户重叠度较高的社交平台发放了用户调研问卷，每次参与反馈的用户都在 2000 人次以上。通过用户的反馈得出，无线端的用户年龄层相对偏低，绝大多数是在校大学生和刚毕业的应届生。受年龄和经济实力的制约，他们喜欢的产品以平价的快时尚产品为主，且风格更年轻和活泼，而 PC 端的则相对更偏轻熟和品质更高一些。如此，两个渠道的产品特色有了明显的区分，一些在 PC 端输出的爆款反而在手机端并不受欢迎，而 PC 端卖不好的商品说不定在手机端会有销路。

针对此种情况，韩都衣舍将无线端的产品进行重新组合，并结合无线端消费者推出了“手机专享”和“爆款专区”两个特别产品区块。由于移动端的流量较为集中，需要让用户在第一时间找到自己想要的商品，因此在分类设置上就比较醒目。顾名思义，“手机专享”是针对无线端购买的消费者才能享受到的折扣，而“爆款专区”则是将一些高销售高转化的商品整合在了同一目录内。

经过如此调整后，手机端的转化率提升到了 2%，整体无线流量占比较全店增长至 35%。手机端的整体销售额占比也从原来的 12%提高至 24%。

## 运营推广“双微”助阵

既然在产品上做出了区隔，那么在营销推广上也要做出无线端的特色。除了常规的依靠聚划算活动的平移推广外，韩都衣舍加强了微淘和微博这两大移动端的社交渠道推广。

### 微淘：好内容提高用户黏性

起初，很多商家都将微淘定义为卖家和买家互动的 SNS 互动平台，其实，作为依附在手机淘宝内的社交工具，它还可以成为商家宣传品牌文化，提高用户黏性，并维护好与用户良好关系的重要渠道。因为，会订阅品牌微淘账号的，一定是具备了“品牌粉丝”+“手机淘宝用户”的双重标签，这样的目标用户哪里还找得到更精准的？

结合品牌韩风时尚潮流的市场定位，在日常运营中韩都衣舍的微淘分为：韩都印象、韩都姐妹淘、韩都玩咔、韩都指示灯、韩都话韩国、蜜罐儿六大分类。从栏目名可以看出涵盖了品牌介绍、话题小组、韩风时尚介绍等方面的内容。在开展“双 11”大促前，韩都衣舍微淘粉丝数已有 65 万，其中熟客数为 20.2 万。

针对“双 11”的前期预热，品牌在微淘的话题设置上也进行了针对性调整，主要分为品牌、话题预热、无线店铺活动介绍等。特别运用了微淘的新功能，微淘专享价和插件抽奖，来进行活动效果的增强和与粉丝的互动，以给无线端的消费者不一样的购物体验和专享优惠。

整体的内容推广分成三个阶段，前期、推进和引爆当日。第一阶段，基本以品牌和话题介绍为主，此时的内容推广还没有涉及到“双 11”，只是用于粉丝的活跃和互动性的增强；到了第二个阶段，才开始有了“双 11”活动内容的植入。此时的内容重点是“双 11”产品的提前展示，让消费者有所期待和收藏，包括微刊内部展示“双 11”主推产品，解读设计亮点等。引导用户通过评论选出要加入购物车的产品，通过“以一带十”的社交渠道传播效果，刺激其他用户也来参与选款，以此提高用户对“双 11”的期待，并促成加入购物车的举动，以提高“双 11”当日的转化率。

别出心裁的是，为引导用户用手机付款，商家还做了漫画图解付款步骤，以让用户

对“双 11”的火爆场面有所预估。因为，从往年的经历来看，假如没有支付经验，首次付款遇到流量高峰期，总会出现或大或小的插曲。

如此完成前面的预热步骤后，“双 11”当日的流量自然不在话下。为承接这些流量，商家还推出了秒杀款来回馈给老顾客。根据销售指标，在“双 11”后半段，也实时地推出一些特价商品，以掀起最后的排名冲刺。

## 微博：发动粉丝团

在与粉丝的互动上，韩都衣舍总是不遗余力。为不影响官方微博的活动，韩都衣舍针对“双 11”活动重新注册了一个 @ 韩都衣舍粉丝团的微博账号，用于发起互动和转

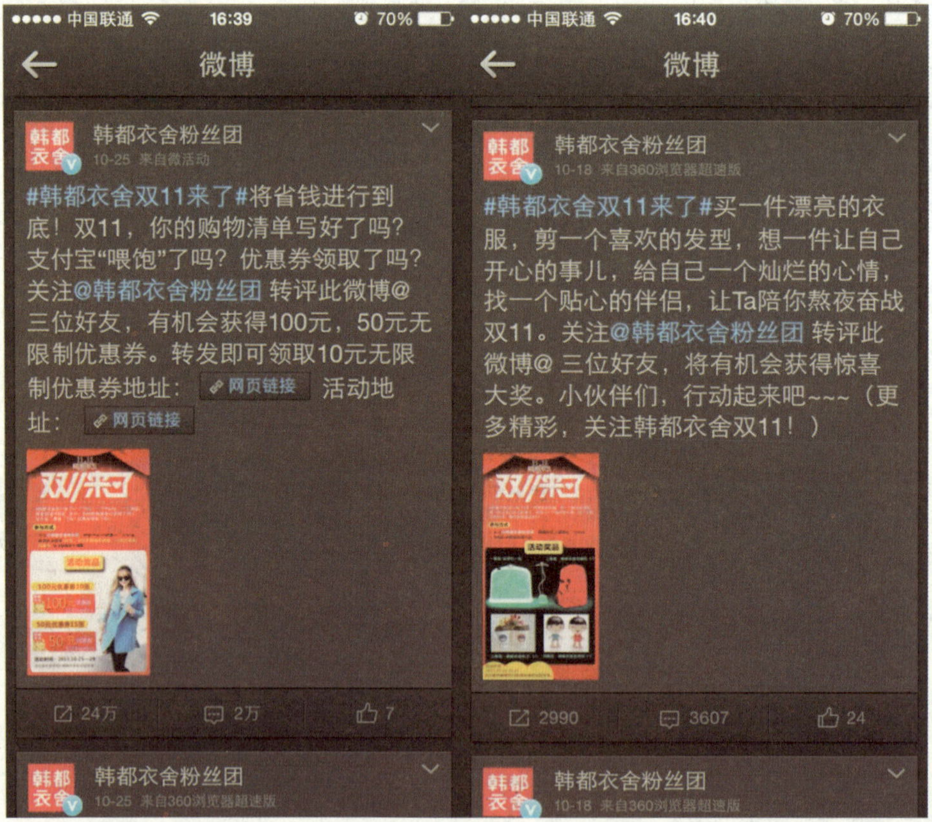

发。“双 11”前期，总计发起了 3 次粉丝团活动。只要关注并转发的用户就有机会获得好礼。最终 3 次活动的总转发和评论共计 28 万多次，总阅读数 374.4 万次。另一个 @韩都衣舍明星粉丝团的官方活动账号发起活动 8 次，总转发评论 24.5 万次，阅读数为 198.1 万次。

加上同期的媒体宣传等，让韩都衣舍在“双 11”当日的百度搜索指数提升至 7000，高于同类女装品牌。

数据显示，2013 年“双 11”，手机淘宝的总访问人数突破 1.2 亿以上，是 2012 年的 7～8 倍。而这个数据一直在增长，所以，PC 与无线同步开展，才是新电商时代商家运营的关键。

韩都衣舍手机店铺活动页面

**附：韩都衣舍无线端玩法总结**

**法则一**

Q：无线端是否需要更多的折扣来吸引用户？

A：毫无意义！

除了伤害用户和降低用户质量外，别无好处。即使通过折扣得到了流量和用户，也不是优质流量，更不是长期用户。

**法则二**

Q：无线端是否有淡季？

A：手机狂欢月！

通过 6、7、8 三个月份的数据分析，在传统的淡季期，手机端并没有 PC 端的淡季，由此分析出我们的用户在这段时期通过手机购买的欲望并没有随着假期的到来而缩减。

在 8 月，韩都衣舍无线团队做了手机购物狂欢月，效果比预想中的还要好。

**法则三**

Q：无线端视觉定位在哪里？

A：简单不意味着放弃视觉调性！

在无线端的视觉上，尝试了多种，包括突出产品的、突出专区展示的、文艺小清新的、简单直接和粗暴的多种搭配。

最终我们的视觉思路定位：简单直接的展示活动与产品专区。这种搭配方式的转化率最高，点击率最好。

**专家点评**

**点评：** 刘　琪

自媒体人，新商业观察者，福布斯中文、百度百家、钛媒体等媒体专栏作家，原《IT经理世界》杂志编辑、电商产品线总监。自媒体“刘琪的商业观察”（微信 ID：liuqi-guancha），是一本微电商与族群商业的深度读本，以原创深度解读文章为主，粉丝数万，主要聚焦移动互联网下的电商与互联网化变革，以及消费与技术变革下的族群商业实践。

## 微电商时代的运营心经

粗略做一下区隔，我们可以把商家在 PC 端之外基于移动和社交阵地进行的电商运营称为微电商。从 2012 年下半年起，微电商时代开始起势，这跟一些超级社交 APP 以及移动导购的勃兴有着密切关系。

某种程度上说，移动和社交是电商搏杀红海时必须抢占的制胜利器，微电商运营因此也就成为了一种核心能力。这主要源于三个新的势能变化：

首先是流量红利迁移带来的新红利期。移动与社交所占用的用户使用时长与使用频次已经超过 PC 端、传统平媒与电视媒体。换句话说，你不在移动与社交当中出现，你的品牌相当于不存在；其次是电商从粗狂走向精细化运营的必然选择。流量饥渴症的另一面意味着电商过去的操作模式过于简单粗暴，很多电商甚至陷入了“不促不销”的窘境，除了烧钱，电商还可以向产品尖叫、供应链优化、文化认同、客服提升等诸多方面做深做细。这些运营变革要通过微电商体系传达给消费者，形成直接可感知的用户体验；最后一点就是电商整合营销的起势。渠道的碎片化、去中心化演变趋势已经非常明朗，商家可以更直接触达消费者，以此沉淀忠诚用户、提升复购率等等。前提是，商家必须构筑自己的微电商体系，将所有碎片化的渠道做有效整合，每个渠道既各司其职，又组合出击，这种营销前端的变化必然会带来后端的系统变革。

韩都衣舍去年“双 11”勇夺无线端女装类目第一，确实是微电商运营的一个典型案例，这里有两个值得关注的微电商运营心得：

一是媒体思维与产品思维的结合。这两大思维都是很泛化的概念，聚焦在韩都衣舍的案例有两个点，即什么样的产品适合移动端售卖，什么样的展示可以吸引用户点击、减少跳离？

韩都衣舍事先做了大规模的用户调研，得出的结论是移动端用户更为年轻、喜欢快时尚，同时又受制于经济能力，PC 端的爆款就不适合放在移动端售卖。于是将产品做了区隔，这不同于以往的移动端专供模式，一个是用户需求驱动，一个是折扣驱动。

同时，韩都衣舍移动端的展示也较有特色。移动端对于短瞬间的碎片化呈现力要求颇高，所以它的商品展示会突出简单、醒目与直接，比如“爆款推荐”、“清仓特卖”、“秒杀抢购”等，并将突出产品的、突出专区展示的、文艺小清新的、简单直接和粗暴的多种搭配，最终形成了简单直接的展示活动与产品专区混搭的思路，它的转化率最高，点击率最好。

二是创新微电商矩阵的组合打法，实现从预热到引爆。很多电商品牌已经构筑了基于移动端和社交媒体的微电商矩阵，但最大的问题在于没有活跃度，没有温度感，形不成组合战力，只能算是在运营一些媒体阵地与移动店铺，称不上运营粉丝或族群。

比较有效的解决办法有 3 个：一是以媒体思维讲故事、谈文化，取得价值观认同；二是以游戏化电商的方式，带动用户一起玩，玩当中预热、送福利；三是分工协同，针对渠道特性做针对性的产品设计，在某一个特定时间点实现最终引爆。

韩都衣舍在微淘中突出了一些类似微刊的栏目，比如韩都印象、韩都姐妹淘、韩都玩咔、韩都指示灯、韩都话韩国、蜜罐儿等，涵盖了品牌介绍、话题小组、韩风时尚介绍等方面，实际上是一种文化战略，以生活方式或韩风文化来提供价值，取得消费者的文化认同。不再是简单的卖货，而是有温度的生活，这是粉丝运营中比较重要的一个切入点。

韩都衣舍此次会战“双 11”无线端，动用了包括 M.TAOBAO、天猫 APP、淘宝

APP、微淘、微信、微博等渠道，分工明确，节奏感较强。比如，微淘侧重于文化传播与互动黏性，而微博则侧重于发动粉丝团做转发分享，最终达到在“双 11”当天引爆全网的效果。

[本案例荣获 2013 年金麦奖 | 女装类　入围奖]

# 茵曼“双 11”放鸽子项目

通过放鸽子游戏，利用歧义引发不参与“双 11”的各种猜想，茵曼在 2013 年的“双 11”将话题性营销玩到了一个极致。

文 | 孙　瑶

**项目介绍**：作为棉麻生活品牌，2013 年“双 11”，茵曼玩了一场歧义性的营销游戏放鸽子。通过微博话题营销，2 周的预热吸引 30 多万用户参与关注品牌；通过游戏与用户深度互动，“双 11”当天女装类目销量排名第一。

**营销背景**：

茵曼作为互联网女装 TOP 品牌，需要在现有基础上进一步提升品牌知名度。

“双 11”前期预热，最终目的在于“双 11”的销售额爆发。

通过全网多维度的营销，增加品牌传播力度，让更多的消费者体验茵曼、喜欢茵曼，成为茵曼的顾客。

**营销策略**：

当其他品牌为“双 11”忙得焦头烂额时，茵曼却与各大品牌“背道而驰”，“放鸽子”—利用歧义性引发茵曼今年不参加“双 11”的种种猜想，启动话题性营销，并触动消费者积极参与。

电商竞争环境日趋激烈，2013“双 11”参与战役的品牌增多，流量分流白热化。茵曼作为互联网零售女装品牌的代表，除了促销，更加需要把握预热黄金期，需要更大胆地进行跨界营销尝试，进行预热传播抢占“双 11”先机，让更多的消费者认知。

2013 年 10 月 12 日，“茵曼放鸽子”游戏在天猫商城发布，直至 11 月 11 日，超过 42 万人次参与游戏，全网品牌排名上升至第八位，茵曼相关词检索明显上升，“双 11”当天女装类目销量排名第一。

**活动时间轴：**

2013 年 10 月 10 日，放鸽子话题发布，引发业内揣测，吊足消费者和电商人士的胃口；

2013 年 10 月 12 日，放鸽子游戏上线，SNS 话题热炒的同时开始与消费者互动。

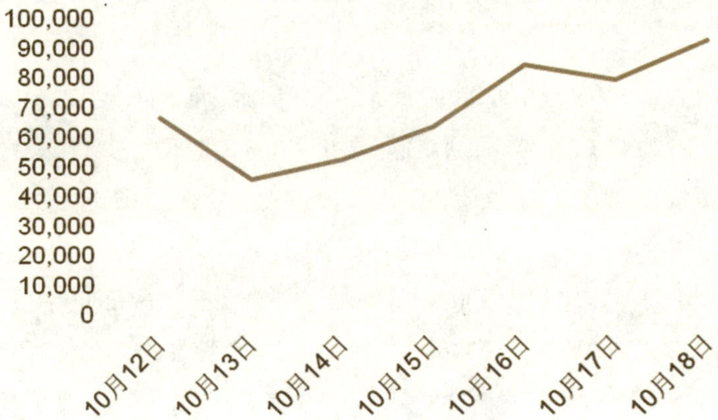


放鸽子活动带来的流量

## 不是放鸽子

五折之外如何营销？传统的促销广告和各种软文早已铺满全网，要想快速抓住消费者眼球，就必须突破常规，反其道而行之。当其他品牌为“双 11”忙得焦头烂额时，茵曼的“放鸽子”利用歧义性引发今年不参加“双 11”的种种猜想，启动话题性营销能触动消费者积极地参与进来。

2013 年 10 月 10 日，茵曼在官微发布了“茵曼放鸽子”的话题，正逢“双 11”来临，此话题引起了各种讨论，其中茵曼附带了一份声明书：今年“双 11”我们决定放鸽

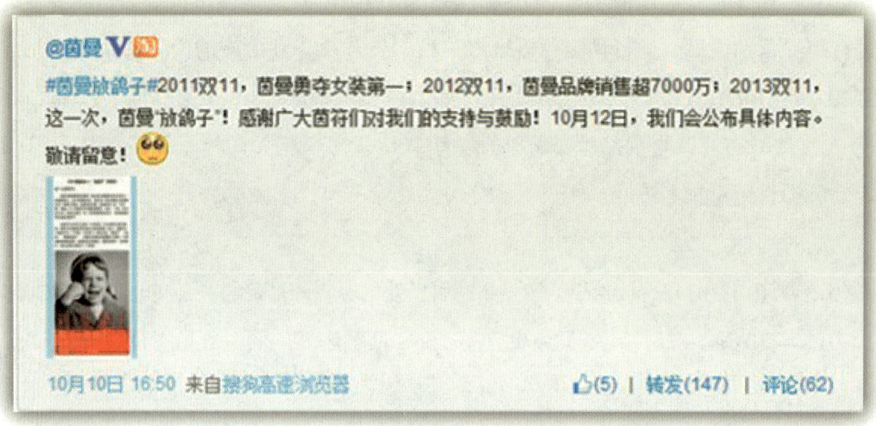


子。微博一出，带动了千余次转发。电商头条、互联网那点事等行业账号也跟进转发并发表观点揣测，行业性网站也纷纷跟进报道，引出“茵曼或退出‘双 11’”，让市场关注度瞬间攀升。紧接着，“对不起，卖女装可以，放鸽子是必须的；对不起，放鸽子实属无奈，但请体谅我们的决定……”的对不起版微博更是牵动了电商界的心，真的不参加吗？2013 年 10 月 12 日，“抱歉，在放鸽子上再放了一次鸽子，放鸽子也许是一次爽约，也许是一次放飞梦想，也许只是一款游戏”的说明正式将茵曼此前的谜底揭晓。茵曼 CEO 方建华微博转发，并表态“双 11”会回馈消费者，此时，草根大号也跟着转发。“放鸽子”只不过是天猫“双 11”茵曼品牌馆预热期的一款同名的营销游戏，“此鸽子非彼鸽子”。茵曼试图以“放鸽子”为名吸引用户参与“双 11”的互动游戏营造出乎意料的营销效果，在吊足业界胃口之后，巧妙地宣布并未真的“退出天猫‘双 11’”。2013 年 10 月 13 日至 10 月 30 日，各大论坛跟进发帖，大大深化了话题的影响力。“双 11”已经成为了整个中国的购物盛会，是聚集在线上的狂欢节，因而传播渠道必须聚焦在线上，利用微博、电商网站、论坛这些主流媒介来进行传播，微博是最佳信息发布平台，电商网站代表了主流媒体的传播力量，论坛则聚集了广大网民的声音。茵曼整合了淘内淘外各类资源进行全网营销，主流电商媒体争相报道，多维度提升了茵曼品牌知名度。

自 10 月 10 号起，茵曼“放鸽子”分别影响了新浪微博草根微博粉丝 3463 万人、名人微博粉丝306万人。各大论坛热帖【不可不知的网络流行新词汇“放鸽子”】在共计40家论坛上发表，获得超过20万次点击量。茵曼关键词的百度指数在11月10至11月12日达到峰值，用户关注度月比提高168%，季度比提高了68%。

茵曼提前1个月开始“双11”预热，成功制造了话题讨论“茵曼放鸽子”，引发网友对“‘双11’，还玩不玩”的话题热议，吸引了消费者注意、抢占了市场眼球。继而，茵曼再释疑“放鸽子”只是一款互动游戏。由此，既收获了话题焦点，也为游戏引流，加强与消费者的互动和趣味性，通过游戏加深对品牌本身的了解，建立互动关系，预热“双11”。

## 游戏聚焦

正是因为前期话题给游戏制造了足够的噱头，消费者对品牌的记忆为“双11”的大捷打下了良好基础。“双11”白热化的交战，如何出奇制胜？如何让消费者最大化地发现—停留—参与？如何让品牌的认知率和曝光率达到最大化？这是茵曼在预热“双11”活动时首要考虑的三个问题。“双11”是一个让大量消费者接触品牌、了解品牌的天赐良机。品牌不仅应着力于销售的爆发，更应将其视作一个品牌提升的契机。

简单、易玩、有趣是消费者喜闻乐见的游戏形式，那么趣味性和互动性则尤为关键。首先，在互动性上，游戏营销必须易玩、易懂、易操作，所以茵曼借用微信游戏“爱消除”的广泛性和良好的群众基础，设计了一款简单的游戏让消费者迅速融入其中；其次，放鸽子一词本身就能够引起话题性并形成病毒性传播，那么巧妙的融入游戏当中，既不影响品牌本身的调性，又很有话题传播价值；最后，游戏过程中也必须最大程度传播品牌内涵且具备差异化，利用怀旧物品，强调品牌生活格调，唤起消费者的集体回忆。游戏中送出大量“双11”的优惠券，同时页面展示的“双11”主推款和预售款，这无疑能促进“双11”销售的增长。游戏与销售目的相挂钩，点击即可获得优惠券，不仅带动了顾客的参与，也提高了品牌的销量。

另外，Minisite页面搭建在天猫平台，产品与情感故事结合，带来一场情感体验营销与快速销售模式的盛宴，也是电商客户开始接触网络互动传播的一种新的尝试。2周的

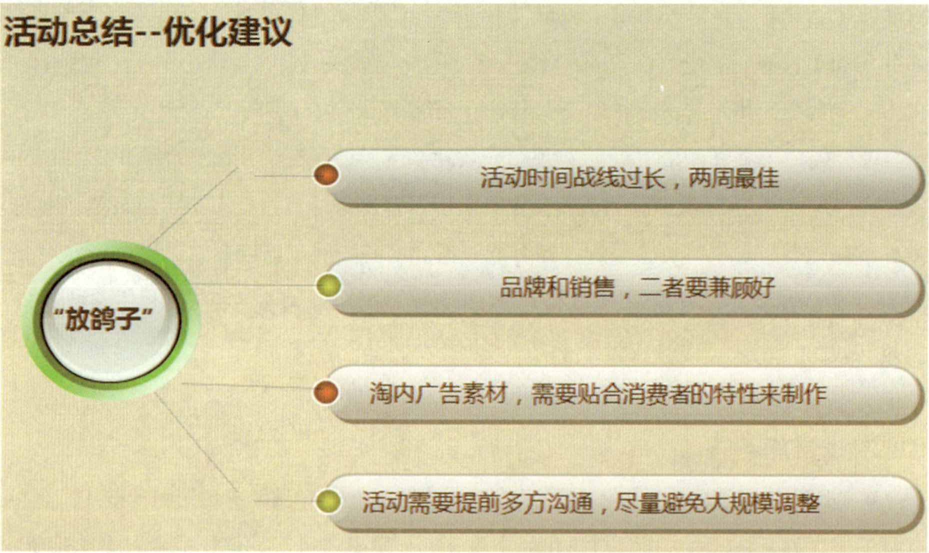


预热吸引 30 多万用户参与关注品牌。媒体渲染、微博热炒更是让放鸽子游戏达到火热的阶段。

对比 2012 年，2013 年“双 11”总的 UV 引入量增长了一倍多，而在临近“双 11”的时间里，UV 数量更是持续快速地增长。2013 年 10 月 12 日至 10 月 30 日期间，共带来近百万 UV，参与游戏中 35%的人数关注了茵曼店铺。

品牌的标准变了，消费者对电商品牌消费得更多的是对品牌深层文化的认可与归属。茵曼 CEO 也表示，随着品牌商营销能力的增强，节日营销会越发成为互联网一种固化的运营方式。不管对平台还是品牌来说都有利好的一面，可以起到四两拨千斤的作用，大幅提升和历练品牌本身，甚至已经深入影响了互联网和移动互联网时代的发展轨迹。也曾有营销专家这么评价：茵曼这个“放鸽子”的游戏是我目前所看到的“双 11”预热的卖家中互动性、娱乐性和参与度最高的活动。

**专家点评**

**点评：魏武挥**

知名博客 ItTalks，新媒体的实践者、研究者和批判者，多家科技媒体专栏作者。微信号：ittalks。

## 利用噱头搞营销

“双 11”商铺大幅打折已经司空见惯，拼命渲染自己跳楼价，营销意义已经不大。在大量宣称自己疯狂打折的营销信息中，如何让自己脱颖而出，茵曼倒是用了一记巧招：欲擒故纵。

“放鸽子”可以理解为说好的事却不去做到，茵曼号称“双 11”要放鸽子，让人误以为它不再进行打折，联想前两年茵曼在光棍节的销售业绩，今年却不参加，可以成为一个话题。策划者还动用了一些大号资源来辅助宣传，也做了一些门户文章的铺垫，将这一似乎会引起误解和猜测的信息尽可能放大。

不过，实话说一句，这种噱头的效果是值得怀疑的，因为把“放鸽子”联想成茵曼“双 11”不打折，还是有点牵强，至于后期的大量“对不起”的策划文案，颇有一些硬做。

茵曼在 2013 年“双 11”完成了过亿元的销售流水，半天就达到了 2012 年 7000 万元的水平。从宣传推广来看，其实不能完全归因于“放鸽子”这一简单的噱头，事实上它动用了全维度的营销，从“麻花辫”比赛、“放鸽子”游戏，到各种微电影的推广。

另外，茵曼在备货这件事上也下足了功夫，它从 2013 年 5 月份就开始了数据专业化分析，所看到的目标消费者消费习惯行为轨迹，从而运用到研发筛选、供应链管理、库存管理、分销渠道、营销推广、售后服务的全链条营销中。掌握了消费者的需求信息，就知道哪些产品好销，哪些产品应该淘汰，及时调整生产。这对消费者需求多样化、产品款色更新特别讲究的女装行业尤为重要。

数据还能对库存控制产生巨大帮助。对以往消费数据和“购物车”情况进行合理分析预判，2012年茵曼便小有所成，完成185万件服装销售，年终盘点库存不到15万件，压货率不到8%。

茵曼CEO方建华自己都说，“双11”这一天除了打折，更该做的是用心为消费者提供最好的产品以及享受整个品牌的最佳体验。

故而，噱头的帮助是能引起一定意义上的注意，但真正致胜的，并非这个噱头。茵曼的案子很容易让人误以为是制造点小噱头就可以让电商完成海量流水，但事实绝非如此。茵曼的成功是扎扎实实的运营成功，而营销得法则属于加速器和放大器。它的本意，依然落在了利用数据探测用户需求，将货物到店之后的销售转化切实提高了起来。

金麦奖
golden wheat
awards

## 优秀案例

## 男装类

[本案例荣获 2013 年金麦奖 | 男装类　入围奖]

# 太子龙“双 11”营销案例

在外部流量的战场上，更低的投入也许会带来意外的效果。当然，数据、创意一个都不能少。

文 | 范　越　陈　晨

**项目介绍**：淘内推广成本不断攀升，“双 11”的流量引入更是需要巨大的费用推广。在 2013 年“双 11”期间，太子龙在互联网运营上进行了一次全新的投入，尝试 DSP 广告投放和 ADEX 竞价投放，从而获取优质客户。

**营销背景**：

· 天猫内直通车和钻展的推广成本节节攀升，现有流量渠道不足以支撑太子龙“双 11”的营销任务。

· 需要尽可能降低优质访客的引入成本。

· 优化用户黏性和整体转化，冲刺销量。

**营销策略**：

· 尝试 DSP 广告投放，获取精准广告展示和点击；

· 在谷歌、腾讯、新浪等 ADEX 竞价投放，标注出“高流量”与“高转化”颗粒，多维度实时优化支持。

刚刚过去的 2013 年，对于淘宝天猫店铺而言，无疑是硝烟弥漫的一年。在这一年

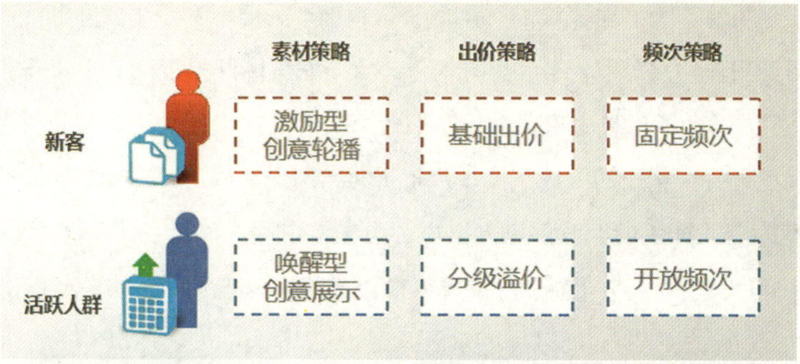


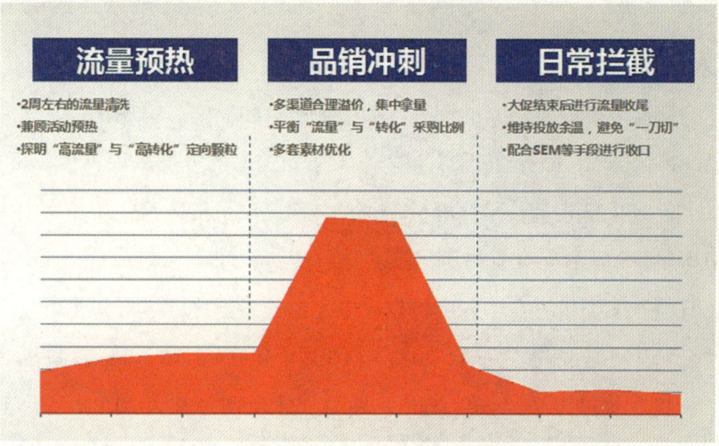


里，淘内竞争空前激烈，网络广告战持续上演。而在“双 11”的当天，流量的抢夺更是进入到白热化的阶段。

“双 11”当天，甚至更早，商家就会通过各种渠道进行网络广告的投放，以期流量和转化率能在活动中达到峰值。而太子龙这次的意图可不单单是销量，作为主打时尚商务、定位在 25 岁以上消费者且在互联网上知名度尚不足的男装品牌，完成引流和转化的同时，加强互联网受众对品牌的认知也是这次营销的关键需求。

更迫切的是，淘内资源的蛋糕正在被越来越多的竞争者分食。时逢“双 11”购物节，天猫卖家纷纷加大淘内和淘外广告投放力度，品牌商纷纷开始尝试站外 DSP 广告投放。在淘内竞争激烈、推广成本节节攀升的情况下，站外多种定向方面优势明显的 RTB

广告开始受到关注。为了在“双 11”期间获得精准广告展示和点击，降低优质用户的引入成本，提升用户访问深度，最终提升销量，太子龙集团开始尝试 DSP 广告投放。所谓 DSP，即需求方平台，广告主可以直接在平台上实时竞价，不少第三方公司也作为广告主，购买和整合各个渠道的 RTB 广告资源，出售给下游商家。WiseMedia 做的就是这个生意，他们为企业提供的流量解决方案里会包含淘内和站外。在“双 11”的重要节点上，WiseMedia DSP 为太子龙旗舰贡献曝光超过 5 亿次，带入的优质访客促使 ROI 突破新高。

## 标记人群

“具体的流量方案要看商家的预算、欲达到的目的以及品牌现状、发展阶段等来综合制定。”WiseMedia 商务总监齐伟杰说。拿太子龙这次的方案来说，目标主要有三点，首先是“双 11”期间获得高性价比海量曝光；其次是尽可能降低优质访客引入成本；第三是优化用户黏性和整体转化，冲刺销量。

与常规营销方案类似，在实际广告投放中，也分为预热、爆量和收口三个阶段。所不同的是预热期几乎是成败的关键。2013 年 10 月中旬开始，WiseMedia 就通过新浪、腾讯、谷歌、百度、优酷土豆、淘宝 Tanx、网易、凤凰网等 9 大 ADEX 平台全网投出广告，对全网流量进行清洗，同时从广告端和网站端采集海量的数据，包括用户的 IP 地址、上网时间、上网场所、上网环境、品类倾向、观看频次、浏览深度等，分析得出高流量、高转化率颗粒。并通过自有数据库及百度、淘宝 TANX 平台等积累的大量数据精准测算，将人群做好标记细分。

WiseMedia 对海量网民进行了行为轨迹的总结、多源的数据采集和精细的人群分层管理。据统计，消费受众从社会属性分主要涵盖商务人士、都市白领、网购人群；从兴趣属性来分主要是财经、体育、娱乐、生活、新闻、视频、时尚等；从传播渠道看，消费受众多数爱上新闻财经网站、门户网站的娱乐体育频道、生活频道与同类网站。

“这个环节其实十分关键，假设一个用户在一定曝光频次内进入了太子龙的店铺，则将其标记为活跃人群，不仅是因为这部分顾客是付出广告成本获得，更重要的是，他

们对品牌有认知或者有兴趣了解，后期可以通过一定的策略进行高溢价找回。”齐伟杰说。而对于初次看到广告的新网民，可以用低价或轻微溢价和热卖商品广告去覆盖，而看到广告 4 次后仍没有产生后续行为的网民，将被判定为消极受众，停止对其投放。

## 测试素材

预热期内，在一定曝光频次内产生点击的 UV，将其标注为活跃人群，对多次曝光后，仍无广告互动的人群，标注为消极人群。在“双 11”期间，针对不同人群提供相应的投放策略与竞价策略，标记活跃人群，待到爆量期间，对他们进行高频次找回。针对新客、不活跃人群，进行创意轮播，多套素材轰炸。

因此，除了人群的细分，创意也出人意料地在这个流量方案里被抬高到重要位置。预热期还有一项重要工作就是测试优质素材，包含各个阶段的不同设计策略。设计好后进行多款创意投放试探转化率，再决定取舍。包括刚刚提到的对新客、活跃客户、消极客户在爆量期不同的展示策略，广告素材的选择也大不相同。

创意素材甚至会影响整个方案的进程。尤其是在“双 11”这样的大型活动期间，每个商家都想拿到最好的流量资源，此时站外流量成本也会随活动临近而被抬高，如果素材提交能提前，就意味着广告成本更低，投放效果影响更大，留给市场反应的时间更长，同时也为投放过程中的调试争取到宝贵时间。

## 收口扫清

“很多大客户基本都是全渠道投放，我们要去审核各个媒体平台的素材需求，包括资质、规格等，这也需要时间。”齐伟杰说。而对于品牌的展露，基本会在大的门户网站等优质媒体上呈现，收口期间，垂直的流量资源作为低成本、长尾流量，用来扫清剩余购买力。

ROI 是电商营销绕不开的话题，怎样衡量效果？目前还是通过广告投入和实际销售额来衡量。太子龙百万级的投入，ROI 做到 3～4。据相关人士透露，淘宝“双 11”当天男装类目 CPC 达 8 元以上，而太子龙在“双 11”之前，CPC 成本控制在 1 元，“双 11”当天仅 2.1 元。

这对于商家来说是个好消息，在相对更低廉的投入下，外部流量可以带来更多的品牌广告曝光，形成持续影响，带高流量。而 UV 的提升，加上即时的下单转化，进而影响品牌在淘内的搜索排名，形成内外开花的格局。据了解，在“双 11”的重要节点上，WiseMedia DSP 为太子龙旗舰贡献曝光超过 5 亿次，带入的优质访客促使 ROI 突破新高。

[本案例荣获2013年金麦奖 | 男装类 入围奖]

# 2013年李宁运动生活“闪耀运动精神”

以品牌代言人的力量传递李宁专业运动精神，且在传播过程中融入与用户互动、定制T恤的环节，拉近用户与品牌之间的距离。

文 | 王晶菁

**项目介绍：**作为国产运动品牌的代表，李宁找到了品牌文化与消费者之间的契合点，就是传递偶像的精神力量。对于年轻人来说，冠军运动员身上锲而不舍、坚持不懈的拼搏精神正是他们所崇拜和宣扬的。因此，当李宁在线上开展偶像T恤定制活动时，立马便受到了关注。

**营销背景：**

· 当T恤已经遍布时尚秀场、体育竞品都在和娱乐、时尚接轨时，一个运动品牌想要推广旗下运动生活系列的T-shirt，应该从何入手。

· 如何在短期内更好地诠释李宁品牌对体育精神的理解和追求，激励大众更好地带动Graphic Tee的销售。

**营销策略：**

从T恤又名文化衫的“文化”二字入手，通过T恤传递品牌文化。凝集李宁自身13位来自各个领域的体育明星资源，以品牌代言人的力量传递李宁专业运动精神。同时，在传播过程中融入与用户互动、定制T恤的环节，拉近用户与品牌的之间的距离。

2013 年，曾经缔造快速增长神话的运动品牌陷入了前所未有的发展危机。前几年快速增长背后的货品积压和订单过多，使得不少品牌不得不通过关店、裁人、降价等“断臂疗伤”的方式来自救。而洋品牌耐克、阿迪达斯仍然牢牢控制着国内运动品牌的高端市场。在此情况下，国内本土运动品牌亟待一个新的轮回。

作为国内运动服饰的领军品牌，李宁在进行营销策划的同时，一直力求与品牌理念和文化相结合，传递“闪耀运动精神”。在 2013 年度的互联网传播方案上，更是短时间内将李宁对体育精神的理解和追求传递给广大消费者，激励受众更好地带动产品销售。

李宁的品牌定位与耐克、阿迪达斯接近，但其目标受众主要以 90 后为代表、80 后为中坚，这与网络购物所集中的 18～35 岁消费者高度吻合。因此，在品牌营销过程中重点抓住了年轻群体的精神寄托和互动性参与。

## “文化衫”的态度

T 恤作为运动服饰类品牌的主打产品，覆盖人群多，接受度也较高，因而被选为此次活动推广的主打产品。李宁向来将旗下的 Graphic Tee 作为主推产品。那么，如何在一款生活系列的 T 恤上做文章呢？

在年轻的消费者心中，T 恤还有一个代名词：文化衫。文化衫可以在不经意间成为年轻人宣泄情感、表达观点、体现生活态度的媒介。此外，他们还喜欢利用定制化的东西去彰显个性，一方面能体现出与众不同，另一方面也希望能够得到别人的认同。

而在精神层面，体育明星越来越多地被年轻消费者奉为偶像：林丹的坚持不懈、鲍威尔的自信、伊辛巴耶娃的厚积薄发、安德烈亚斯的瞬间爆发等，他们传递的积极向上的体育精神，都被年轻人视为楷模和标杆。而李宁在体育资源上拥有明显的优势，无论是大众的羽毛球还是小众的标枪项目等，覆盖了各个领域的体育明星。

因此，在 2013“闪耀运动精神”线上传播时，品牌青睐 13 位来自各个领域的体育明星，通过汇集代言人的力量，向消费者诠释李宁的专业运动精神，以及增强运动生活的体育主张，从各个体育领域拉近与消费者的距离。其中，更有林丹、阿萨法·鲍威尔、叶莲娜·伊辛巴耶娃、埃文·特纳、彭帅以及安德烈亚斯·托希尔德森 6 位冠军运动员。

他们喜欢利用定制化的东西来彰显自己的个性

在如今潮流趋势中，体育明星是被年轻消费者追逐的精神偶像

在如今潮流趋势中，体育明星是被年轻消费者追逐的精神偶像

他们有着各自不同的故事和运动格言，但无一例外地都在诠释对于体育精神的理解和追求——“挑战无处不在，勇于突破极限，不断超越自我”！坚持梦想，永不言弃，战胜自我，我们都可以成为自己的冠军！这种精神正是当下年轻人所追求的。

## 偶像精神传递

在具体的操作和互动过程中，李宁将几位代言人的形象和格言作为定制T恤的素材，消费者可以选择自己喜欢的运动明星和T恤款式结合。

当用户进入活动页面后，可浏览13位明星运动员的运动宣言，点击运动员图像，可以看到他们的形象精华被截取融入到李宁运动生活T恤的动画中，并邀请用户来制作自己的T恤。用户可以选择上传自己的图片，并配上自己的运动宣言，同时也可以截取心目中运动员最完美的一部分印于T恤上，合成定制化的T恤模样。用户参与活动并发布后，可获得优惠券，刺激用户去商城参与购买。DIY后的T恤就可以保留在用户的人人

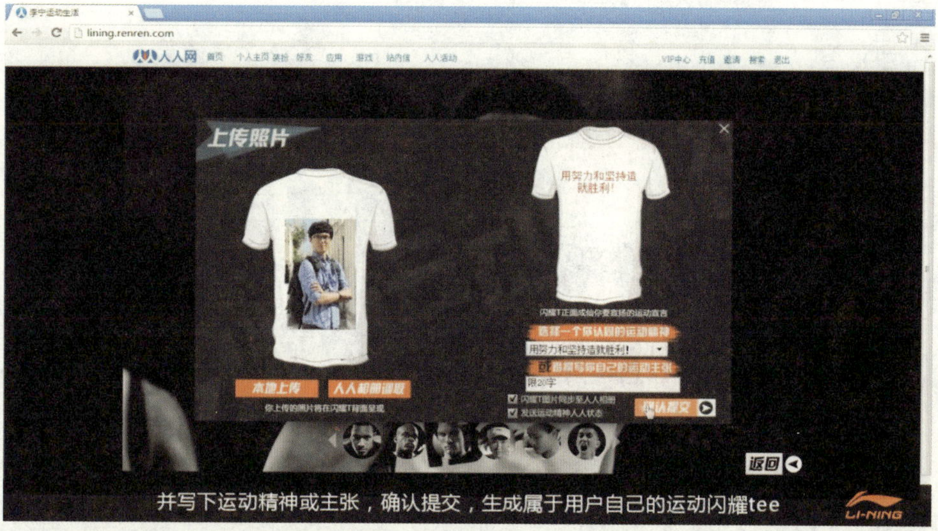


相册中，也可以通过活动新鲜事在人人网平台上形成扩散传播，拉动更多好友参与到活动中来。

活动结束后，品牌会将投票排名最高的网友作品印制成实体T恤，使获奖网友拥有属于他自己的“闪耀运动T”。

## 重点渠道传播

在广告投放上，李宁瞄准了80、90后受众，在传达品牌专业运动精神的同时，也培养了消费者对其的好感度和忠诚度。这部分群体经常浏览的网站无疑是人人网、腾讯网等，这些网站的覆盖面和互动性也是最强的。品牌通过与明星结合的DIY定制化活动来吸引这部分消费群体。在目标受众经常浏览的广告位，通过活动、广告创意等推动销售。

在短短23天时间里，共吸引了近20万人参加，发放优惠券10万余张，在传达品牌理念基础上，促进了销售增长。

回顾本次李宁“闪耀运动精神”线上传播活动，贵在将消费者的精神需求与品牌理念结合在了一起，并用DIY的方式引发更多互动。互联网的一大特色是将用户和品牌联

为了配合活动推广，我们选择了目标受众最经常浏览的广告位进行大曝光告知

提升产品露出，吸引用户进入minisite参与活动

合在一起，而此种产品 DIY 的方法更是促成用户与偶像精神的联合。作为一个传递正能量的形象和精神的品牌，能与消费者实现真正的联合是品牌传播最重要的一环。

金麦奖
golden wheat
awards

# 优秀案例

## 鞋包配饰类

[本案例荣获 2013 年金麦奖 | 鞋包配饰类　银奖]

[本案例荣获 2013 年金麦奖 | 最佳社会化营销类　入围奖]

# 骆驼凶猛　踏遍美国

*以自主创新游戏开拓新顾客、唤醒老顾客，并结合消费者的诉求传递出能使消费者产生心灵共鸣的品牌理念为卖点，引发各方关注，从而提高品牌知名度、引爆销售。*

文 | 孙　瑶

**项目介绍：**为了让活动不再仅仅是促销，2013 年 9 月，骆驼上线了一款结合其品牌特性的游戏，利用游戏完成了战略合围。在活动期间，通过互动的方式积极引导顾客主动分享活动，“双 11”期间，骆驼单品牌整体销量破 3.8 亿元。

**营销背景：**

金九银十是各公司、各网店完成秋冬装上新任务、抢占市场的关键时期，又恰逢一年中最重要的促销黄金周——国庆节，其后还紧跟着是“双 11”购物狂欢节，如何做到脱颖而出？

**营销策略：**

品牌互动游戏环节贯穿，形成多维度、多层次、多元化的品牌营销活动推广，在互动上做文章，在口碑传播上发力。

2013 年 9 月 23 日，“骆驼凶猛·踏遍美国”闯三关赢美国游大奖正式上线，直至 11 月 10 日，带来新增品牌关注数超 39 万个，参与人数超百万，同时段销量较去年增加了

1000 多万元。

## 深挖亮点

纵观淘宝上的鞋服类目，排名位于前列的鞋类商家基本都是一些传统线下大牌商家，譬如奥康、红蜻蜓、意尔康、百丽、达芙妮等，他们在鞋类市场具有很强的品牌号召力，拥有了很大的市场份额，产品线又大多是从商务鞋往休闲鞋拓展，而骆驼的产品线较长，经营的有休闲、户外、商务系列产品，生产研发、线上线下销售等综合业务。其中优势产品集中在休闲系列，市场增长潜力最大的是户外系列。同其他商家相比，户外的品牌基因是他们最大的核心竞争力。

再回归消费者，考虑到目标群体普遍忙于生计，很容易宅在封闭的圈子里失去自由、失去自我，即便有想法往往也是压抑着，所以希望借助一个主题活动，引导顾客往户外走，敢想、敢说、敢于行动。为了抢占秋冬鞋服市场先机，为后续的打造爆款、激发国庆购物狂潮以及为“双 11”预热奠定基础，同时为了传播和提升骆驼品牌形象，针对这客群特性，结合品牌户外理念，将其融入互动游戏设计中，从而唤醒人们敢于用脚实践、用脚去丈量梦想与自由，故活动主题确定为“骆驼凶猛·踏遍美国”。

所以，针对“双 11”的营销活动，骆驼把各个营销阶段的目标量化细化，实行多平台、多层次推广协作，加大创新性尝试，并着力传播大户外概念。一是采用明星代言款、明星推荐款吸引小众潜在消费群体，二是通过线上 200 多万的庞大会员数据，分析各产品的受欢迎程度，从而找准市场方向感，推出受大众欢迎的产品。

## 互动升温

策划此次营销方案之初，骆驼就开始分析从什么地方切入做最有实效性，最终确定结合品牌精神、公司战略、产品特性等方面进行构想。经过分析发现，很多商家都是通过简单的低价促销模式做营销活动。而如果通过系列活动的开展，尤其是品牌互动游戏环节的贯穿，就能和和别的商家有所区别，形成多维度的品牌营销活动推广，在互动上做文章，在口碑传播上发力。这样既能吸引更多的新老顾客参与互动，实现销售额的连创新高，又能通过消费者进行广泛的品牌传播，提升品牌价值，实现品牌热度的持续升温，最终实现“品牌、会员、销售”三位一体完美融合的目的。

2013年9月23日，“骆驼凶猛·踏遍美国”活动正式上线，PC端为闯三关的互动游戏，无线端为赛骆驼互动游戏。游戏场景设置为美国，3个场景分别是尼加拉瀑布、大峡谷、落基山空域，它们分别代表了水、陆、空三种行进方式，寓意着游戏在美国的征程上是全方位的，同时也潜在暗示公司产品能经受得各种环境的考验。其中，游戏还植入了韩寒及其作品，活动同步在微淘、微博、微信同时进行，淘宝首焦、站外门户网站广告同步投放。顾客用手机扫描二维码，还可以让PC和手机形成即时互通，在电脑上体验游戏的刺激，也可以通过手机尝试不一样的精彩，此举能激发顾客的好奇心和参与性，也便于用户能随时随地用手机体验快乐和分享快乐。此次互动游戏的主线就是通过在线体验踏遍自由之都美国，从而根据行动能量值（即参与情况）测试、鉴定参与者的敢动基因，最终送出惊喜大奖。无疑，游戏把敢动鉴定的概念与品牌基因结合在了一起。在游戏中，系统会根据行进距离自动发放骆驼里程，骆驼里程是获得最终旅行大奖的决定性指标；此外，闯关失败后邀好友来玩，也可以获得骆驼里程。

2013年9月23～29日，骆驼的6个店铺进行满送、满减活动，为此带来店铺新增收藏数超过130万个；2013年9月30日至10月10日，国庆品牌团上线；2013年10月11～22日，再一次实行最大力度满减。在三个销售引爆阶段，各店依据各自的情况合理配置资源，推进活动有序开展，冲击销售目标。与此同时，各店会轮流开展9.9元秒杀敢动包活动，顾客9.9元抢到的可能是骆驼登山包、骆驼鞋等价值几百元的实物礼品，也可能是“双11”无门槛优惠券，在特别利诱点的刺激下，吸引更多的消费者关注。纵向来看，与活动前一个月相比，9月23日至10月22日的销售额增加了约1700万元。通过对闯关成功的参与者给予不同程度的奖励，增加用户对品牌的好感度以及对游戏的黏性，从而达到了品牌形象与销量的双重提升。

2013年10月23日至11月10日，顾客凡进入到游戏minisite页面，均建议先关注骆驼品牌，凡想参与游戏的均要求先收藏店铺，同时，发放“双11”优惠券，限量送出纪念版马克杯。

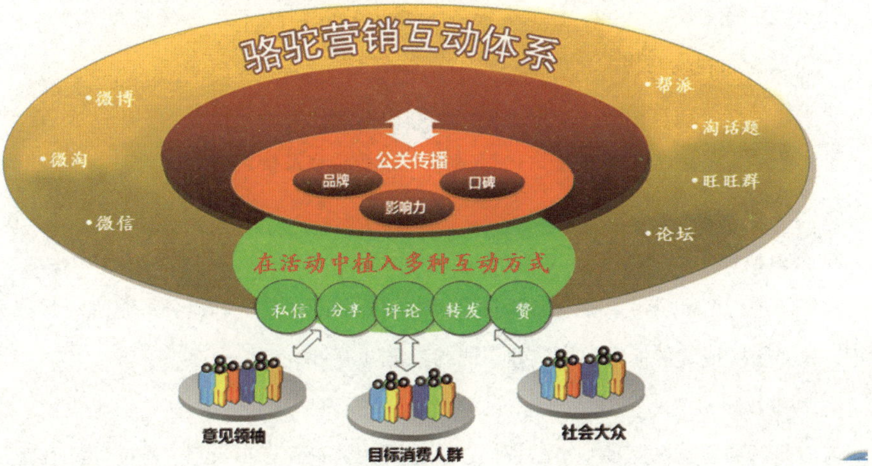


在传播上，骆驼将渠道分为淘宝站内传播、淘宝站外传播及店铺内传播，并结合目标消费人群的诉求和项目背景，挑选出了硬广、微博和论坛作为优先传播渠道。考虑到各类目、各平台会有很多优质的流量进店消费，在销售渠道上，聚划算具有超强销售力和影响力，骆驼自然也不会放过。

整个营销思路并不难理解。综观目前以提升销售额为主要目标的各类营销活动，大多以简单的满送、抽奖、包邮、秒杀等方式推送给消费者，这个过程中，消费者的参与度很低，骆驼用 2 款互动游戏给促销进行了包装。

当然，开发互动游戏是一项大工程，品牌商一时又难以独立完成，游戏开发外包就成了自然的选择。通过前期的方案沟通，半个月设计平面稿，一个月做 flash 等素材，一个半月内完成游戏开发。“骆驼这次活动的游戏开发成本大概在 10 万元左右。”一直跟踪骆驼品牌的一淘小二国熙介绍。

2013 年“双 11”，骆驼利用游戏完成了战略合围，在联合活动期间，通过互动的方式积极引导顾客主动分享活动，并关注品牌、收藏店铺或购买“双 11”优惠券、抢先加入购物车等。所以此次“双 11”，骆驼单品牌整体破 3.8 亿元，成为 2013 年“双 11”全网第一服饰品牌。

**Tips：营销建议**

1. 主题与品牌战略相关

企业在进行活动营销时，切记选取主题的角度要与品牌战略有关联度。不为各种花哨的玩法所动，坚持考虑怎么把活动营销融入品牌战略系统之中，并对品牌发展有积极的影响。

2. 资源整合，协同出击

对资源进行全面梳理、整合，通过合理的资源分配，使资源得到最合理、最充分的利用，最大限度地确保活动效果达到预期或者超过预期。

3. 刺激玩家 G 点，引爆活动高潮

与消费者沟通重在互动细节的把握，一定要使消费者有参与感、享受感。在策划之初，尽可能深入地研究思考消费者喜欢什么样的活动，做什么能带来满足。只有透过消费本质，使活动内容与消费者心理相吻合，在活动推进中不断刺激消费者的 G 点，才能真正把活动推向高潮，达到完美的效果。

**专家点评**

**点评：**冯华魁

自媒体【调戏电商】创始人，国内营销第一刊《销售与市场》渠道版栏目主编，专注报道电商 6 年，写过上百篇实战总结文章，其中《传统企业要做 O2O 必须实行大电商战略》一文更是开启了传统企业 O2O 热潮；《绫致如何用微信打通 O2O》一文更是在全国引爆微信 O2O。自媒体【调戏电商】现有 5 万粉丝，帐号：tiaoxiEC。个人微信号：huakui007

## 什么样的营销，才最能引起顾客共鸣？

当顾客看到你产品的时候，不是纠结质量、价格，而是猛然触及了内心压抑很久的想法或者豁然打开了一扇自己从未开启过的魔幻之窗时，你的营销就成功了。

当我看到骆驼参评金麦奖的核心情感诉求——人往往要踏遍外边的大千世界，才能到达内心最深的殿堂，寻回最真实的自我，我一下子就明白了这个案例为何胜出，真正的营销高手，总是能抓住人类情感的痛点和痒点。

骆驼，一个鞋类品牌，但他所做的营销，是让顾客找到踏遍世界的感觉，就像耐克一样，他卖的也不是鞋子，而是拼搏的精神，是一个人从籍籍无名到举世大咖的奋斗历程，更是无数普通人的梦想寄托。

骆驼在做这个营销事件的时候，它加入了丰富的娱乐元素，例如游戏，品牌互动游戏环节的贯穿，这就将它和和其他品牌进行区分，形成多维度的品牌营销活动推广。这样既能吸引更多的新老顾客参与互动，实现销售额的连创新高，又能通过消费者进行广泛的品牌传播，提升品牌价值和挖掘新客户，实现品牌热度的持续升温，最终实现“品牌、会员、销售”三位一体完美融合的目的。

除了主题的“高大上”之外，骆驼这一案例的另一个亮点是把促销做成了娱乐性与竞技性，它抓住的是用户的闯关精神，对美国的认知，抓住用户对美国旅游以及美国文化的追求等诉求点，将各种户外元素带入此次游戏中，形成与消费者无缝的互动关系，销量跟销售额自然也不会难看。我曾经写过一篇文章，好的营销要想具备社交因素，就要做出游戏的感觉来，要有挑战，要有分享，骆驼的游戏还有传承，里面融入了骆驼产品的元素，这更好了，你挑战失败了，自己的里程还可以兑给你推荐的人，变成了一场接力赛友谊赛，这太对户外运动爱好者的口味了，也符合了人性对胜利最基本的需求，通过接力，将骆驼的品牌传递给更多的人，有的是骆驼的用户，有的是骆驼潜在用户，有的甚至不知道骆驼是什么，但玩了朋友推荐的游戏，友谊的接力，他就知道游戏研发的对象是谁，就是骆驼。

骆驼踏遍美国，只是找到顾客的感觉，用游戏的方式，引起用户对户外喜爱的共鸣；用游戏的方式，让用户对美国的山水有了不一样的情感诉求；用游戏的方式，去吸引那些或知道货不知道骆驼品牌的用户。这就是骆驼，它的营销，不仅仅在销售，更是在与用户无缝互动。

[本案例荣获2013年金麦奖 | 鞋包配饰类 入围奖]

# JUMBOUGG—温暖“双11”

针对“双11”如此集中的消费时间，JUMBOUGG将营销计划拆分成了“积累、引入、预热、引爆”四个时间段，为当日的订单爆发蓄势。

文 | 王晶菁

**项目介绍：**作为首次入驻天猫的雪地靴品牌JUMBOUGG，面对已有UGG Australia、Aumu等高端市场，将市场定位锁定于终端市场，借助“双11”的影响力来打开市场。品牌做了较长时间的规划，提前一个月做预热，最终实现了销量与品牌传播同步扩大的双重目的。

**营销背景：**

· UGG Australia入驻，分割高端消费市场，中低端网货品牌快速崛起，市场竞争异常激烈。

· 天猫平台快速发展，积累了越来越多的中高端消费人群，雪地靴类目受到关注。

· 借力“双11”的销售狂潮，打出品牌，积累用户。

**营销策略：**

将整个营销周期分成“积累→引入→预热→引爆”四个阶段，在活动和宣传时注重品牌文化和促销信息的双重传播。

有句话说得好，“不以销售额为目的的营销方案都是耍流氓”，而对于一个初入市场的品牌而言，除了销售额外，品牌影响力也要树立。JUMBOUGG 主打的是雪地靴产品，由澳大利亚雪力有限公司（Shellin PTY LTD）授权杭州雪力澳服饰有限公司在国内销售。而此前在国内市场，消费者熟知的雪地靴品牌有 UGG Australia、Aumu 等。他们的市场定位较高，单价都在千元以上，而网购平台上亦充斥着一些厂家直销的低端产品。

针对此种市场情况，JUMBOUGG 将目标消费群体集中在中端市场，都市白领和成熟的年轻女性，并把 2013 年的营销重头戏放在了天猫“双 11”期间，作为打开网购市场的首次战略。一来，“双 11”是网购销售热潮，届时必将聚集大批人气；二来，从销售时节来说，11 月份也是消费者开始抢购冬季产品的主要时期。

经过几年的市场培育，网购人群已经将“双 11”和“5 折抢购”划上了等号。消费者所有下半年的购物需求都会在这 24 小时爆发。因此，针对如此集中的消费时间，JUMBOUGG 将营销计划拆分成了“积累、引入、预热、引爆”四个时间段，为“双 11”的订单爆发蓄势。

### 积累期——大洋路

时间：10 月 21～24 日

**内容：聚定制——聚温暖打造单品爆款**

**大洋路之旅——自助旅游基金**

谈起澳大利亚，人们的第一印象就是秀丽的风景和人与动物和谐相处的画面。要将品牌文化传递出去，让消费者将品牌与澳洲结合起来，最直观的方法无疑是来一场发现之旅。基于此，公司策划的第一场营销活动是与旅游相关的“大洋路之旅”。活动主要分两部分，一是为幸运的消费者提供大洋路之旅的自助旅游基金；二是与商品结合的聚定制活动，以打造单品爆款。

围绕澳洲著名旅游路线大洋路展开的活动受到了很多消费者的关注。对于当下注重生活品质、喜欢旅游的年轻人，澳洲本身就是一个不错的旅游目的地，大洋之路又是颇具代表性的自助游线路。因此，活动宣传很快在全网铺开，网友只要选出自己喜欢的旅行照片即可参与。相对而言，互动和参与性都比较强。此外，雪地靴作为一款休闲鞋，世界上没有第二条路可以媲美，驾车奔驰在大洋路上！

这条在悬崖峭壁中间开辟出来的大洋路，正式的起点是托尔坎（Torquay），终点是亚伦斯福特（Allansford），全长276公里。

也较适合在旅行中穿着。“旅行”、“在路上”、“公路之旅”的概念和雪地靴随意休闲的风格相吻合，如此的活动宣传不会显得突兀。值得注意的是大洋之路活动贯穿了品牌整个宣传期，从 10 月开始到 12 月，每月都会有大奖产生，即 4999 元的旅行基金，共计 12 名。

活动从 10 月 21 日到 24 日，四天时间便有 3000 多名消费者参与进来，除了最终的大奖外，也可获得品牌相关的周

边产品，如羊毛鞋垫等。与此同步开展的聚定制活动，重在将订单落地，公司挑选了一款售价在 399 元的基本款作为定制产品，用户可选择自己喜欢的颜色。活动期间共有 5 万名顾客浏览了该页面，最终达成 3000 件订单。聚定制是卖家常用的促销方式，较适合一些基本款的推广。

## 引入期——“双 11”来了

时间：10 月 24～31 日

**内容：买家秀——你敢秀我就敢送**

**神奇宝贝——寻找新的宝贝**

在完成了首播定制销售后，距离“双 11”也就半个月的时间了。抓住这最后的时机，商家在宣传时的重点还是让更多的消费者认知，这里的认知不止品牌，还有产品。

在 10 月 24 日到 31 日这段期间，JUMBOUGG 同样开展了两条活动线，与买家互动的买家秀和提高产品曝光的“寻找新的宝贝”。前者重在参与度，后者重在提升实际页

面浏览数，让消费者尽可能多地接触到不同产品，最终实现“总有一款适合你”。

其实，这两个活动都是商家比较容易想到，且让消费者实现的活动方式。比较新颖的是“寻找新的宝贝”这个活动。消费者需要通过浏览 4 款不同商品的页面，找到仅限“双 11”当天使用的 100 元优惠券。这种方式就像百货商场营业员告诉你在 4 个专柜中的 1 个藏有打折卡需要你去发现一样，让用户不得不将 4 个专柜都逛一遍。同理，这 4 个宝贝详情页的浏览量也上去了，网站的整体访问深度也有了。说不定在这其间用户又收藏了几件商品，除了几件爆款外，能够带动消费的几件腰部产品也得到了曝光。

### 预热期——温暖走你

时间：11 月 1～10 日

**内容：会场预热——提高品牌知名度**

**点评促销预热——提高单品的收藏**

进入 11 月，距离“双 11”只有 10 天的时间，这个时候商家不适合做促销活动，只能是对“双 11”活动作介绍，并进一步提高消费者对品牌的认可，提高收藏夹和购物车的比例，以促成当日的下单率。

可以从商家的Banner设计开始，此时的内容已经凸现在活动当天的主题，以及具体告知消费者可以为“双11”做准备的几项工作。虽然很多消费者并不是第一次参与网购，但面对“双11”这样分秒必争的日子，商家还是有必要教导消费者提前做好准备。比如，商品的收藏或者直接放入购物车等。这样做的好处不仅是为了让消费者在当日便于下单，更是减少消费者“临阵脱单”的危险。指不定他当天又看了其他商家的商品，

投入其他商家的怀抱。提前收藏，当日短信或旺旺督促下单的方式是最好的。

此外，“双 11”当日的主题宣传仍要继续。为突出 UGG 温暖的感觉，JUMBOUGG 将当日的营销主题定位“温暖双 11”，针对家人、朋友等几个人群的维度。如此也是在传达一个概念，顾客除了自己购买产品，也可以将产品送人，换言之提高客单件。以家庭为单位，一个女性用户就可以购买 3～6 双鞋子，自己、父母、爱人、小孩等。

其实，商家在广告设计和文案传播上如此注重“温暖”，除了是与产品的特性结合起来外，还要给消费者传递一个“冬天很冷，你需要雪地靴”的意念。因为 11 月份的时候除了我国东北地区，其他地区均还感受不到寒冷，这就需要唤醒消费，通过冬日图片、温情的文案等方式来实现。

最后的数据显示，在预热期的 10 天中，总共有 86.9 万用户浏览了页面，新增购物车 6 万多，可想而知，这段时间的宣传对于最终下单的成功转化还是有很大帮助，且越临近“双 11”，活动宣传越不可放松。

## 引爆期——温暖“双 11”

时间：11 月 11 日

**内容：聚划算、女鞋雪地靴会场大促销**

在经历了前期的准备后，商家在“双 11”当天能做的其实并不多，基本上最忙的是客服。或者就是 Banner 广告的替换等。JUMBOUGG 通过前期对精准人群的传播，大范围对潜在购买者进行了推广，使得整体购物车收藏质量较高，“双 11”当天共有 1.6 万名购物车回访，回访占比 25%，其中购物车的转化率在 40%。从后台数据显示，预热期间的新增购物车量有 33%来自天猫专题，10.99%是直接访问，10.79%是直通车，其余是天猫和淘宝搜索等。

最终，JUMBOUGG 在“双 11”当天销售达到 1273 万元，成交人数 2.7 万，其中 2.6 万为新增顾客。可见，前期的广告和活动宣传对于扩大品牌的认知率有较大成效。商家准备的主推产品成交额有 473 万元，占整体点评销售的 37%，可见前期对产品的推广和购买引导起到了一定的作用。

通过对 JUMBOUGG“双 11”整体营销全案的分析可以得出，商家在营销时抓住了品牌传播和销售落地两条主线。而在单个活动宣传时，也会有此倾向。如积累和引入期的两次活动，都是与用户互动的软性推广和聚定制、寻找宝贝收藏等直接转化到商品购买或收藏的订单上，两者一柔一刚相结合。

而在营销主题上，也从品牌特色和文化出发，宣扬品牌澳洲血统的“大洋路之旅”和体现产品温暖特色的“温暖双 11”等。总之，好的营销策划总不缺创意点，但能与品牌文化相结合、体现品牌特色的才是适合商家的好宣传。而营销方案的制定也要和当下面临的环境和需要解决的问题相结合。对于 JUMBOUGG 他所要的就是“打出品牌，有订单”。

## JUMBOUGG“双 11”针对不同消费群体的 banner 设计

针对时尚个性的高端服饰女性群体，点击率 3.5%。

针对时尚辣妈的雪地靴，点击率 4%。

针对素雅简洁、喜好棉麻的用户消费群体，点击率 6.2%。

针对品牌了解、喜爱风格的消费者。

针对价格敏感的潜在用户。

针对雪地靴促销、不熟知品牌的潜在用户。

金麦奖

golden wheat awards

## 优秀案例

## 时尚类

[本案例荣获2013年金麦奖 | 时尚类　金奖]

# 周生生七夕寻找伊莎贝拉

无线端牵扯的资源成本高，广告投放覆盖的范围需要更广，游戏、新闻、微信等入口分散在各处，显然使无线端的营销不能照搬PC端的方式。

文 | 孙　瑶

**项目介绍**：传统的珠宝品牌如何在固有的营销活动中跳脱出来？2013年，周生生借助手机端与消费者实现游戏互动，接入地图功能，带动线下实体店参与到天猫店铺的活动中，活动期间手机端销售同比增长约26%。

**营销背景**：

· 七夕是传统的珠宝销售旺季，但是主要还是以黄金为主，但本次营销活动主推单品是珀金系列产品，需要用一种更加贴近80后主力消费者的营销方式，拉动销售。

· 有效带动周生生手机店铺的销售增长，逐步实现用户从PC端向无线端转移。

**营销策略**：

通过minisite撰写爱的宣言，借助一淘火眼技术在指定的地点和时间让心爱的人抓虚拟蝴蝶，捕获爱的宣言后获取优惠券或珀金对戒。

玩营销，包邮五折的时代已然成为过去时，想要在电商营销上不拘一格，除了打折让利以外，利用手机端与消费者互动更适应现在的用户行为习惯。2013年7月16日至8月13日，周生生以“寻找伊莎贝拉”为主题，利用一淘火眼抓蝴蝶功能，吸引300

万人参与抓蝴蝶游戏，手机店铺访客数超过32万人次，活动期间手机端销售同比增长约26%。

## 电影的灵感

七夕是中国的情人节，也是传统的节日销售旺季，周生生计划主推珀金系列产品，这就需要用一种更加贴近80后主力消费者的营销方式来拉动销售。

“所以我们不能只放出一些产品，而不告诉顾客为什么要购买。”周生生集团电子商务部副总经理杨燕英有着自己的考量。受法国电影《蝴蝶》的启发，团队将寻找伊萨贝拉作为营销活动的主题，电影中主人公一直在寻找蝴蝶伊莎贝拉（爱的化身），实际上伊莎贝拉就在身边，“伊莎贝拉”指代“爱”，通过背景故事引导相恋男女寻找伊莎贝拉、寻找爱，从中发现爱其实就在身边，鼓励大家用周生生做礼物“说出爱”。

杨燕英觉得每一次的营销活动都必须有故事、有意义。方案策划前期，团队通过微博传播故事，再附加微博大号推广传播，同时在豆瓣发布《蝴蝶》的影评，拍摄情景短片放在天猫店铺首页，做出预热。营销的成功与否并不取决于方案拍定的那一刻，而在于全盘的跟踪和及时调整。就拿寻找伊莎贝拉活动来说，营销团队用了两周时间定下了营销方案，一个月的时间素材设计，最后两周左右的时间对接资源。在这个过程中，团队会做出项目跟进表，以保证在活动上线前，根据每个时间节点完成相对应的事情。当然也会对活动流程做出优化和改进。

## 无线的创新

从2013年2月14日情人节的“爱·回家”到5月母亲节的“妈妈的谎言”，再到七夕的“寻找伊莎贝拉”，周生生一直在电商营销上做着不同的尝试。与前两者不同的是，后者的营销开始首次试水无线端。

考虑到网购人群同时也是智能手机的活跃用户，周生生计划利用手机来吸引目标消费者参与，同时还能带动手机店铺的销售增长，让用户向无线端转移。“我们很希望能在无线上做一些尝试，于是就开始寻找无线有什么资源可以用。”

赶巧，淘宝无线的一淘火眼软件正热，其中的抓蝴蝶游戏已有互动功能，在淘内做活动，就必须考虑跟消费者的互动，基于基础功能，周生生做了流程上的优化，在手机端和天猫 minisite（活动网站）同步抓蝴蝶游戏。消费者可以在 PC 端填写信息制作成专属的蝴蝶，在指定的时间地点释放蝴蝶，心爱的人用手机端就可以捕捉到蝴蝶。虽然在方案初期借用了无线的资源，但以往蝴蝶都是随机发送，此次周生生接入了地图定位功能，用户可以指定一个地址定点释放蝴蝶。活动开始后，杨燕英也逐步发现了活动方案的一些不足，例如对应的人不一定能抓到相应的蝴蝶，虽然创意好玩，但游戏环节略复杂，让顾客很难记住。这就给了周生生团队一个提醒，以后营销活动的流程要再简单一些，从几个游戏环节中提炼一个集中的入口。

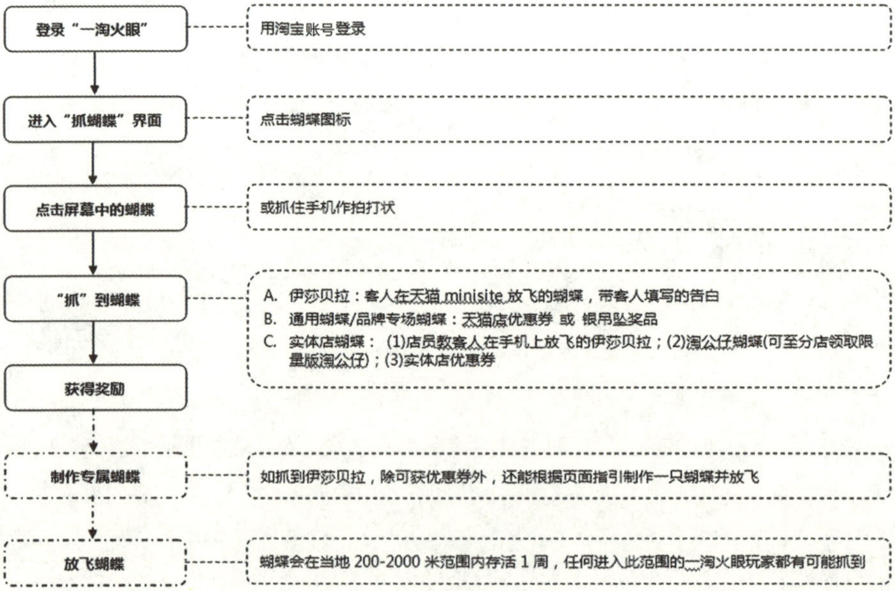

当然，这次无线探路的野心不仅是提升手机店铺的销量，还希望将线下资源利用起来。周生生精选了线下共10家门店参与其中，以店铺所在位置为圆心，2公里内发放特殊蝴蝶，捕捉到蝴蝶的消费者到店可以获取限量版淘公仔或者分店和网店的优惠券。活动期间实体店总共放出1890只淘公仔蝴蝶，10万只优惠券蝴蝶，并且吸引了752人到店咨询。周生生通过电商平台覆盖线下店覆盖不到的地方，增加了年轻消费者。2013年上半年，周生生网上珠宝店营业额同比增长达到300%。

无线端牵扯的资源成本高，广告投放覆盖的范围需要更广，游戏、新闻、微信等入口分散在各处，这也就加大了商家在策划无线营销方案时的难度，显然无线端的营销并不能照搬PC端的方式，“所以商家在做策划的时候，就要考虑每个应用场景对应什么活动和推广手段，像周生生的抓蝴蝶就是一步到位，点击即可抓取”。阿里妈妈小二国熙认为无线营销必须考虑更多的环节，包括活动时用户点击的步骤也需要精心设计。一般来说，活动结束前三到四周是上线测试、收集反馈阶段，前两周是活动流量高峰期，前一周是产品销售高峰期。活动结束前两周要重点推广，结束前3天就应该开始减少广告投放了。根据一淘火眼的无线端投放效果分析，IOS首焦投放UV突破40万，非客户端登入首焦在活动期间首次突破4万。

而PC端的营销活动信息相对公开，微博上的活动意见反馈都是可视的，商家也能很快跟踪并做出调整。随着无线端的信息开始偏向个性化和私人化，顾客反馈的信息一时无法接收，所以在活动上线之前，周生生对抓蝴蝶游戏的流程进行了内部测试，及时解决了地图定位不准确的问题。珠宝电商营销刚刚开始，竞争并不算激烈，“我们也不知道手机端有什么推广资源可用，无从下手。这次活动，我们也只是在手机淘宝的首焦投了一部分广告”。杨燕英对七夕活动的营销效果并没有特别满意。说到底，结合节日去做营销事件，最大的挑战还是在于创意性的方案。“这么多个项目下来，我自己还不是特别满意，尤其在活动的创意和玩法创新上还不足，我希望出一些又有高度又有创意的东西，但目前这几个方案还是有可以优化的地方。我希望做的营销活动要正面积极向上，最后能得到大家的积极反馈。这样一比较的话，母亲节‘妈妈的谎言’活动会好一些，当时引起了很多顾客的好评，这得归结于活动的方案写得很好。”

毋庸置疑，策划营销活动，首先要清楚目标是什么，而通过无线端做营销比较适用于抓取活跃人群。“商家可以将品牌植入到活动的每个步骤中，最后去促成销售，通过创新的玩法让顾客记住品牌。”如果能实现虚拟的试戴，那珠宝产品在线上的体验会更好，虽然这种营销方式在技术上暂时还不能实现。

**Tips：营销节点安排**

1. 创意方案：两周。
2. 素材设计：一个月。
3. 对接资源：两周。

**专家点评**

**点评：**黄　韬

清华自动化系90级本科，95级硕士，毕业后清华任教3年。清华企业家协会（TEEC）会员。后历任美国信息医疗产品总监，市场副总经理；美国通用无线产品总监、上海公司总经理，2003年创立飞拓无限，与中国移动合作开展无线互联网广告营销；2007年创建丽人丽妆，从事品牌授权模式的化妆品零售电子商务，从最初的相宜本草到今天已运营欧莱雅集团、太平洋爱茉莉、联合利华集团、宝洁集团、汉高集团、拜尔斯道夫集团、资生堂集团等众多品牌旗舰店，对于传统品牌开展电子商务有着独到的理念和丰富的经验。

## 创新情感营销

### 悠久品牌　创新不断

周生生，一个80多年的品牌，以“亲力亲为，以客为先，货真价实，品质至上”为管理理念，一直持之以恒。从情人节的“爱·回家”到母亲节的“妈妈的谎言”，再到七夕的“寻找伊莎贝拉”等活动，周生生在坚持产品和服务品质的同时，一直走在创新营销的前沿。

**节日营销 多屏互动**

“七夕”，中国传统意义上正宗的情人节，周生生品牌巧妙地借势法国电影《蝴蝶》中的全欧洲最美丽、最罕见的蝴蝶“伊莎贝拉”作为基本点，通过一淘火眼的捉蝴蝶功能，利用基于地理位置的蝴蝶放飞功能，巧妙实现了线上线下的相互反哺，不失为一次O2O漂亮的尝试。既体现了周生生品牌本身的国际化路线，又彰显了品牌年轻的活力。

**平等沟通 创建价值**

当营销转向数字时代，新时代的营销任务就变成通过新的渠道创建价值，沟通价值，交付价值。互联网创造的变革已经很明显，如果你想赢得年轻人，就一定要通过网络，通过创新的玩法来和他们建立联系。“捉蝴蝶”的互动游戏，无疑是这次活动最大的亮点。游戏环节中，消费者可以在抓住“伊莎贝拉”之后制作成自己专属的蝴蝶，比如说，上传头像和传递小纸条等功能，放飞给自己的另一半去告白，这种自传播的方式，本身用户的参与度就高，平等沟通的互联网让用户有了更多的话语权，自说自话、自上而下的营销已经行不通了。

**定位准确 增加势能**

从用户产生购买行为的四个过程 Attention（注意）—Interest（兴趣）—Desire（欲望）—Action（行动）来看，首先选定的“七夕”这个节日契机，少男少女肯定是有一些购物需求的，这就造成了用户主动注意某些品类的活动，周生生选择这个时机去和消费者进行沟通，使得本身的品牌定位比较准确，直白一点就类似于“要想表白表得好，必须要买周生生”。捉蝴蝶的游戏本身就会引起很多人的兴趣，特别是在智能机逐渐普及的当下，便于品牌去执行一些创新的营销策略，假如说这个策略放在2年前去执行，几乎是不可能完成的任务。蝴蝶其实只是一个指代，背后是线上或者线下的优惠券，或者是专属的淘公仔，或者是一个爱情的告白，这就与品牌绩效紧密地挂钩，使得整个活动不仅仅停留在互动环节，最终还是要落地销售。换一个说法，就是使得消费者有了购买的欲望。活动环节中设计的到门店去领取小礼物或者淘公仔的环节，使得一线的地推人员能够紧密地接触到已经到了Desire阶段的人群，保证有较高的转化率。

今天，阿里对无线和O2O两大业务采取了ALL in的战略，周生生无疑是走在了大多数商家的前边，随着阿里无线和O2O等相关新产品的开发，相信周生生品牌在今后依然会大放异彩。

[本案例荣获 2013 年金麦奖｜时尚类　铜奖]

# 雅诗兰黛“睡眠修护力”

通过整合知识类平台，利用知识图谱工具传播产品概念，提高搜索引擎的关注度，何尝不是一个技术层面上的营销突破。

文｜孙　瑶

**项目介绍：**雅诗兰黛是美国雅诗兰黛公司旗下的化妆品旗舰品牌，以抗衰修护护肤品闻名。它精心布局了一场围绕搜索引擎的概念性产品推广，营销效果显著。

**营销背景：**

· 雅诗兰黛精华液已经推出了好几个年头，但同时面临“小黑瓶”等竞品的威胁和挑战。

· 此次要以“睡眠修护力”的概念使得产品以焕然一新的形象重新出现在消费者面前。

· 为了更好地传播概念，需要整合搜索引擎各个知识频道，来打造体系化的概念传播理念。

**营销策略：**

利用搜索引擎的技术构造“知识图谱”，将用户最关心的护肤信息组合起来，强化产品推广。

这是一个信息碎片化的时代，对于营销人来说，最头疼的莫过于“找到的人太少”以及“找到的人不对”。过于碎片的信息环境，传统的营销方式无法覆盖全部的受众，也无法精准深入地传递品牌信息。雅诗兰黛作为知名的护肤品品牌，盛产了众多明星产品，而其中的精华液推出了几年，虽成为精华世家的经典口碑产品，但同时面临“小黑瓶”等竞品的威胁和挑战，精华液若要以全新的形象重新出现在消费者面前且能得到回应，确是摆在雅诗兰黛面前的一个挑战。

用户搜索某一个关键词，立马就能推送相关产品广告，并引导用户了解信息后下单购买，这大概是很多广告主或者品牌商期望达到的产品诉求。2013年6月27日，雅诗兰黛启用“睡眠修护力”的概念，通过整合百度知道等知识图谱工具，两个月下来成功让“睡眠修护力”关注度提升至1200，ANR修护精华的检索量提升150%，产品页面点击率提升47%。

## 知识恶补

源于网民对“睡得好是不是就皮肤好”的问题展开洞察研究发现，好的产品可以在睡眠期间帮助提升吸收效果，在睡眠期间完成皮肤的修护。

雅诗兰黛实验室联手全球知名的临床研究中心——美国UH Case Medical Center的研究也发现人体的自我修护进程在入睡后会逐渐达到顶峰，将日夜受外界刺激引起的细胞受损、炎症及随之产生的不良影响弱化或消除。但睡眠修护力会随年龄增加而下降，机体自身修护力随之减弱，衰老速度加剧。事实上，相对睡眠正常的人群，备受睡眠问题困扰的人群超重、消化循环系统疾病的发生率更高，免疫系统的机能更弱，机体始终处于“易受损、难复原”的状态中，健康状况都令人担忧，美丽就更成了奢谈。这给了产品营销很大的灵感。

方案策划前期分析发现，在收集了解护肤品信息时超过31%的用户跳转到知识图谱网站，也就是说知识图谱是很重要的护肤信息来源。通过其他数据工具还可以发现，化妆品用户除了搜索产品外，同时也习惯在百度等知识类平台寻找相关答案，对购物、美食、星座等也有极大的兴趣，所以找到目标受众的流量分布平台，有的放矢地推送广告至关重要。百度数据分析，雅诗兰黛的目标受众除了关注雅诗兰黛和同类品牌，还会重点关注美容护肤资讯，如护肤品、护肤方法与美容潮流。广告主根据产品定义及诉求，制定与产品相关的搜索关键词；当网民搜索了这些关键词后，对其推送睡眠修护力的广告；网民看了被推送的广告后，主动搜索睡眠修护力进一步了解产品信息。这就是广告的理想状态。

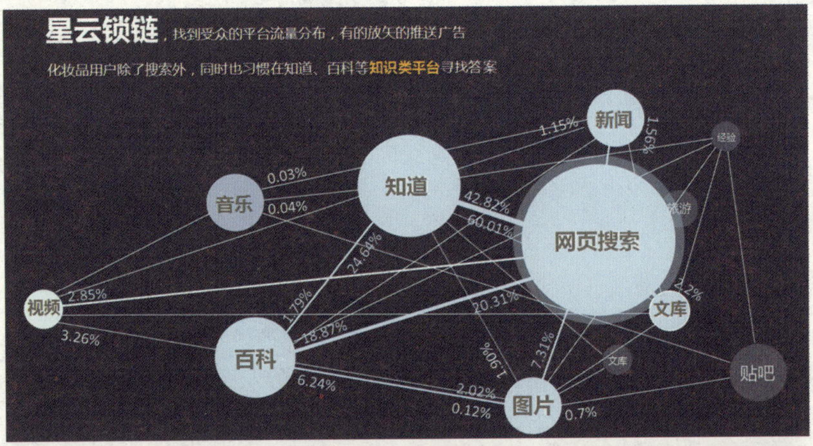


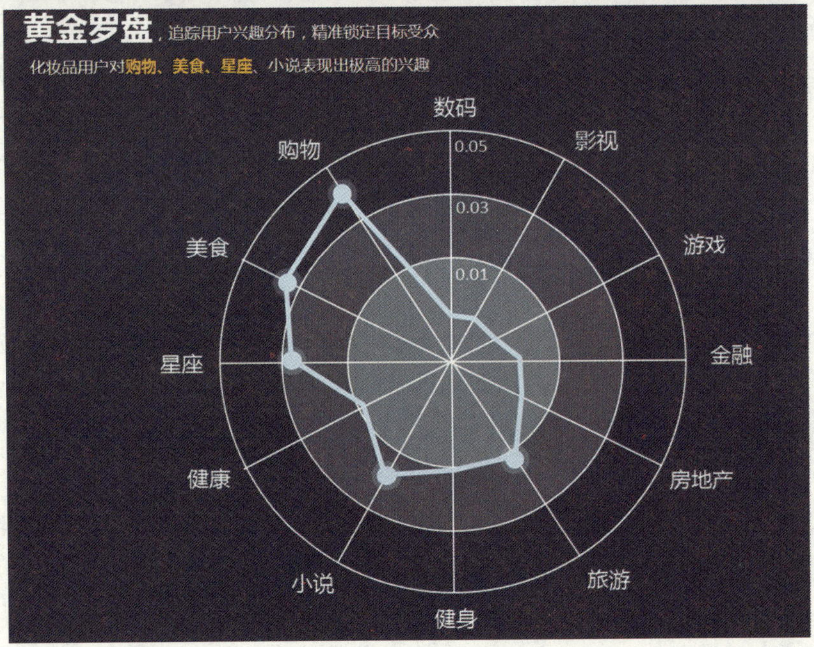

## 体系传播

为了更好地传播“睡眠修护力”的概念，增加内容曝光量实属当务之急，这时整合搜索引擎各个知识频道以打造体系化的传播成了最好的一种手段。从2010年开始，雅诗兰黛在搜索营销领域做了更多尝试。之前用户大多用收藏夹收藏地址，现在却只通过关键词去搜索，当用户的搜索习惯改变，营销人必须迅速捕捉到消费者行为信息，并就营销策略做出相应调整。于是雅诗兰黛进一步优化用户体验，让用户通过比较有冲击力的富媒体形式得到产品信息，而广告展示也不需要跳转，这就减少了用户流失，保持了活动关注度。如今，百度会提供百度指数、行业报告之类的参考资料，方便雅诗兰黛了解新媒体营销趋势，并随着用户行为习惯的改变而做出相应决策。对于一个高端化妆品品牌来说，必须意识到新媒体已经成为用户日常生活的一部分并将继续深入，唯有紧跟趋势并找恰当的时间切入，同时在尝试过程中不断学习和总结，才会让下一次品牌营销更精准。

首先，打造概念热词是第一步。利用百度知道专题页面，以图文结合的形式展

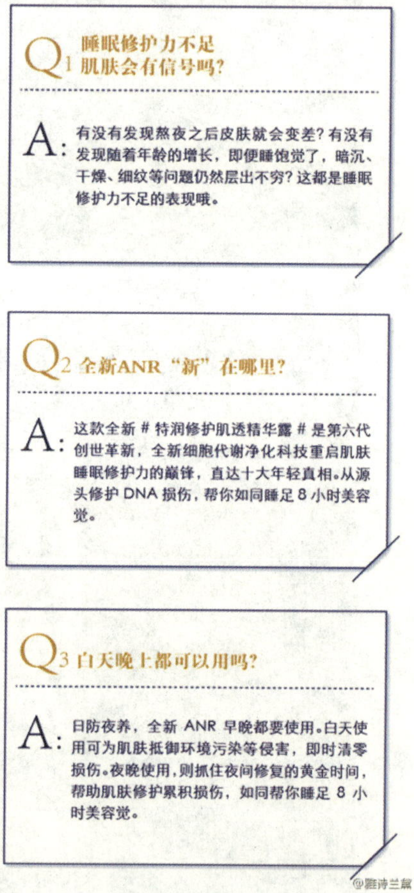

示产品，引起用户对“睡眠修护力”检索词的关注，专题页面 PV 达 20 万。2013 年 8 月，雅诗兰黛官微列举了粉丝对于精华液的一系列疑问，进行专业的解答。

同时，在百度百科词条内加入“雅诗兰黛第六代 ANR 精华”的解释，以供用户及时查阅。只有普及了基础的知识，用户才有可能下单购买，增加转化率。考虑到每个人的肌肤问题存在差异，如何满足每个人的需求？雅诗兰黛结合百度搜索风云榜，以检索数据为基准，呈现用户最关注的肌肤问题排行榜，结合百度知识体系，向关注“睡眠修护力”的用户提供最有效的护肤解决方案。超过 1 万个用户关注肌肤问题榜单，榜单日点击量超过 2000 次。

另外还以小样为奖励，让用户更好地了解产品资讯与效用，并收集用户试用后的口碑信息，引导其他用户的产品认知并下单购买。截至 2013 年 7 月 1 日，“睡眠修护力”的搜索指数达到 1200。

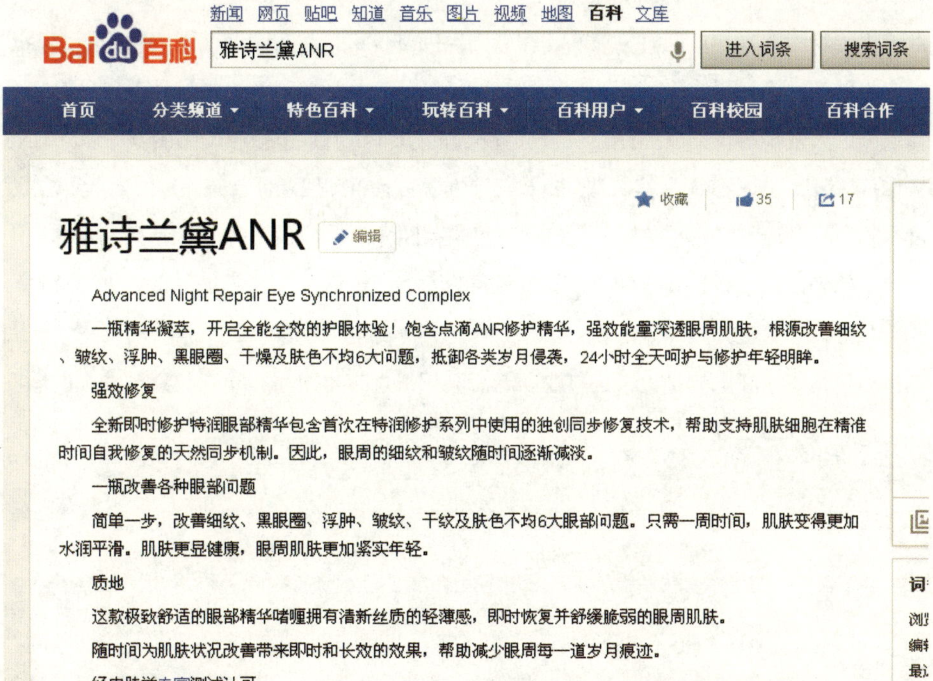

为了让产品持续恒温，百度搜索风云榜第二期推出阐述ANR神奇功效的主题。达人分享使用后的感受搭配雅诗兰黛明星Top排行榜，引导其他用户的产品认知并产生购买。从6月底开始至现在，雅诗兰黛ANR检索量保持在日均600以上。不得不提的还有，雅诗兰黛借用鸿媒体，通过独有的“天目”技术，及时洞察每一位消费者最真实的需求，建立消费者行为档案库，综合分析消费者的主要与潜在兴趣。同时，鸿媒体打破固定广告位束缚，在全网范围内紧跟消费者进行广告展现。为衬托雅诗兰黛修护系列高端优雅的产品形象，鸿媒体设计深蓝色正方形播放框，大气高端。播放框醒目位置放置雅诗兰黛LOGO、小棕瓶产品图及“No.1 DNA级修护神话”，充分强调品牌信息。播放框下方还独设百度搜索框，感兴趣的受众点击“百度一下”，即可到达预置关键词“雅诗兰黛”的百度搜索结果页面，回归品牌信息阵地。

总的来说，整合了百度知道、百度百科、百度风云榜3个知识类平台，将“睡眠修护力”的概念通过知道专题、百科词条、榜单推荐等“知识图谱”工具传播开来，最大范围内传播了“睡眠修护力”的概念，最后利用概念带出产品，雅诗兰黛最大程度地发挥了搜索引擎的功效。

**专家点评**

**点评：**王子乔

资深互联网营销人，极客潮流品牌 Ctrl+ 创始人，自媒体人。硕士研究生，毕业于中国传媒大学广告学院，先后供职于阿里巴巴、百度和腾讯市场部，横跨 BAT 三座大山，深谙互联网公司文化，主业互联网公司市场营销工作，副业经营微信公众账号：东乔西看（PrinceQiao），秉承独立视角，站在科技与人文的边缘，带你东瞧西看互联网风云，奇趣营销，麻辣影评，行走在路上的风景。相信科技与人文的结合才是最美好的事。

## 掐住营销关键时刻

雅诗兰黛这个案例最吸引人的地方在于其围绕“睡眠修护力”的营销活动是以百度为主要平台进行的。经过雅诗兰黛和百度营销人员的巧妙设计，从活动的展开形式和取得的效果来看，突破了过去我们对于百度是个搜索引擎，只能通过关键词投放广告的过时想法。

首先，回溯一下案例要解决的问题，雅诗兰黛精华液已经推出了好几个年头，正面临“小黑瓶”等竞品的威胁和挑战；以“睡眠修护力”的概念使得产品以新的形象重新出现在消费者面前；把“睡眠修护力”这个消费者高关注的话题与雅诗兰黛精华液形成认知上的强关联。

先回想一下，以往类似的护肤品是如何做的？

大肆投放广告在电视媒体、户外路牌、白领女性聚集的写字楼分众广告、时尚杂志、白领聚集的女性、时尚垂直网站和论坛等等。

这样的方式，覆盖面是广，但沟通效率极低，难以避免有大量的营销预算是浪费的，就像营销圈里那句名言讲的，谁都不知道浪费的是哪一部分。

有没有更好的方式？

其实对于护肤品这种高关注度的产品来说，回到消费者做出一个购买决策的过程中来看，如果是一位新的消费者，从朋友的口碑、大众媒体上的广告获得了碎片化的关于产品或品牌的信息。在决定购买前，首先需要构建一个体系化的皮肤护理知识。而能帮助消费者搜集、比较和构建这类护理知识和商业信息，最恰当的平台就是百度。因为当其有一个信息搜集需求时，最先做的就是搜索。这就是营销中的关键时刻！

消费者在搜索无论是“夜间皮肤护理”的通用词，还是“雅诗兰黛”品牌词以及“小棕瓶”等产品词，甚至是竞品的关键词，只要投放得当，就会在最恰当的时候出现，给消费者最好的展现。因为，这正是消费者产生需求的时刻。

这次雅诗兰黛的投放不仅仅运用到传统的关键词广告投放，也调用并定制了百度知识图谱类产品，加上通过“天目技术”可以精准展示的鸿媒体广告，共同打造体系化的概念传播，通过展示型广告引导消费者搜索“睡眠修护力”，并在搜索页面直接展示过往消费者在百度知道问到最多的问题，并进行官方解答。通过问答营销和百度百科等知识营销产品，在“睡眠修护力”和雅诗兰黛品牌之间建立起强关联，并通过层层深入的知识普及，完成了品牌对消费者的产品教育，一步步巩固并占据品牌在消费者心目中关于“睡眠修护力”的心智模式，使得雅诗兰黛成为消费者在选择夜间护理产品时联想到的第一品牌。这就是此类品牌知识营销的重要性所在。

另外，还有一点，对于雅诗兰黛这样的化妆品，广告预算和媒体投放都非常多。大量的广告投放出去，势必促使一些有认知的潜在消费者搜索。而此时，搜索引擎又成了一个最佳的整合营销收口。此刻，无论迎合消费者的是百度品牌专区、SEM，还是知识类产品，都会给消费者带来更多信息，提升广告转化，为销售创造进一步机会。

该案例，确实在化妆品、护肤品品类给了业界一个很好的范例，即如何利用搜索引擎的全平台营销，尤其是知识类产品的使用，帮助品牌建立系统的体系化的健康联想，成为该概念下的首选。同时，也给了两点启示：知识营销是护肤品营销的基础；抓住营销的关键时刻。

同时，在百度百科词条内加入“雅诗兰黛第六代ANR精华”的解释，以供用户及时查阅。只有普及了基础的知识，用户才有可能下单购买，增加转化率。考虑到每个人的肌肤问题存在差异，如何满足每个人的需求？雅诗兰黛结合百度搜索风云榜，以检索数据为基准，呈现用户最关注的肌肤问题排行榜，结合百度知识体系，向关注“睡眠修护力”的用户提供最有效的护肤解决方案。超过1万个用户关注肌肤问题榜单，榜单日点击量超过2000次。

另外还以小样为奖励，让用户更好地了解产品资讯与效用，并收集用户试用后的口碑信息，引导其他用户的产品认知并下单购买。截至2013年7月1日，“睡眠修护力”的搜索指数达到1200。

为了让产品持续恒温，百度搜索风云榜第二期推出阐述ANR神奇功效的主题。达人分享使用后的感受搭配雅诗兰黛明星Top排行榜，引导其他用户的产品认知并产生购买。从6月底开始至现在，雅诗兰黛ANR检索量保持在日均600以上。不得不提的还有，雅诗兰黛借用鸿媒体通过独有的“天目”技术，及时洞察每一位消费者最真实的需求，建立消费者行为档案库，综合分析消费者的主要与潜在兴趣。同时，鸿媒体打破固定广告位束缚，在全网范围内紧跟消费者进行广告展现。为衬托雅诗兰黛修护系列高端优雅的产品形象，鸿媒体设计深蓝色正方形播放框，大气高端。播放框醒目位置放置雅诗兰黛LOGO、小棕瓶产品图及“No.1 DNA级修护神话”，充分强调品牌信息。播放框下方还独设百度搜索框，感兴趣的受众点击“百度一下”，即可到达预置关键词“雅诗兰黛”的百度搜索结果页面，回归品牌信息阵地。

总的来说，整合了百度知道、百度百科、百度风云榜3个知识类平台，将“睡眠修护力”的概念通过知道专题、百科词条、榜单推荐等“知识图谱”工具传播开来，最大范围内传播了“睡眠修护力”的概念，最后利用概念带出产品，雅诗兰黛最大程度地发挥了搜索引擎的功效。

[本案例荣获 2013 年金麦奖 | 时尚类　入围奖]

# 佐卡伊 2013 天猫“双 11”营销案例

锁定了投资收藏人群和结婚人群，并用钻石成品系列产品吸引消费者，在“双 11”大促销中，佐卡伊可谓大放异彩。

文 | 孙　瑶

**项目介绍：**利用互联网信息技术优化钻石珠宝供应链，佐卡伊颠覆了传统钻石销售模式，利用 13.33 克拉作为话题关键词，从而形成事件营销。同时结合热播电视剧进行广告植入，资源同步推广。2013 年“双 11”，佐卡伊旗舰店成交金额 1007 万元。

**营销背景：**

在实体的市面上或者网络平台上，大克拉的珠宝珍品几乎难以见到，通常这类稀世珍宝只能在拍卖会或私密圈子里才能一堵风采。

对于佐卡伊而言，最重要的一点就是通过“双 11”这个平台完成飞跃，无论是从品牌影响力、销售额还是用户体验上，都要向前迈出一大步。

**营销策略：**

传播渠道上选取了新媒体为话题释放点，从而引发广泛讨论，以形成强大的事件营销。

一年一度的“双 11”对于消费者来说是一场购物的狂欢，而对于商家而言则渐渐超越了节日促销的范畴，并迅速演化成一场角逐赛，角逐销售额、排名、用户量、品牌影响力……可见这个营销节点对于商家的重要性，互联网钻石品类的佐卡伊当然也不例外。

2013 年“双 11”，截至 12 时 19 分，佐卡伊旗舰店成交金额 1007 万元，在“珠宝/钻石/翡翠/黄金”类目下排名第 2，全天下来，赢得了钻石类目第一的好战绩。而特别引人注目的是在 10 点 47 分 43 秒，佐卡伊旗舰店成交一枚 13.33 克拉顶级大钻，成交价 2050 万元，以往此类钻石通常只在非常小范围的渠道流通。大钻的成功出售，促使“13.33 克拉”、“‘双 11’ 2050 万”等关键词在百度搜索中占据相关页面超 100 万个，微博搜索中可找到约 8 万条结果，引起“土豪”网络话题的讨论。

## 话题制造

随着整个中国消费水平的提升，人们对珠宝珍品市场的关注、消费和投资需求持续上升。而市场的实际情况是，在实体的市面上或者网络平台上，大克拉的珠宝珍品几乎难以见到，行业人都知道，通常这类稀世珍宝只能在拍卖会或私密圈子里才能一堵风采。“无论是在品牌影响力还是销售额和用户体验上，我们都想通过“双 11”来提升一下品牌的曝光度。”对于佐卡伊而言，“双 11”不仅仅是为了促销，更是为了把它打造成营销性的节日。2013 年中国珠宝零售额达 4700 亿元人民币，而网上销售额超过 120 亿元人民币。越来越多的 80 后、90 后更倾向于网上搜寻，或浏览商家的官方网页取得产品资讯。

近几年来，中国电子商务消费发展迅速，网购人群已趋向成熟，天猫平台也培养了一批庞大的处在金字塔尖的优质用户，他们具有高消费、高品质、高购买力的特征。不难发现珍稀克拉珠宝商品有一定的市场需求，并且这个市场需求目前还未被满足。恰逢“双 11”这个时间节点非常适合推出新产品，佐卡伊合作的一部都市情感大剧《咱们结婚吧》也在此期间热播，借此时机进行该营销方案应该行得通。

2013 年 10 月开始，佐卡伊官方微博发起了“明星活动”—寻找女神，佐卡伊联手完美影视，寻找影视剧《咱们结婚吧》高圆圆饰演的女主角杨桃，只要你觉得自己和她有共同点的地方，名字、长相、性格经历等，都可以秀出来赢取钻石大奖。这引起了约 20 万用户的转发，评论 4 万余次。接着，2013 年 11 月初微博又发起明星团队之最“珠光宝气团队”，顾客可以秀出自己珠光宝气的玉手，猜出哪只是男人的手并转发微博赢取大奖。借用电视剧的力量，品牌的传播效果得以最大化。与此同时，“双 11”将要出售 13.33 克拉大钻的消息不胫而走，话题热点瞬间被引爆开来。

## 资源同步

当然，营销战役最核心的还是商品。

其实大克拉钻石的重量极为稀少，国际上在大约 250 吨的金伯利岩石中才有可能开采到一枚一克拉以上的裸钻，如果是那些经过优质切割加工而成的一克拉以上的成钻则更加难得。由于此前钻石过度开采导致的资源稀缺，目前全球克拉钻的产量正在呈现逐年递减的趋势，因此，大克拉的珍贵钻石成为了市场追逐的焦点。佐卡伊这颗大克拉钻石的诞生历经一段艰辛的历程，光毛胚的寻找就耗时 10 年光景。再说此枚钻石的价格，估价超过 5 千万元，何以能以众人意想不到的约三分之一的估价发售？佐卡伊 CEO 吴涛觉得，佐卡伊整合了珠宝供应链中最顶端的资源，能为用户提供高品质的、供应链最上游的一手货品价格。这样做的出发点很单纯，人们对稀有珍宝作品的追求从未减弱，目前实体市场上几乎很难找到有商家出售及展示稀世珠宝作品，更别说在互联网上。佐卡伊 2013 年“双 11”在天猫发售此枚珍宝的出发点就是希望能让更多的人理解并领略到艺术珠宝的价值，并且在其购买后，亦能得到相应的价格升值回报。

这是佐卡伊第三次参与天猫的“双 11”大促活动，也是佐卡伊旗舰店在 2013 年度最大的一次促销狂欢，不仅全场参与“满减”，还有 2.8 折起的聚划算品牌团，同时还联合了 12 家品牌一起做联合营销。活动中，佐卡伊设置了 11 项大奖和 N 项小奖，奖品价值共计 25 万元。“目前看来，活动非常成功，截至 11 月 10 日已经有 1 万多个新会员加入。”佐卡伊显然在“双 11”来临之前就已经做好了充分的准备，针对本次“双 11”营销活动，还整合了一系列精准流量：

1000 万元的付费预算。囊括站内（直通车、钻展、淘客、聚划算等）及站外广告投放（杭州 19 楼、亿邦媒体网……）等淘内淘外平台的流量投放，同步进行活动宣传和预热。

整合免费资源。针对此次活动，佐卡伊集结了淘女郎、品牌街、天猫会员频道、关联品类新客户等，向他们发放了 300 万张珠宝购物券，并且在试用中心等平台进行产品试用。再者围绕电视剧《咱们结婚吧》与一系列官方媒体合作，如咱们结婚吧官微、完美影视官微、湖南卫视官微、CCTV 影视剧官微等，散布产品信息，与用户积极互动。

除了品牌自身资源以外，佐卡伊也联合了几个大商家共同策划“双 11”的活动，凡“双 11”在佐卡伊、飞亚达、威戈、罗莱家纺等天猫店铺成交的顾客，就有可能获得佐卡伊提供的钻戒一枚，每个商家共 11 枚，钻戒将与包裹一起送到顾客手中，分布的包裹范围涵盖天猫各大品类，从珠宝、床上用品等一直延续到服装。无疑，丰厚的奖品带动了更多目标人群下单。

发动老会员。与此同时，佐卡伊还发动了十几万个老会员，通过短信、邮件告知老用户“双 11”来到店铺购买就可免费抽奖并 100%中奖，吸引他们到店下单，促使转化。

据粗略统计，“双 11”前期佐卡伊天猫旗舰店内流量已经翻倍增长，日均流量已经超过 10 万，“双 11”当天的流量突破 100 万。

在佐卡伊的营销策略中，他们锁定了投资收藏人群和结婚人群，并由此理出了关键的商品策略，即“以 13.33 克拉全顶级的【佐卡伊北斗星】为首大克拉钻系列以及以《咱们结婚吧》高圆圆定制明星款为首的经典钻石成品系列”。同时，将免费资源进行全方位整合，笼络老会员，以自行传播营销活动。毋庸置疑，2013“双 11”，佐卡伊不仅收获了惊人销量，品牌也得到了深层次的曝光，营销不只是卖低价。

[本案例荣获 2013 年金麦奖 | 时尚类　入围奖]

# 美宝莲潮妆学院

利用品牌现有的知名度，开创潮妆学院，把一批彩妆初级者培养成化妆用户，使得美宝莲成为启蒙彩妆品牌。

文 | 孙　瑶

**项目介绍**：为了改善品牌形象，美宝莲推出了美容课堂潮妆学院，给彩妆初级者一些指导和建议，同时也是美妆爱好者交流的平台，用户可以通过潮妆学院与其他学习者交流，或向美宝莲专业彩妆师提出美妆疑问。潮妆学院为店铺带来了 40%的销售额增长。

**营销背景**：

在全球国际化的时局下，国内彩妆需求暴增，但是用户彩妆技巧不足，菜鸟急需学习彩妆技巧。

品牌形象固化，上线后销售疲软。

**营销策略**：

通过彩妆高手晒图，给彩妆初级者一些指导，从而让初级用户升级到高级用户。

打造品牌，并不只是狭义上的商品和消费者记忆，而是一个持续的过程。对于品牌形象固化的美宝莲来说，如何打开消费者新的认知、提升线上销量，成了幕后团队的最大挑战。

消费者对彩妆知识的迫切渴望和需求，还需要一个便利的学习环境和条件，线上无疑是一个最佳学习化妆的途径。负责美宝莲线上代运营的丽人丽妆 CEO 黄韬也认为，美宝莲的品牌形象在前几年因为价格战险些收到伤害，是到了利用创意来打动消费者的时候了。为了找到产品的目标用户，与用户进行深度互动，2012 年，美宝莲推出了潮妆学院，进行妆容的展示、打造以及答疑等。数据统计，潮妆学院为店铺带来了 40%的销售额增长，活动期间浏览量增长 102%，客户增长率为 200%，日均订单数增加 30%，客单价增加将近 10 元，这一连串的增长数据，足以说明此次营销的不一般。

## 整合资源

其实，美宝莲在 2011 年就推出了潮妆学院，当时仅限于线下商场的产品展示，现场也配备化妆师，但传播的力度非常有限。从营销理念来说，可信赖的还是口碑传播，这

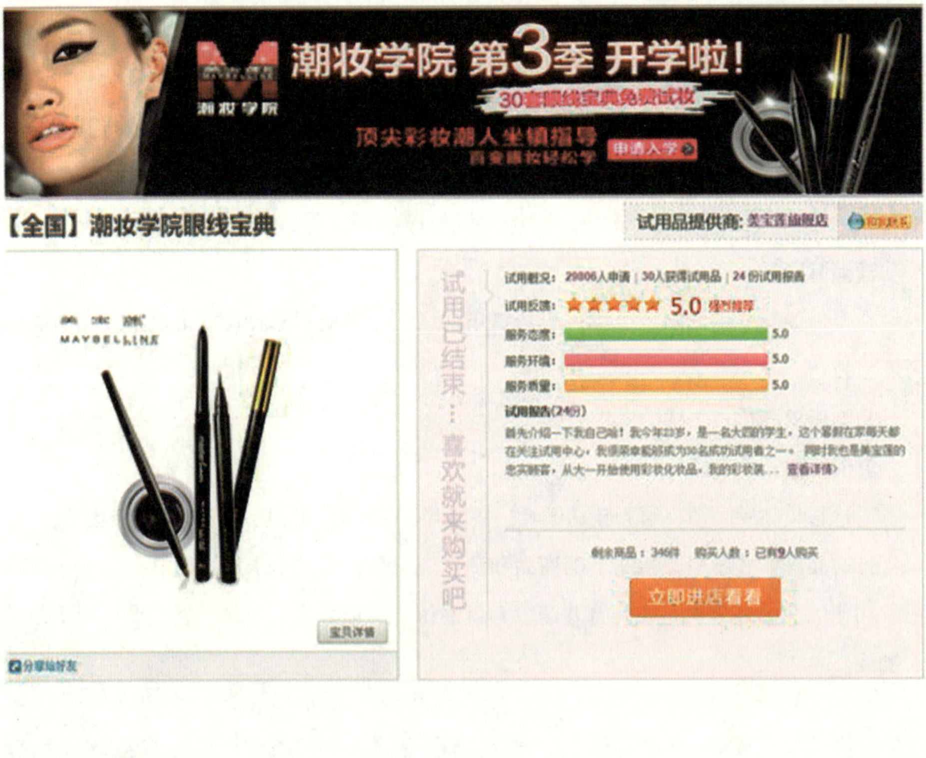

时市场推广计划慢慢转变到了线上。传统的营销方式往往把重心放在品牌上，对于美宝莲来说，品牌已经达到一定的知名度，这时想要让潮妆学院顺利展开，就必须要对其中的传播渠道做好整合。这样一方面能增加线上销售额，一方面又能把品牌扩大化。

2012 年 8 月中旬，潮妆学院特以眼线为主线，在试用中心开展活动，进行“眼线笔”、“粉宝贝”的免费试用活动，提供眼线彩妆套装 30 件、约会猫眼妆彩妆套装 30 份。这些试用产品换来了 3 万人的围观，获得了 24 份试用报告。本地试用作为吸引潜在消费者的一种方式，对品牌的塑造和传达起了很大的帮助和促进。同时，在积分频道开展“全积分兑换＋积分加钱购＋多倍积分返”——10 片 BB 霜小样的活动，积分频道首焦一天为店铺带来 5 万的 PV，当日销售额增长 20%，新浪微博的粉丝关注涨到了 3000 余个。“一些营销活动又不能只是为了抽奖关注，那样的话活跃度很低，我们更关心的是由客户主动发的有关品牌并 @ 官微的微博数量。”黄韬也曾表示。

考虑到现在发展新用户的成本极高，丽人丽妆都会给代运营的 20 多个品牌找好“娘家”，“因为有些品牌的品牌理念、用户购买习惯和年龄层都存在很多相同点，这时如果能找到他们一起进行跨类目的营销，不仅能让用户认知多个品牌，且能快速地找到潜在用户，节约推广成本。”公关经理张志国说。2012 年 9 月 10～16 日期间，美宝莲联合麦包包、欧莎、百丽进行了整体营销活动，天猫的活动页面总点击量超过了 6000 次。

## 联手 KOL

借势公司签约的 200 个网络红人，在相关帮派活动中，运营团队开始运用这些资源以期达到效果最大化。联系其中的优质达人更新潮妆学院活动帖，发放相关产品，加入帮派—收藏店铺—关注微博，完成这一系列动作之后，买家就能联系客服领取 20 元代金券，“50 个达人妆容拍摄品+150 达人奖品”引起了顾客关注。美宝莲在品牌推广早期，就积累了很多画报，适合彩妆宣传，展示完了就能详细体现商品属性。而每一次能积累 200 次妆容的优势，使得品牌可以在达人化完妆之后就进行拍照宣传，最后整理成画册。最早，店铺的旺铺也有空间画报，好的画报能有超过 300 万的点击。基于彩妆的特性，通过画报宣传的效果很好，引起用户兴趣之后再把技巧教给大家的品牌扩展愿望基本也能达成。2012 年 8 月 31 日至 9 月 16 日，通过顽兔上的晒图功能，达人晒一些化妆后的照片，用户可以参与投票，引导消费者秀妆后照，拿 iPad 等大奖，同时又以图片的形式引导用户认知彩妆知识和化妆技术。“有个新品需要宝贝描述、试验感受等都会找这些达人帮忙，有些达人是真正来自于产品的用户。”

其中，流量高而且转化高的方法无疑是今日最大牌的展示，转化率达到 4%。在天猫页面还没改版之前，今日最大牌以右下角浮出的方式吸引用户点击，而这种方式点击率一般都很高，当用户进入今日最大牌的页面之后，美宝莲的产品利用积分＋折扣的形式来引导用户下单购买。“天猫俱乐部的达人很多都是我们的高级会员，针对这部分用户，我们对其提供一些独特的优惠，这也算我们借用了一些核心资源。天猫达人的购买意愿一般都很强，因为本身频道的背书就很好。”张志国说。

而要想让活动在短时间内变得火热，品牌与用户之间就必须要产生互动。回到 2010 年，因为“双 11”的打折促销，导致美宝莲的品牌形象受到了一定的伤害，站在代运营的角度上来说，丽人丽妆并不想对品牌进行过山车式的销量增长，而是聚焦于平稳式的发展。通过画报的投票环节以及试用中心的活动，用户对品牌的认知度增加，这是基于口碑营销的层面，而另一方面，通过潮妆学院的画报及视频教学，让用户能有新的入口找到商品，这也是活动的一个宗旨。

淘女郎是一个展示美女的平台，能引起网友围观效益。这次潮妆学院在没有任何推广的情况下，125 个淘女郎自行参与，入围 30 名。2012 年 9 月 5～17 日的店庆活动将整个活动推向销售的高潮，店铺的达人秀版块再次加深了品牌与用户的互动。进入 9 月份活动开始，天猫专题、天猫俱乐部等资源一起配合推广，首焦第二轮播大图持续 15 天，再配合新浪微博和淘女郎进行 SNS 的营销，营销效果可见一斑。

以此，2012 年 8 月至 10 月，美宝莲旗舰店的销售额一直呈增长趋势，9 月店铺销售情况较前几个月增长了 20%，之后稳定在每天 11 万元左右。

谈到 2014 年对美宝莲的推广计划，张志国有很多想法。“今年的美妆频道进行了改版，可以进行晒图，在店铺内直接晒照片，同时我们也开通了微淘，跟进无线端，采用淘内淘外、PC＋无线的立体式的打法。”同时，丽人丽妆也通过菜鸟网络建立了校园体系，合作的学校有 100 家左右，品牌方可以通过体系，号召线下的用户来线上参与活动。例如恰逢毕业季，品牌方可以在学校赠送一些编织袋或者纸箱等，放一些二维码，这些二维码可能是工作机会，可能是励志的话语，鼓励大家，可能还有一些专属的产品优惠。毋庸置疑，这不仅能增加品牌曝光度，又能与线下的目标人群互动，引导用户进行线上购物。

打开 iPad 端的天猫 APP，可以看到一本电子杂志，在这里我们可以看到美宝莲的很多画报和产品，其中产品＋链接的方式可以让用户直接访问天猫店铺。不难理解，以后的营销会越来越多样，而潮妆学院这一明星玩法必将持续下去。

**Tips：营销亮点**

1. 整体活动形式多样，吸引不同群体。
2. 各频道资源整合。
3. 联手 KOL，内容传播最大化。

[本案例荣获 2013 年金麦奖 | 时尚类　入围奖]

# 长生鸟——七年不分手

单个聚划算坑位售出了 6 万笔订单，同时整个活动期间的总销售额也逼近其“双 11”的销售记录，长生鸟究竟是施了什么魔法让活动前后店铺的销售额没有丝毫震荡？

文 | 王　骏

**项目介绍：**“长生鸟”是全球首家能够以纯物理方法制备超细珍珠粉的公司，而《七年之痒》是 2012 年由华少、文清领衔主演的年度家庭情感大戏。长生鸟作为独家合作伙伴跨界联手影视剧，围绕话题将一个新品发布的活动植入，其背后长达 1 年的备战历程，堪称精细化运作的成功典范。

**营销背景：**

· 长生鸟与长城影视达成独家战略合作关系，将品牌宣传植入都市爱情剧《七年之痒》，借助电视剧和情感话题“爱情保鲜”推广定制系列新品，拉动销量。

· 长生鸟拥有 80 万会员的客户基础，因此决定尝试定制限量化产品。

· 就市场而言这是化妆品行业首次尝试定制化产品。

**营销策略：**

利用跨界思维扩展传播渠道，基于电视剧的线下话题讨论，植入产品定制的 C2B 模式，以此精确定位消费者群体属性，并辐射带动其他顾客，展开话题营销。

2013 年，一部名为《七年之痒》的电视剧引爆了大众对于婚姻中矛盾的激烈讨论。

化妆品牌长生鸟借助这部电视剧推广了自己的 C2B 定制版化妆品，跨界营销的概念再次被拿出来实践了一把。

“七年不分手”本身是长生鸟新品发布的活动主题，其目标不仅是做一次 3 月 8 日妇女节销售冠军，更有抢夺眼球、提升品牌知名度的目的。围绕活动主题，品牌价值和销量的两大诉求使得长生鸟想到了为顾客定制明星款的主意，以此降低新品发布的风险。

此次活动，从 2013 年 3 月 8～10 日，总销量为 480 万元，关联销售占比 24.71%。自 2 月 21 日至 3 月 10 日的全网销量为 815.4 万元。从数据上看，踩在电视剧播出开始和大结局的节点上的“七年不分手”活动，其微博关联活动参与人数为 7.3 万人次，粉丝数量更是增加了 5.2 万人次。电视剧走红的同时，也让品牌影响力提升了一个档次。

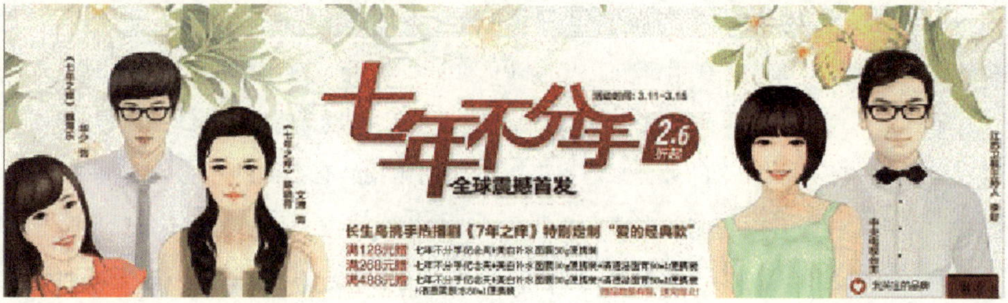


## 品牌商的“潜伏”

众所周知，社会热点话题总能影响到其相关产品的销量。电视剧《七年之痒》所产生的婚姻保鲜的话题，为长生鸟化妆品提供了这样一个机遇。

“话题”是品牌商一早就种下的！

早在 2012 年，长生鸟宣布与长城影视集团跨界合作，达成战略伙伴关系，而《七年之痒》的发行方正是长城影视，刚好契合情感这一当下年轻人比较关注的话题，进行品牌推广。并结合电视剧的一些话题，将产品植入影视剧。影视剧播出后触发社会关注，最后将话题营销全面展开，不难看出这是一次成功的潜伏。

相比植入广告，以春晚为例的“显性”植入广告，拿着品牌巨大 LOGO 的包装盒，生涩无营养的广告口号，反而会引起观众反感。而长生鸟的这一次潜伏究竟有何过人之处呢?

同步跟进度强。从2月21日起，网站开始以电视剧为主体进行引入期宣传，推出不同主题的相关活动，更新力度强。在3月5～10日，也就是电视剧剧终的话题时期，品牌方同步在聚划算上发放优惠券，为定制产品预热。4月1～7日，产品全面引爆。每个时间节点上都齐头并进，抛出一个主题的做法，将大大保持话题新鲜度，使得流量始终没有出现剧烈的波动。通过了互动游戏吸引到一些前期关注后，2月27日到3月4日期间，长生鸟再接再厉，在超市派发了高达20万份的试用小样，随之附送商品以及店铺的DM及二维码。大量的小样派发得到了试用平台的支持，3天的频道首焦使得活动关注度再度攀升一个台阶。将试用超市得到的试用报告用于刺激老顾客，将淘女郎试用报告用于商品详情页说服新顾客。这样的举措消除了新老顾客的最后顾虑。同时，大量小样的派发除了提升曝光，在销售额上也成功带来了至少10%的订单回流。

依托会员制的C2B。由于这次活动是发布新品，以往选择爆款上聚划算的方式行不通了，选款也不会有大量的数据来作参考。考虑到化妆品有很强的“有效期”，备货风险很大，因此选择C2B定制的方式准备新品，理论上可以大大降低销量不佳的风险。从内容物、外包装、内包装三个角度，活动新品被锁定下来。细节如顾客喜欢蚕丝面膜远多于无纺布，珍珠粉撕口式瓶子密封性感觉更卫生等；营销方式上，调研显示顾客青睐团购和VIP专享优惠；价格在30元～150元不等的范围。最后，销售数据也印证了C2B策略的成功。最重要的是，备货量和销售量相差不大，没有压货风险，活动期间80%订单为新顾客，说明了活动达到了吸收新顾客的目的。

品牌团宣传。3月5日开始，活动进入到最后阶段，该阶段品牌方在新浪微博和腾讯微博开始实施宣传。比如，在新浪微博举行了“爱之初体验大转盘”活动，让微博红人和老顾客们带动微博关注，成功升到微博活动首页，而另一个“美眼达人砸金蛋”活动则成功地占据热度活动首页第二的位置。微博活动吸引成交的可能性并不大，但是却成功提高了活动的影响力，为最后的营销冲刺赚足了眼球。由于预热期间大量频繁的淘内淘外曝光，这期间活动开始吸引到聚划算平台的关注，团购预告也开始为活动的

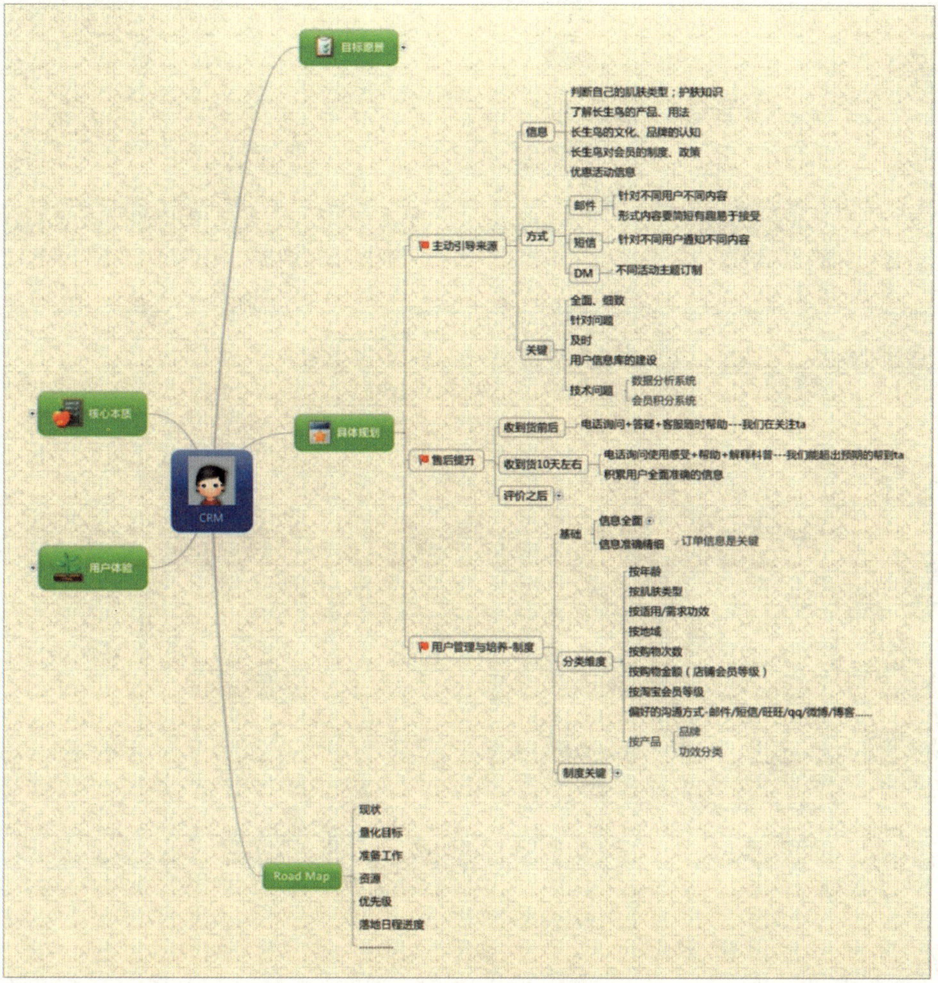


minisite 页面导入流量。此时，品牌方开始开始大量投入淘宝首焦等付费资源，引入所有流量进入活动 minisite 页面，最终让所有流量进入了战场。

## 精准的目标群体

依托电视剧的本案，长生鸟有一个非常清晰的定位人群——即收看人群的年龄分布。

长生鸟的调查结果显示是：22～30 岁，工作节奏快，生活压力大，憧憬浪漫的都市青年男女。

在了解了这样目标群体后，可供营销的“年轻化平台”随之浮出水面，包括超级市场的试用装分发，微博平台的同步更新，具有浓重天猫风格的页游互动，以及无线端的关联销售。据统计，在本次大促中，无线端的销售占关联销售总量的 1/3，而无线端的消费人群的主力正是 22～30 岁之间的年轻人群。通过深度普查，品牌方了解了顾客职业构成、消费者年龄、月收入、购买频率和周期、使用品类、使用目的、购买原因等各种详细信息，这些信息可以为其未来至少一整年的活动做精确参考。

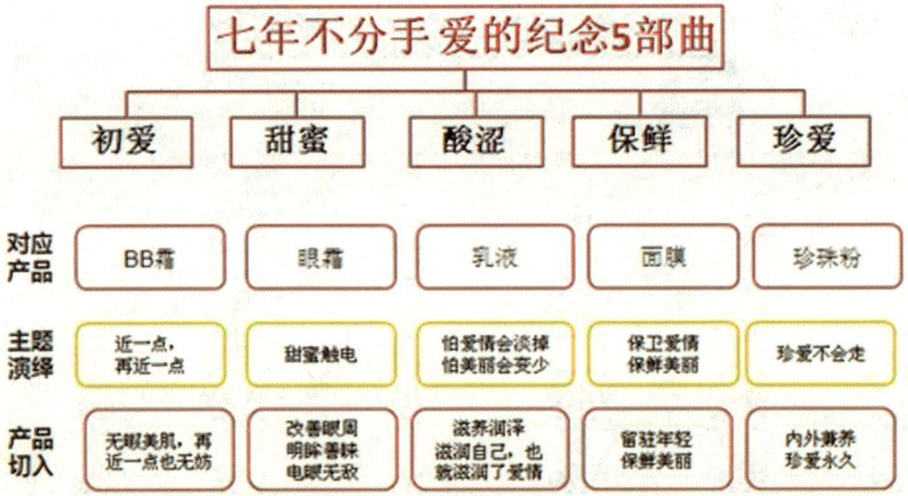


## 定制的“营销”

个性化定制，被看作是未来产品道路的一种全新概念。定制化产品所需要的大数据分析能力、无法大量生产以及只适应高端消费群体的局限性，都阻碍了定制服务的落地和执行。

“七年不分手”的案例中，我们很难从长生鸟品牌的聚划算 C2B 的火爆中看出有多少定制成分，消费者看到的过多的可能只有定制的“概念”，不过定制营销的成分比起产品更能吸引我们的眼球。话题事件的突然性，始终会让商家觉得来得太快，跟不上节奏，而长生鸟几乎量身定制的营销话题，做到了话题先知，留足了时间进行备货预热等一系列的动作。

近年来影视剧所造成的热点话题已经并不少见，比如 2014 年初春韩剧《来自星星的你》，炸鸡店和啤酒馆的生意随着下雪天的一句“戏谑之言”突然火爆，幸福来得太快，带来大流量的同时，更多时候听到的总是懊悔没有提前准备的叹气，即便是马上推出类似“都敏俊同款”、“千颂伊同款”都为时太晚。话题营销的案例举不胜举，解决措手不及的最佳方法就是“培养话题”。

综观本案，活动本质上就是整合资源的过程，每次大促都会有很多卖家感慨没有得到官方资源支持。但话说回来，打铁还须自身硬，至少卖家做好了充足准备，官方才会有给予资源的可能。平台也想要销售额，没理由不将有限机会给予那些适合的、准备更充分的卖家。现在从卖家的角度来看红海淘宝的营销，精细化运营、资源整合能力已经成为丰收的起跑线。

金麦奖
golden wheat
awards

优秀案例

家庭及汽车类

[本案例荣获 2013 年金麦奖 | 家装及汽车类　铜奖]

# 东风雪铁龙天猫汽车节数字营销案

购物网站通过前期营销传播活动进行用户积累，汽车厂商通过站点建设和运营收集消费者意向，而经销商网点通过线索下派获取意向客户，并最终引导成交。

文 | 陈　林

**项目介绍：**汽车作为一个特殊品类，商家一直在寻找其与电商渠道的结合点，无疑 O2O 是很好的尝试。东风雪铁龙在天猫汽车节期间，提前 3 个月开始预热，最终在活动当天实现了线上与线下 4S 门店的联动，为线下门店带去了 9000 个试车客户，线上也获取了 281 台的销售记录。

**营销背景：**

· 大多数的电商平台都通过促销来提升整体业绩，这部分的让利成本分摊到网点层面就极大地损害了经销商的利益。

· 消费者线上看车、订车，线下经销商门店买车，这种真正黏合线上电商平台及线下经销商的 O2O 模式是可尝试的选择。

**营销策略：**

电商实现用户承载，厂商实现了“线索收集”，经销商最终完成成交转化，实现线上和线下的竞合关系。

2013 年 8 月天猫汽车节期间，东风雪铁龙天猫旗舰店总访客数达 40 万人次，为线下4S店带去9000余条购车“线索”，在线整车销售281台。“天猫汽车节活动是东风雪铁龙自2013年4月份入驻天猫以来首次参加大型线上销售活动，公司提前3个月开始进行策划和组织。”截至活动结束，东风雪铁龙入驻天猫只有不到4个月。而随后的“双11”当天，雪铁龙完成了2114万元的销售额，832辆的销量相当于其一家经销商近半年的销量。

汽车因商品的特殊性，实现在线交易总是无法脱离O2O的框框。与普通消费品不同，汽车结构复杂，动辄售价数十万元，无法单纯凭借线上完成交易。看车、提车、上牌、保险等流程都离不开经销商的支持。从长远看来，线下渠道所承载的功能将在相当长的一段时间内延续下去，汽车厂商想绕开经销商几乎不可能。

线下4S网点是实现O2O闭环销售的重要环节。对汽车厂商而言，最伤脑筋的莫过于如何联动网点开展活动。怎么做到不影响网点的业绩考核？购车款项的财务流程怎么调整？4S网点如何承接电商渠道获得的销售线索？这些细节问题如果无法解决，就无法调动线下网点的参与热情，而网点的配合程度也决定了消费者的购物体验。

为了加强4S店对活动的理解和执行，一方面对网点进行多渠道培训，让网点充分了解活动内容和执行方式；另一方面，通过数据分析、消费者调查等方式，对网点的执行情况进行检核，以确保活动能够充分落地。在开辟电商阵地的初期，东风雪铁龙为了让线下网点能够在电商渠道获得更多利益点，电商渠道不向网点收取任何手续费，以此调动网点参与的热情。

线下网点开始铺垫的同时，线上渠道方面的重中之重在于积蓄人气。在预热阶段，雪铁龙选择和淘宝试用中心联合开展试驾体验活动，吸引消费者前往网点参与专场试驾活动。进入到预售阶段，吸引目标消费群体的关注就成了关键。想要做到这点，策略很简单，首先通过“指定车型闪购”蓄积人气，结合新款产品的高频度曝光进行活动传播。继而借助4S店宣传物料布置、区域媒体推广等方式，将线上活动延展到线下。

“除汽车节官方宣传渠道之外，我们和天猫俱乐部开展互动活动、在店铺首页开展签到活动，通过汽车节门票、优惠券的发放，在活动前期做了充分的顾客积累工作，将线上优惠和线下互动进行充分结合，让消费者得到实惠，刺激最终成交。”

汽车属于大宗消费商品，涉及的成交金额较大，在支付环节上，消费者在网络上支付大笔资金，会有安全方面的担心。另外，网络资金的流转，需要一定时间，与经销商原来的财务流程不符，肯定会影响消费者及时提车。“我们采取网络下单并将销售线索分配至网点、由网点进行线下跟进收取尾款并完成最终成交的方式进行操作，减少线上资金的流转压力，打消顾客疑虑，也让网点能够及时回笼资金，做到及时交车。”

简单来说，雪铁龙现阶段的O2O尝试由购物网站进行前期营销传播活动积累用户，汽车厂商通过站点建设和运营收集消费者意向，而经销商网点通过线索下派获取意向客户，最终引导成交。

**专家点评**

**点评：**吴孝明

Jeffrey Wu，资深数字营销专家，前新意互动广告公司总裁，上海复旦大学国际关系博士,近 20 年的广告公关行销顾问经验，是广告传播界资深的专业经理人。连续五年被评为“AD100 年度风云人物”，并获得“2010 年度中国创意传播领袖人物奖”、2010 年与 2011 年“影响中国广告业年度人物”、2012 年“年度网络营销最具魅力男性”等称号。

## 汽车 O2O，不同渠道分工协作

在电商十分红火的今天，汽车电商是否可行仍有许多争议。东风雪铁龙是中国较早试水电商的车企，在 2013 年 4 月推出天猫品牌旗舰店后，再参与天猫汽车节，继续推出电商平台活动，多管齐下，取得较好的效果，值得说一下。

汽车作为一件商品，有其特殊性，时至今日，其最终成交仍需依靠线下。因此，如何在线上搜集线索并顺利转化至线下，既能不流失，又有所促进，也就是所谓的 O2O，是最大的考验。本案例即是一个典型。

首先，东风雪铁龙在淘宝试用中心首页与值得买平台上发布活动信息，以最为大众熟悉的试驾有礼揭开活动序曲；同时，在企业产品官网、新浪官方微博与淘宝品牌街上，大量曝光团购优惠的诱因，再导流到天猫旗舰店铺签到，这是成功电商的必要条件。其次，结合特价秒杀主题，推出预定优惠套餐，再次吸引更多的目光，引导消费者线下到店。接着，配合猫女郎陪同试驾，最大限度地完成产品解说与线下支付后，再回到线上兑换优惠与礼品，形成有效的线上与线下的闭环。于是，我们看到了非常好的活动效果，包括双倍达成的浏览量、访问量与线索数，以及 281 台的成交量，这是 2.8 倍 KPI 的完成量。

如何有效地搜集销售线索，是车企与代理公司长期努力的目标。而面对搜集到的线索，如何判定其有效性，确保并提升其转化率，更是重中之重的使命。电商平台的出现与成熟，让我们看到了曙光。然而，如何有效运用，却仍是一项课题，汽车毕竟不同于一般消费品，其繁复的线下交车流程，目前线上尚无可替代的模式。于是，如何掌握电商潮流，又最大化地促进销售，成为中国车企的最大思考。

在本案例中，东风雪铁龙藉由线上信息的收集，结合线下产品的体验，发挥电商集客的优势，优化顾客到店的转化；在完成线下交易的同时，再将消费者导流回到线上兑现礼包。完善的活动设计，充分发挥天猫平台优势，取得最大的销售业绩，确实值得参考。

需要强调的是，除了避免与传统经销渠道产生竞争的顾虑外，并非所有车型都适合以电商来追求销售数字，例如高单价，但可以设定不同的 KPI 来有效利用电商辅助销售，例如销售线索。也就是说，电商平台的价值不仅限于数字（销量），更有数据（潜客），甚至还可能会有品牌效益（曝光）。因此，车企不应一味地追求电商平台的销量，而要从自我的市场定位与需求出发，制定适合不同渠道的 KPI，作为每一场电商战役的考核目标，这样才能真正用好电商平台，体现电商的最大效益。

[本案例荣获2013年金麦奖 | 家装及汽车类　银奖]

[本案例荣获2013年金麦奖 | 最佳社会化营销类　入围奖]

# 奔驰smart微博卖车

针对年轻人群，奔驰smart与微博合作，将大宗商品的售卖第一次放到了社会化媒体平台。

文 | 王晶菁

**项目介绍：**相比奔驰，smart的品牌定位更为年轻。因此，在制定营销方案时，策划公司也从“年轻”、“活力”等关键词把握。它们选择了聚集年轻人较多的社会化网络平台新浪微博为阵地，开创了微博卖车第一单，颇具创新。

**营销背景：**

· 延续smart一贯的营销风格，为品牌注入年轻与活力。

· 使得本次smart蛇年限量版发售活动在微博上受网友关注、热议的焦点。

· 对于smart首次在微博卖车，对于微博也是首次尝试卖车。如何利用这种创新营销完成666台smart的线上销售目标？

**营销策略：**

利用微博这一社交化媒体的属性，让受众对此次smart线上销售引起关注。同时，社交网络上的年轻用户群体也是smart的精准受众。

“没有买不到，只有想不到。”淘宝的这句口号给线上销售提供了无限可能。而自淘宝和新浪微博联盟后，线上销售的平台从电商网站延伸到了社交网络平台，新浪微博有了销售的功能。

2013 年初，奔驰 smart 与新浪微博联合进行的 2013 新年特别版限量发售活动，让我们看到了线上零售与社交化媒体的无缝对接。

## 聚焦年轻群体

奔驰是一个有着 120 多年历史的汽车品牌，它给人的品牌印象是严谨、绅士，就像

其目标受众一样，都是行业精英或成功人士。而其对 smart 的品牌形象定位却是年轻、活力、喜欢社交的。那么，如何将这种品牌形象传递给受众，就要从独特的营销方式入手。

从淘宝团购到京东商城，smart 每年都会以一种独特的营销方式走进大众的视野。2013 年又有何新意呢？

公司发现，越来越多的网络用户聚集在社交媒体上，而社交媒体的话题聚集性和传播性也越来越强。在国内用户聚集最多的就是新浪微博、豆瓣、微信等。相较豆瓣的文艺清新和微信的刚起步，新浪微博的受众最广。

smart 的消费者是不分年龄、性别的，关键是生活态度——年轻化、充满活力；思想新潮，乐于接受新鲜事物，享受新鲜事物带来的生活改变。而这种品牌精神与微博上活跃用户的生活方式高度匹配。基于社会化媒体的属性，新浪微博是当前时尚潮人、社交潮人们表达自我、分享看法的舞台。同时，网上聚集着大量的 smart 信息，smart 卖车活动可以充分引导、刺激这些目标用户进行销售。

另一方面，新浪微博也在尝试社会化电商的实现。自推出“微博钱包”产品后，微博打通了社会化电商的支付环节，小米手机 2 在微博开卖，成功试水了消费类产品的社

会化电商，积累了用户对社会化电商的认知。因此，smart 决定与微博合作，打造汽车行业社会化电商第一单，将大宗商品的售卖第一次放到了社会化媒体平台。

## 社交平台扩大传播

此次营销传播方案分成知晓、购买意愿、下单、支付、分享 5 个步骤。活动前 5 天，公司将 smart2013 新年特别版限量发售的信息通过新浪门户、新浪微博以及 smart 官方微博账号进行广泛告知，直到活动开始，该话题在微博内引发了网友的热烈讨论，促使大量网友通过主题页面进行购买预约。

活动当日有大量的网友进行线上抢购，并通过微钱包进行支付。而整个活动又在微博上面进行分享和传播，即使活动结束后仍有一部分余热。

此次 smart 与微博联手销售的成功，让我们看到了线上销售并不一定会冲击传统零售行业，反而有可能会带动线下销售。活动结束后，有大量的用户到smart线下4S店预约试驾，而线上与线下的联动传播和购物体验，也是传统品牌借由互联网产生好的营销创意的关键。

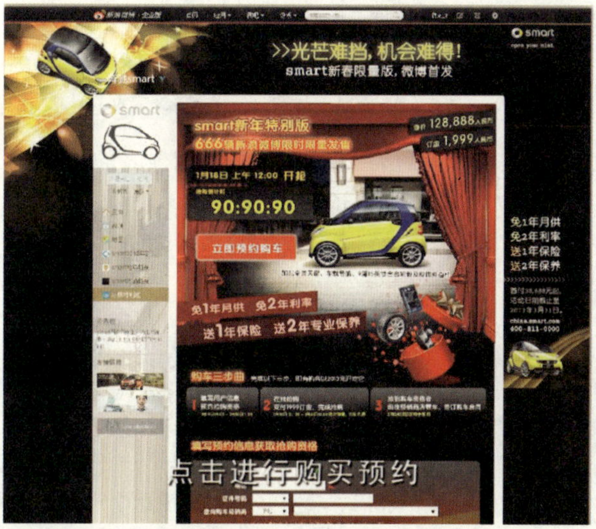


**专家点评**

**点评：**禹 雷

高端女鞋中国第一品牌 sheme 董事长助理，国际艾菲大中华区执委会顾问，中国经典传播虎啸奖终审评委。在香港大学中国商业学院主修“零售管理与购物者营销”专业。曾任通灵珠宝股份公司营销总经理；中国第一个 O2O 商场天猫爱蜂潮主要创始人、副总裁；任中国本土公关 TOP10 迪思公关总经理期间实现历史最佳业绩；任新华社财经记者期间第一个报道中国房地产进入拐点，新华指数重要推广成员。

## 贵在持续创新

新公司有几次创新不难，老牌大公司偶尔创新一次也不难；难的是，一个老牌大公司多年持续创新；更难的是，连续多年的创新都能获得成功。

2011 年，淘宝团购；2012 年，登陆京东商城；2013 年，新浪微博卖车。连续几年，奔驰 smart 都以一种创新营销行为引起市场的热烈反响。每台 12.8 万元，共 666 台，合计 8500 多万元。中国平均一家 4S 店一个月的销量为 200～400 台。以此推算，微博卖车 10 小时，超过 1 个 4S 店两个月的销量，或者说 60 多个 4S 店一天的销量。而当时，smart 在全国的 4S 店数量仅 82 家。从销售角度看，也许这仍然不是一个多么了不起的数字。但这一行为给品牌带来的价值，是值得称道的。

这一行为背后的决策机制、对新生事物的敏感性、对目标受众的准确把握，无疑最值得关注。统计表明，该话题被转发超过 14 万次，曝光率突破 5 亿，微博专题页面点击量超过 70 万。1 月 12 日，百度“搜索指数”达 3643，1 月 16 日，更涨到 6712。数据显示可观，更有价值的是“年轻、活力、新潮”，smart 想要传达的这种品牌精神，与微博上活跃的用户高度匹配。smart 积极开拓新的平台开展销售和营销，目的是通过大胆的尝试满足品牌传播的需求，让更多的人知道这个产品、对品牌产生好感。

于是，smart 选择了适合自己的方式——

1. “微博卖车”：有足够的眼球。

2. 奔驰 smart：有知名度，有品牌信誉保障。

3. 新浪微博：有可信度，有足够潜在目标用户。

3. 微博钱包支付：有足够的便捷性。

这些条件，缺一不可。因此，这个创意，并不是所有品牌都适合。smart 本身的品牌影响力和潜在用户，是成功的重要前提，这是专属于 smart 的创意营销。而在项目背后，最值得钦佩和深度挖掘的，仍然是 smart 营销人员的决策力：无论是淘宝团购、京东商城还是微博卖车，都是典型的创新。这些创新行为具有明显的超前性，而且在当时都具有极大的不确定因素，多项指标无法事先通过模型来测算。持续的创新，由营销人员的敏锐嗅觉、策划人员的大胆创意、决策人员的果敢判断，共同组成。

[本案例荣获 2013 年金麦奖 | 家装及汽车类　入围奖]

# 全新奔驰 B 级豪华运动旅行车夜行独享版 爱更夜·爱更多

针对年轻群体，选用其热衷的网购平台进行销售。同时针对该部分人群挖掘“车与家庭，车与其生活”的新概念诠释，以“夜行独享”为卖点吸引受众关注。

**整理 |**　王晶菁

**项目介绍**：对于一个百年品牌来说，他们的问题就是“不够年轻”，梅赛德斯·奔驰在推出其全新 B 级家庭用车时就面临着这样的问题。对其而言，现在的家庭组成和消费观念已不再是产品线刚推出时的那样。因此，公司对目标客户进行了重新定位和需求分析，打出“夜行”的概念，让消费者耳目一新。

**营销背景**：

· 2011 年以来，梅赛德斯·奔驰在中国的销售额增长持续放缓，远落后于竞争对手。

· 奔驰品牌一直与成熟、成功等词联系在一起，而给人们留下了奢华、高高在上、中规中矩的印象，使追求潮流的都市年轻人敬而远之。

· 奔驰全球品牌年轻化策略的启动，需要寻求有效的品牌策略以求迎头赶上。因此，奔驰对年轻车款特别是 B 级车抱有很高的市场期待。

**营销策略：**

针对年轻群体，选用其热衷的网购平台进行销售。同时针对该部分人群挖掘“车与家庭，车与其生活”的新概念诠释，以“夜行独享”为卖点吸引受众关注，无论是主打的广告创意还是销售时间，都突出“夜行”这一概念。同时结合社交媒体传播的话题性，收集更多的销售数据，为后期全新奔驰B级正式发布积累热度。

在国际汽车品牌中，消费者认知度最高的无疑是奔驰和宝马。作为一个源自德国的百年品牌，奔驰在国内消费者的品牌形象源自它的高端车型——如融合领先科技与奢华品味的S级车，这导致一直以来奔驰品牌被定义为传统成功人士的专属。

但随着年轻一代消费实力的提升，奔驰有必要将目标受众的年龄层拉低，向年轻、时尚人士靠近。在奔驰的各种车型中，B级车的年轻化需求显得尤为突出。因B级车的定位是主要面向家庭的旅行车，在过往的产品包装中，注重突出舒适、稳重、成熟等形象上。显然这样的产品形象定位，与75后～80后一代的家庭观念有很大差距。此外，相较于其他车型，国内消费者对于B级车的认知度也相对较低。

因此，在本次奔驰B级车的推广方案中，品牌方将目标定于对产品形象的年轻化传播，且借由产品推广获取新一代家庭消费群体的诉求，从而更好地为新款B级车的推广做准备。

## 目标群体再定义

与老一辈相比，年轻一代的“家庭”定义正在改变。而这部分全新思维模式的人，正是奔驰想要获取的用户。以人口统计学特征分析年龄在25～40岁之间的男性和女性，对他（她）们来说，家庭的概念不一定局限在拥有四个祖父母、事业有成的夫妇和努力学习的孩子。它可能是一对爱人和一条狗、单亲父母和他（她）的孩子、同性伴侣、异地分居的夫妇，抑或是那些并不想在所谓“成功”的阶梯上苦苦奋斗的松散式家庭。这些中国家庭经历了社会的变化和个人的成长，拥有了越来越年轻的心态和看法。

同时，中国消费者的组成结构也在发生转移。目前，在中国形成了以80后为主的全球最年轻奢侈品消费群体，年轻化程度远超欧美国家，这种年轻化的消费群体结构也给中国的豪华车市场增添了独有的特征。因此，品牌需要寻求一种方式，通过更时尚的潮流途径，将品牌形象与年轻态度结合起来。

众所周知，电子商务的应用在这些年飞速增长，电商平台短时间内容易吸引大规模消费者的特性，使其成为此次奔驰预售活动的理想平台。

## 为此而生的产品和用户体验

那么该如何与品牌真正渴望触及的年轻消费群体交流，并且激起他们的购买欲望呢？品牌方从两条主线上把握：1.创造一个只为他们设计的产品；2.营造与众不同的消费者体验。

夜生活一直是时尚、年轻人群生活中非常重要的一部分，对于家庭也一样。晚上一家人驱车去购物或吃饭、看电影，又或者和朋友小聚等。因此，奔驰将“爱夜晚”的概念融入营销策划，打造一辆只在夜里出没的车。这种概念又具神秘感和性感，很容易引起用户的关注。以这种想法为基础，夜行独享全新 B 级旅行车应运而生，搭配特别的黑色肩线设计，奔驰把这辆车定位为给时尚新式的中国家庭使用的夜间巡航舰。

同时，数据显示，奔驰的目标受众有高达 45%的人在晚 9 点到 10 点之间是网购的“重度用户”。那么，何不就把预售通道只在夜间开放？于是，又一个疯狂的想法诞生，与天猫合作，只在夜晚售卖。这种用户体验想不引起话题都难。事实证明，只在夜晚售卖的独特商业模式成功引爆了年轻消费者的购买热情，为随后全新 B 级正式上市和持续推广活动造势。

## 联手平台，精准投放传播

典型的梅赛德斯·奔驰式的预售活动通常会在经销商层面进行。然而，过去几年里中国线上零售额成几何增长，这意味着：没人上街，不代表没人购物——尤其是在夜晚（参见图表 1）。因此，依据这一趋势锁定购物高峰时段，试图营造恰当的环境吸引这群难以捉摸的年轻奢侈品消费者。最后以一个非常规的手段去售卖车辆，同时吸引年轻人对品牌的关注，让奔驰 B 级成为电子商务平台上最受瞩目的焦点。

**图表1: 目标人群网购活跃时段调查**

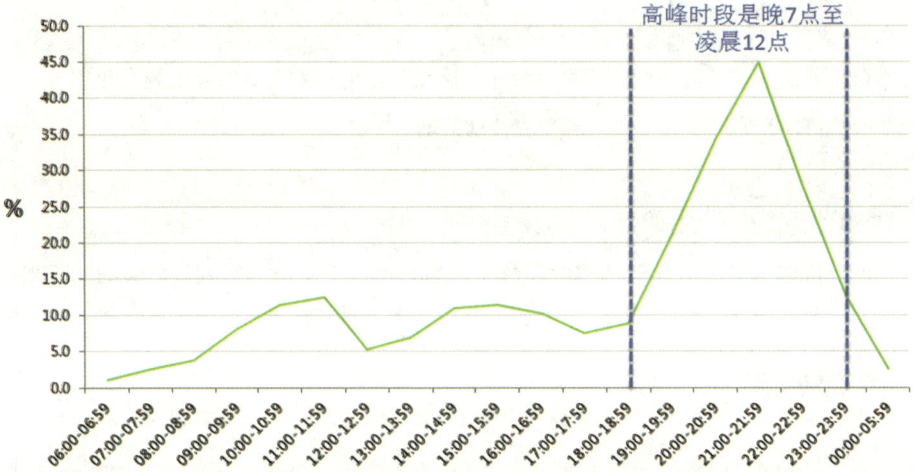


数据来源: CC12AU 2012年中国市场与媒体研究（秋季）[2011年7月-2012年6月]
表格 -男性 or 女性 and 25岁 or 26岁 or 27岁 or 28岁 or 29岁 or 30岁 or 31岁 or 32岁 or 33岁 or 34岁 or 35岁 or 36岁 or 37岁 or 38岁 or 39岁 or 40岁 and 党政机关/社团/事业单位领导干部(副处级或以上) or 高级专业技术人员 or 企业/公司高层管理人员　单位: 1000's

为了实现目标，奔驰毫不犹豫地选择了与中国最大的 B2C 电子商务平台天猫商城合作。在天猫商城搭建预热网站，在销售渠道进行推广，同时启动天猫全站资源大力宣传，并从天猫的会员数据中发掘潜在消费者，这些都帮助品牌将大部分资金投入到更精准的消费者身上，更专注于实现最初构想的同时刺激用户的购买欲望。

B 级夜行版预热网站神秘开幕，以“爱更夜　爱更多”为主题，用户可以在网站上观赏全新 B 级夜行独享版穿梭在不同都市的夜色中，任何时候登陆网站看到这辆车，它都只行驶在此时是夜晚的城市里。网站讲述着 B 级夜行版在暗夜中驶向北京的故事，而就在北京，全新 B 级预售活动正式开始——但它只献给那些偏爱深夜的夜行者，因为预售网站只有在夜间开放。

天猫商城上的横幅广告引导消费者进入网站注册预定，查看产品细节，并提醒夜晚降临网站开放的时间。定制化的广告横幅让人们可以直接发布独特的爱夜宣言到微博。

全新 B 级夜行独享版在全世界的暗夜神秘行进，随着全新 B 级夜行版在夜色中驶入北京，天猫梅赛德斯·奔驰旗舰店正式开幕。品牌方也实现了中国首个网上限时段购买的电商活动，预售活动每晚仅开放 8 小时。但惊人的是，首发的第一个小时就完成了销售目标的 80%；在 2.5 个小时内，B 级夜行限量版预售车辆全部售罄；并成功地在 SNS 上制造话题传播，吸引年轻消费者的讨论与注目，直到全新 B 级正式上市都热度不减。

## 销量与品牌传播双赢

根据最终的数据显示，全新奔驰 B 级夜行版预售活动不仅以惊人的销售成绩超出了客户的预期，同时成功将品牌形象转向更年轻的消费群体。398 台全新 B 级旅行车限量夜行版在没有任何价格优惠的情况下 2.5 个小时之内迅速售罄，可见消费者关注热度空前。

本次活动产出高达人民币 1.4 亿余元的销售额，而客户投入成本不足 425 万元，销售额产出达到投入成本的 33 倍，同时在这 2.5 个小时里，每分钟就创造了 93.3 万元的惊人销售额。

与之前做过的活动对比，本次活动平均每分钟售出 2.65 辆车的成绩，是 2011 年奔驰 smart 淘宝售卖销量的 198%，而当时奔驰 smart 是在有 23%价格折扣的情况下，每分钟卖出 0.89 辆车，在 3 个小时 25 分钟内全部售完。奔驰 B 级天猫预售仅利用 1 万元就卖出了一辆价值超过 34 万元的车，比起 2011 年奔驰 smart 花费 1.4 万元卖出价值 16 万元的车，可见此次活动取得了较理想的效果。（参见图表 2）

**图表2: 销售业绩**

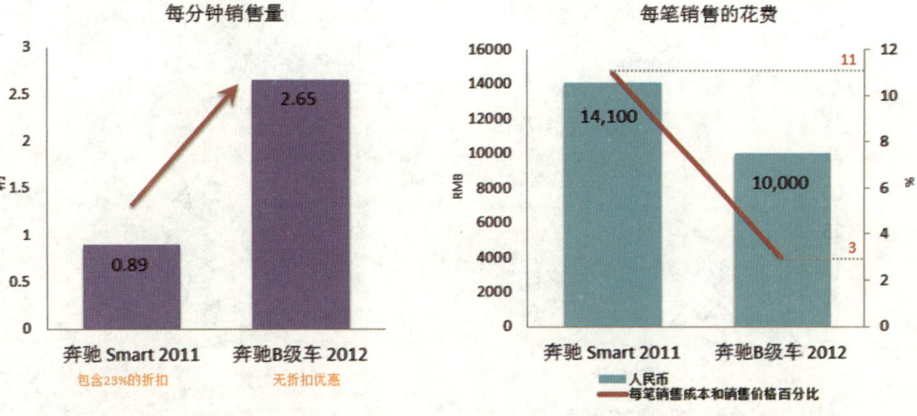


数据来源：客户及淘宝共同提供

此外，通过夜行版限量定购活动，策划方收集到超过5300份潜在车主销售线索，超越客户预期KPI3500份的33%。同时，奔驰经销商2011～2012年数据统计显示，全国奔驰B级车日均销量为38台（数据来源：2011～2012年国家交管部数据；2011～2012年Nationalwide），而此次预售活动在2.5小时内即售完398台奔驰B级车，销量超过线下所有奔驰4S店B级车单日销量的10倍。可见，相比传统经销商渠道，在快节奏的互联网平台对消费者制造的影响力是十分巨大的。

与此同时，年轻化的品牌形象也得到了广泛的传播。活动期间，预热网站还收到超过220万的页面浏览量；在B级车还未正式上市时已有近144万人因预售活动而产生兴趣，对全新B级夜行版进行搜索，“梅赛德斯·奔驰B级”的搜索量上涨了740%。

品牌跟踪显示，对比预售活动前的数据，“年轻”这类关键词的搜索量在活动期间上涨尤其显著；在车主形象调查中，“驾驶梅赛德斯·奔驰的不仅仅是中年的成功人士，还有年轻人”的类似印象增多最为明显。（数据来源：TNS，2012年9～10月全新B级豪华运动旅行车广告监测报告）

除此之外，通过这次活动，受访者在奔驰B级车主形象调查时对于“年轻”一项的

**图表3: 预售活动前后产品形象变化**

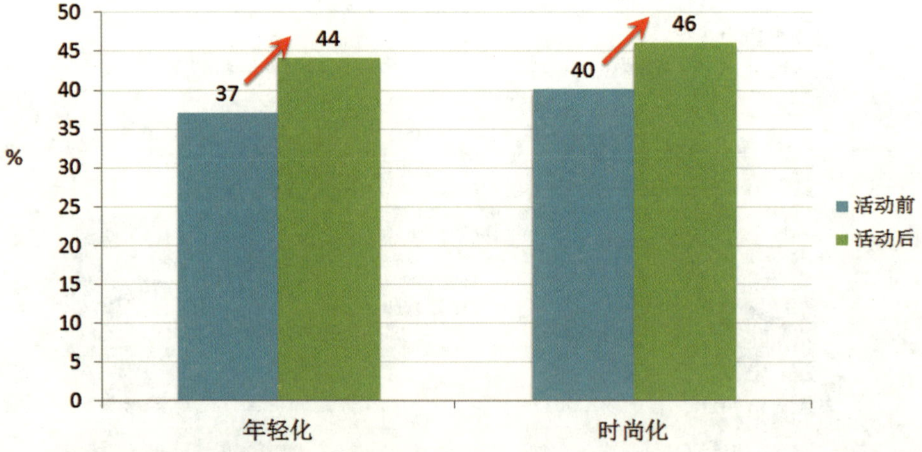


数据来源: TNS, 全新奔驰B级豪华运动旅行车广告监测报告
基数: 369位奔驰B级老车主

认同感从 37%上涨到 44%；“时尚”一项从 40%增长到 46%；而对“创新设计”的认同感也有所提升，这些都表明夜行版预售活动的确在转变奔驰 B 级车的形象上贡献巨大。(参见图表 3)

回归到失效营销的本质，一次好的营销策划方案，不仅能用最小的投入最大限度的获取目标客户，也能使品牌形象得到提升。梅赛德斯·奔驰营销部门主管兼副总裁毛京波女士表示：“这是梅赛德斯·奔驰第一次进行线上车辆限时预购活动，它成功刷新了奔驰 B 级车在中国市场的销售记录。”

[本案例荣获 2013 年金麦奖　最佳社会化营销奖]

[本案例荣获 2013 年金麦奖 | 家装及汽车类　入围奖]

# 《快乐时代》罗莱 LOVO 兔斯基全球合作首发

卖萌可拉近距离。好玩又有趣的营销手段，还可以加速社交分享，获得免费的传播效果。

文 | 许静纯

**项目介绍：**LOVO，是上海罗莱家纺进军电子商务开创的美式家居网络直销品牌。2013 年 9 月，LOVO 与 TUZKI 形象合作推出兔斯基系列产品，其中一款乐萌产品创造出一秒销售出 4 套的成绩，将风靡网络的兔斯基形象引入家居床品中，将自由、快乐的品牌主张充分诠释。同时，LOVO 品牌于 2013 年“双 11”期间摘得家纺类目冠军！

**营销背景：**

· LOVO 作为一个电商品牌，与母品牌罗莱家纺相比，知名度较低，忠实客户较少，需要提升品牌影响力。

· 兔基斯的形象深受网友们喜爱，LOVO 期望在激烈的竞争中利用兔斯基与电商目标消费者的高匹配度，打造出家纺类目跨界营销创新案例。

**营销策略：**

将兔斯基精神与罗莱家纺 LOVO 品牌的精神相结合，利用品牌叠加效应，获得用户注意力。

2013 年 8 月，罗莱家纺电商品牌 LOVO 正在“预谋”一次大的跨界。在这次跨界中，LOVO 将联合青年漫画家、兔斯基形象的创作者王卯卯玩一趟快乐的营销。

2013 年 9 月，绑定了淘宝网首焦、LOVO 旗舰店首焦、罗莱官方商城首焦等淘内资源的 LOVO 新品首发。而这次新品，便是王卯卯将兔斯基形象独家授权后，LOVO 与其合作的四件套产品。随后，LOVO 又出招聚划算，再次引爆了销量。

从数据上看，新品首发日，兔斯基产品完成了 1300 多万元的销售额。整个营销活动完成后，LOVO 新客户增加了 2.9 万。

## 造势有节奏

早在 2006～2008 年间，王卯卯和她的“兔斯基”人气飙升。近几年来，新的卡通形象层出不穷，兔斯基的人气有所下降。然而，无可否认的是，兔斯基的形象在众多“新生代”中有着其不可取代性，因为它够经典。从微信表情、QQ 表情，我们能“触”到兔斯基的各种经典形象；从路上奔驰的车子后方，我们能看到兔斯基的各种贴纸和语录。它的语录，总是“贱”得很正能量。

“兔斯基是一个积极向上的形象，而创作者王卯卯本身也是一个励志青年。我们觉得这个形象还有很大的延展空间。”罗莱家纺副总裁王梁说。作为主办方，LOVO 需要

"正能量"。

2010 年天猫"双 11"，罗莱家纺旗舰店初生牛犊，在几乎没有准备的情况下做了 1000 万元销售额；第二年"双 11"，误打误撞将销售额冲到了 3000 万元。到了 2012 年，又惊又喜的事情来了，罗莱家纺在"双 11"当天做了 9600 万元销售额。喜的是成绩，惊的是渠道冲突问题的爆发："那时候我们就惨了，所有的线下客户都反对线上。这个时候，你做得不好，他们会说你没能力；做得好，他说你抢生意。该怎么办呢？作为公司而言，90%的业务来自传统，很少的一部分是来自线上。我们老板就做了一个决定，线上让线下，怎么让呢？"2013 年开始，王梁带着团队主打新品牌 LOVO，将这个新品牌作为主力军，竟也在 2013 年"双 11"做到了天猫全类目第四，家纺行业第一。

可想而知，LOVO 品牌崛起的本身也包含着一定的奋斗精神，这与兔斯基传递的精神本身是相符的。再者，LOVO 强调自由、张扬的个性，在品牌理念上与兔斯基亦有一

致性。双方合作敲定后，LOVO 电商团队将整个营销活动分为了三大节奏：

突出形象。兔斯基形象经过几年之后有所沉寂，考虑到这一点，营销团队将以前网友模仿兔斯基的动作视频找出来，经再次整合制作后进行传播。另外，LOVO 将新品首发日定在 9 月份，正是中秋节所在的月份。于是，借节日营销的势头，营销团队拍了一个创意视频预热，视频中有一个嫦娥打扮的女孩子出现在地铁，而她手中抱着的“月兔”正是兔斯基。通过这两点造势，营销团队再次唤醒了兔斯基在人们脑海中的记忆。

创造话题。仅仅将动作停留在“唤醒”是远远不够的，在“嫦娥”带着兔斯基出现在地铁后，营销团队顺势将活动升级为事件营销，植入了话题性题材——“嫦娥”遭到猥琐男偷拍。于是，又好玩又有现实意义的视频在网上引起了一轮传播。此时，罗莱家纺旗舰店同步上线了十款限量新品的预热，吸引店铺收藏。

品牌露出。在造势阶段，LOVO 刻意将广告的目的隐藏在背后。“如果广告的味道太

浓，反而会引起消费者反感。”直到“嫦娥”系列的第三部视频，LOVO才将品牌露出。之后，团队将兔斯基快乐解压操播出，兔斯基大量经典表情动作被用真人演绎的形式进行传播，其中大量LOVO品牌曝光。至此，营销效应达到顶峰，新浪微博红人、微信公众号等SNS渠道出现了大量话题转发。据统计，“嫦娥”系列的三条视频播放，覆盖人群达到90万。

## “界”是什么

直至2013年“双11”，LOVO的兔斯基系列产品依然热销。数据分析得出，消费者群大约在25岁左右，这个群体中的多数人有一颗爱萌又喜欢卖萌的心，他们认可并熟悉互联网文化，又有相对稳定的经济收入。这部分信息证明，LOVO和兔斯基的跨界在消费者群体上具有一致性。

然而，尽管跨界营销已成为常见手段，但跨界要实现双赢还是要多思考。“首先，跨的这个‘界’跟你是否有关系？其次，切忌喧宾夺主。”王梁总结。所谓“喧宾夺主”，以LOVO和兔斯基的跨界为例，假如在一系列营销活动之后，消费者产生了“误会”：产品和品牌都是兔斯基，那么则是一个巨大的喧宾夺主。“我们的目的是传播LOVO‘乐我’的主张，把LOVO的品牌打出去。”为了强化这一点，营销团队在所有传播页面都将LOVO的标识统一明确；而且，传播过程中所使用的兔斯基语录里，也选用具有明确“乐我”精神的佳句。“再者，我们没有将它作为全年的高频次的活动来推广，接下来我们也会有其他合作的形象系列。”王梁补充道。

总结下来，LOVO和兔斯基的跨界营销，基本符合这么几个原则：

好玩有趣。卖萌可拉近距离。家纺产品在大众的印象里一直是优雅、成熟的，可是随着主流消费者群体的转变，家纺产品的购买者也趋于年轻化。因此，需要用更加符合年轻人口味的营销方式来与之亲近。另外，好玩又有趣的营销手段，还可以加速社交分享，获得免费的传播效果。

品牌叠加效应发酵。经典的兔斯基形象与罗莱家纺的老底子支撑，使得LOVO与兔斯基跨界更为“门当户对”。通过品牌叠加，双方各自将自己已确立的市场人气和品牌内蕴互相转移到对方身上，实现传播效应互相累加。

非竞争性。既要找到与自己品牌相关的“界”，又要保持跨界的双方非竞争性。不然，则更像联合促销或者行业联盟。LOVO与兔斯基在品牌理念、消费者群体等方面一致，但一方强于产品生产，一方强于形象打造，双方非同一行业，且各有互补。

在尤其讲究整合资源的今天，卖萌、跨界依然会是互联网营销中的主要手段。LOVO借着这一场有力度的营销，将消费者对LOVO的形象加深了一层。而你，想通过卖萌或者跨界营销做些什么呢？

**专家点评**

**点评：**魏武挥

知名博客ItTalks，新媒体的实践者、研究者和批判者，多家科技媒体专栏作者。微信号：ittalks。

## 新标志带动新品牌

罗莱家纺这个案例，有两点是非常值得关注的，而且这两点有递进关系，不可分割。

第一个值得关注的点在于罗莱家纺本身就是一个很成功的线下品牌。大多数线下品牌在做线上拓展时会非常纠结：如果价格没有差距的话，那么线上似乎意义不大；如果价格有差距的话，那么线下来自销售团队的压力就会凸显出来，尤其是很多过去依靠代理商的品牌。故而，一直到电商如此火爆的今天，还有很多传统的线下品牌仍然在纠结。

罗莱家纺的解决方案是：再造一个品牌LOVO。当线上使用和线下完全不同的品牌时，来自线下的渠道抱怨立刻降低下来，在某些时候，线下门店甚至会因线上销售而带来一些便利，比如说，星罗密布的线下门店可以作为一个物流仓储节点来使用。

重新打造一个品牌，其实质并不是重造一个产品。事实上，LOVO和罗莱家纺原有的产品在生产环节上有一定的重叠。我们打开天窗说亮话，对于罗莱公司来说，它并没有重新生产一个什么产品，而是重新包装，重新赋予象征意义，也就是：东西本质差别不大，但品牌符号意义完全不同。

于是，第二点就变得很重要。很多传统制造商不是不明白再做一个线上品牌的道理，而是觉得品牌锻造费时费力，成功把握不大。让我们来看看罗莱公司是如何打造LOVO的。

兔斯基，这个卡通形象成为了品牌得以成功的核心关键。这里有几个很有趣的角色：完全没有名气实力的LOVO，有足够号召力的兔斯基，有足够实力的罗莱家纺。这三者合在一起，各自发挥长处，策划出一系列精彩且有实效的营销活动。

具体如何利用一个年轻人都喜欢的卡通形象，依托既有的物质实力塑造全新的面向年轻人的品牌形象，这在罗莱营销案中已经多有描述，这里不再重复。我只是想在这里再重复一遍，线下传统产业在做电商促销的时候，完全可以借鉴罗莱的这两点经验：1.重新做一个品牌；2.利用某个为人熟知且符合新品牌内涵诉求的成名虚拟形象。

金麦奖
golden wheat
awards

## 优秀案例

## 数码电器类

[本案例荣获 2013 年金麦奖 | 数码电器类　金奖]

[本案例荣获 2013 年金麦奖 | 最佳社会化营销类　入围奖]

# 红米首发社会化营销案

在这场所有人都没有料到的预购狂欢中，红米赚了，米粉嗨了，QQ 空间也正式亮出社会化营销的利剑。

文 | 范　越

**项目介绍：**红米手机是小米公司一款极具战略意义的机型，主打低端手机市场。红米手机在 2013 年联手腾讯于 QQ 空间展开独家首发活动，引爆销售市场。

**营销背景：**

· 小米与 QQ 空间的用户吻合。

· 腾讯广点通辐射精准人群。

· 对小米公司而言：通过推出红米手机宣传小米品牌实力和文化，并且基于社交化传播的话题引爆全网关注。

· 对于腾讯而言：希望加强业界对腾讯社交平台营销力、社交力以及领军地位的感知，提升 QQ 空间、广点通的关注度。

**营销策略：**

“逐层揭秘＋限时限量”的销售理念和“饥渴营销＋精准投放”的营销方法，将小米的社会化媒体运营与新闻造势相结合，进而引爆市场销售。

1分30秒，10万台手机售罄，745万人参与，这场史上最疯狂预约是小米公司红米手机在腾讯QQ空间展开的独家首发活动。

从“多久没有登录QQ空间了”的扪心自问，到身边不少人兴奋地嚷嚷“给喜欢种菜的老妈和还在上学的弟弟”预定了红米手机，不过短短数日。当人们还在唏嘘中国用户基数最大的SNS社交圈正逐渐淡出视线之时，此番这个社交大佬的强势抬头，自然引发无数话题和思考。

与其说这是本年度最好的社会化营销案例，不如说是最懂营销的小米找到了最懂用户的腾讯合演的一出“好戏”，用华丽的数字印证了“得屌丝者得天下”的互联网箴言。而更长远地看，整场营销活动对于双方乃至整个行业的价值，以及背后的野心恐怕绝不仅仅是好看的数字而已。

## 雷布斯的新伙伴

从诞生就带着社会化烙印的小米，作为微博营销的鼻祖，最终却叩响QQ空间的大门，曾引发质疑：为什么不是微博、微信、人人网，而是看上去相对式微的QQ空间?

相关数据显示，截至2012年12月，博客空间类应用网民使用率为66.1%，网民渗透率位列第4位，而微博和社交网站则分列第7、第8位。在博客类应用中，QQ空间独占鳌头，拥有6亿活跃用户。其中19岁至35岁年轻人占比达70%，这部分人群热衷社交互动分享。

曾自称要做中国苹果的雷军，人送外号“雷布斯”，从原本聚焦的高端智能手机市场落入凡间，寻找千元机的市场出路，自然是经过一番思量的。

据腾讯效果营销平台高级产品经理卜凡介绍，用户的“下沉”是小米一个很重要的诉求，即注重粉丝质量和营销的落地性，这也与小米的战略意图和风格相符。况且，微博更多聚焦的是一线城市白领人群，而QQ空间用户呈现出的低收入、低学历特征明显，主要聚集在二、三、四线城市，这也是四核双卡双待而定价仅799元的红米手机要争取的目标用户。QQ空间运营数据也表明，每天有数百万用户通过小米手机登陆QQ空间，广泛而下沉的用户基础令小米十分中意。“一线城市适合做模式，二、三、四线城市是品

牌生根发芽并产生利润的集中区”，卜凡说。

同时，QQ 空间用户之间的关系网络往往由熟人建立，这种强关系链具备天然的用户口碑传播基础，滚雪球的分享机制让小米的口碑营销找到着力点。

反过来，QQ 空间“看上”小米什么？多年前，当开心网和校内网争得面红耳赤之时，就有人调侃，这两厮加起来都不及 QQ 空间的零头。然后，与此同时，这个社交巨头也正面临着用户黏性降低，关注度减弱、营销力认可度不够等问题，所以红米的这场社交媒体营销，是腾讯将年轻用户拉回 QQ 空间的大好时机，同时加强业界对腾讯社交平台营销力、社交力及领军地位的感知。

想想看，完成在 1500 万台小米手机上预装手机 QQ、QQ 空间手机端，这样的格局对于腾讯来说，是不是很酷？

## 定位潜在米粉

当饥渴营销不再那么奏效时，精准性的重要程度就更高了。

与以往不同的是，这次首发活动的整体营销思路就在于，主动找到那些容易感到饥渴的人，制造一定门槛令其感觉饥渴，进而为饥渴买单。广点通作为一个重要的营销接口，是基于QQ空间、QQ客户端、手机QQ空间、手机QQ等腾讯大SNS平台的自助竞价广告系统。QQ空间在运营红米活动时，就是直接把活动定投在通过智能算法挖掘到的目标人群中，让投入产出更加合理。

通过“逐层揭秘＋限时限量”的销售理念和“饥渴营销＋精准投放”的营销方法，将小米的社会化媒体运营与新闻造势相结合，进而引爆市场销售，提升知名度，是整个营销的核心创意。

在实际活动中，用户在预约购机的时候就需要先成为小米在QQ空间账号的粉丝，这让小米的粉丝数量从百万瞬间跃升至千万级，而这些高黏度、高购买意愿的粉丝对于小米的意义不只在这次的手机成交量上，更重要的是之后二次甚至多次营销。也就是说，小米后续的营销活动在寻找目标用户方面基本是零成本投入，这笔交易划算与否一目了然。

粉丝积累的同时，继续通过社交平台展开竞猜活动，制造话题，营造氛围。整个预约过程整合了小米的全网资源、QQ空间资源等，而在正式发售时，则运用“限量限时”的营销策略，之前预约成功的用户会自动接收到QQ提醒功能发来的抢购提醒，这在提高购买转化率上功不可没，也为最后的井喷做好了迎接准备。

在运营策略方面，通过认证空间做好内容渗透和活动联动，同时延续小米一贯擅长的内容运营，包括雷军等标志性人物的话题炒作，宣传产品本身的性格，让米粉文化持续发酵。而在移动互

联网端，则强调纯线上渠道，主打小米商城，重点发展社会化媒体。

由此，从竞猜到预约、发售并激发晒机的一系列社会化营销体验，形成了与传统点击广告大相径庭的营销程式，这种厚积薄发的经验让合作双方都感到惊喜。当然，在营销的延续中，舆论引导和公关发酵主要是基于社会化传播的话题运营和新闻造势，引发了全民的关注和参与。

### 可固化的商业模式

“做个红米那样的营销案子，需要多少钱?”红米在QQ空间火爆的首发活动，也让不少怀揣着新品急于高调发布的手机家电厂商眼前一亮。虽然红米手机的案例成为让人津津乐道的经典案例，有天时地利人和的因素，但是这背后的可固化的商业模式却越发清晰。

对于QQ空间来说，与QQ的绑定关系本身就蕴含着商业上的可能，不管是贩卖QQ秀，还是装扮空间的小道具，甚至到开发会员等级识别，黄钻增值等模式，都是在不停探索商业模式的过程。

基于QQ空间的SNS口碑传播，通过广点通进行社会化营销，在认证空间完成目标客户沉淀，这三者共同构筑了QQ空间的社会化商业模式，以点带面地撬动手机行业，为腾讯SNG旗下产品赢得更多潜在商业合作机会，是这场营销活动的长期商业价值。从目前来看，效果已经足够显著，三星、华为、OPPO、联想等品牌已经“找上门来”。

而在小米看来，将营销做到极致，最后的着力点依旧是实际的转化率。通过与QQ空间的合作精准匹配到红米的目标客户群，这是基础，更进一步看，是受腾讯目前生态流量红利的吸引，广泛而迅速的聚集起鲜活流量并有效转化，其背后是相对更低的点击成本。这也难怪蘑菇街、美丽说以及越来越多的电商卖家投入其中。

**专家点评**

**点评：**俞 雷

知名营销专家、财经作家和高级职业经理人。曾任职于世界500强企业玛氏中国和欧莱雅中国，并曾任贝因美集团全国销售总监，喜临门家具股份有限公司副总裁。著有《最糟糕情况下的营销》、《逃离外企》、《公司名利场》和《追寻商业中国》。

## 红米：战略的胜利

红米的成功是做了一件苹果想做而未做的事情，放下身段，往低端市场掘金，但同时又不影响到主品牌小米。我们往往从社会化营销和饥渴销售等角度去分析红米，但我要说的是，红米首先赢在品牌定位和战略上。

小米主品牌是否可以直接拉到1000元单价以下？这未必不行，但这的确是存在很大风险的，如果失败，恐怕要把小米的成功毁于一旦。所以，小米想出了一个聪明的办法，把低端机取名为“红米”，明确地针对更低端市场和更年轻消费者，然后，小米作为强背书品牌出现，这既规避了小米品牌直接下沉的风险，又为红米的销售业绩作出了保证。这才是红米成功的战略前提。

红米的成功本质是理解消费者和市场，小米的营销，用四个词语概括就是“专注、极致、口碑、快”。它惯用的第一招就是“没有价格战”，但价格战言者，也并非只是纯粹低价，小米和红米的营销策略最显著的特点是针对精准人群，提供最高性价比的产品。

小米刚上市的时候，其实打的是羡慕用苹果手机却又觉得贵的那群年轻人，而红米则延续了这样的传统，它打的是羡慕用小米却又觉得小米贵的更年轻族群。事实上，红米和小米的毛利率都不低，据说有 35%，但显然，红米的“没有价格战”、“最高性价比”的特性并不是自残式的降价，而是通过新的商业模式来达成的。从价值曲线（这是蓝海战略的重要工具）分析，红米最突出的特点是把社会化营销抬到行业的顶点水平，但对传统媒体的广告投放却少之又少，也没有用需要耗费大量成本的大规模传统渠道分销，而是大量运用新兴的电子商务渠道。这种看似逻辑上很简单的工作，其实准入门槛非常之高。如果没有雷军这样互联网领袖级的人物，没有小米公司从一出生就有的新媒体基因，是很难达成的。所以，我们不能从简单意义上理解为红米赢在战术的选择上，红米本质是赢在战略。

这就是我们忽略红米真正成功的地方。在红米之后，也有很多传统企业学习它，但成功程度却大打折扣，这并不是这些公司在战术的执行上不到位，不如红米，而是因为他们都未能像红米一样，从价值曲线的角度去重构战略。雷军并不是一个战术家，他是一个真正的战略家。

得屌丝者得天下，这样的话而今已经滥觞，金字塔底部的财富，谁都知道很庞大，但问题是如何攫取。红米的成功，则是“教科书式的战略＋战术”的完美匹配。首先，发现消费者所需，其次，从价值曲线去作出战略的取舍，然后，针对“屌丝”去展开最匹配他们的营销活动，最终，形成叠加的口碑，使得营销形成可持续性。这一案例，是雷军流派营销手法的又一次胜利。

[本案例荣获 2013 年金麦奖 | 数码电器类　金奖]

[本案例荣获 2013 年金麦奖 | 最佳社会化营销类　入围奖]

# 三星 Note 3 摇一摇，GO

利用现有的三星公开平台、淘宝平台，对摇一摇排名靠前的奖励三星 Galaxy Note 3 手机、智能保护套，宣传品牌的同时带动了产品销售。

文 | 孙　瑶

**项目介绍：** 正逢三星 Galaxy Note 3 上市，三星联合第三方打造了一个手机全民互动活动，将线上线下进行有效打通，利用媒体特性对投放资源进行整合，在最短时间内吸引公众的注意力，为产品上市在移动端赚足了眼球。

**营销背景：**

三星 Galaxy Note 3 要上市了，为了提高民众对该产品的关注度，做过很多活动。如何让民众在活动中有兴趣并乐于参加，是每次活动都遇到的挑战。

**营销策略：**

借用手机摇一摇的功能，活动本身参与感很强，利用 SNS 功能，宣传品牌和产品。

近年来，三星以迅猛的势头在智能手机市场中名列前茅，凭借优秀的产品体验和精准的市场策略，亦赢得了越来越多中国消费者的青睐。此时正逢 Note3 新品上市，如何才能让 Galaxy Note 3 手机的营销方式与众不同，迅速抓住广大消费者的眼球，激发更多用户的主动参与？

将线上与线下营销融合一直是移动营销的优势，为消费者提供有趣的无线互动体验才能吸引人，为了有效配合三星Note系列最新产品的发布，2013年9月，杰尔鹏泰与国内领先的移动营销整合服务机构百分通联联手，打造了手机上的大型全民互动营销活动"Galaxy Note 3摇一摇GO"。活动3天，淘宝平台参与187万人，摇动1500多万次。

## 线上体验，线下排队

手机摇一摇的功能出自于微信，活动本身参与感很强，如果能用在品牌传播上，效果应该不错。倘若线下的活动能够通过手机在线上轻松完成，省去用户为了参与线下活动所要付出的时间成本，其参与度会更高。

策划团队根据这个灵感，设计了一款手机互动游戏。用户只需用手机注册/登录（新浪微博、腾讯微博、人人网）访问活动网站或者直接扫二维码，即可进入有趣的摇动手机排队游戏，每10分钟有3次机会，持续摇动手机30秒有机会前进最多10个名次；分享到新浪/腾讯微博、人人网社交平台1次，也有机会前进1个排名，结果会在次日凌晨公布，同时重新开始新一轮的摇一摇排名。而三星Galaxy Note 3炫屏、个性、快速的品牌特色，在设计游戏时就必须将时尚科技、炫彩呈现、快速触达的特点彰显出来。为了提升活动的互动体验效果，团队充分整合了HTML5、WAP、重力感应等移动营销新技术，发挥移动技术的特色，让"摇一摇GO"更具时尚科技范儿和潮流符号感，吸引更多时尚达人参与。活动形式的新颖性、互动性和趣味性，不出意外充分调动了参与者的积极性，于是参与的用户只要有时间就会抓紧手机不断地摇晃，不断把活动主动分享出去。这打破了传统线下排队的营销瓶颈，为更多人创造机会参与其中。参与流程的简单化及便捷性，活动页面采用HTML5技术而实现，确保了良好的动态展示效果和互动效果在用户手机端呈现，降低了用户的参与门槛，将智能体验再次升级。活动开始短短17个小时，参与活动人数已经突破441万人次。

2013年9月16日至9月22日，"摇一摇，GO"活动在三星公开平台进行，摇动手机即可参与排队，持续摇动手机30秒或者分享活动都可前进，排名靠前者即可获得奖品；考虑到淘宝拥有超过2000万的日均活跃用户，且都乐于参加活动，2013年9月17

日至9月19日同步在淘宝平台开展活动。活动奖品设置为Note3（N9006）200台，智能保护套400个，单一用户单日摇动手机次数达370余次，用户黏性大大增强。与此同时，建立三星官方旗舰店微淘账号，活动上线后粉丝迅速增长，关注度提升10倍。淘宝平台活动上线第一天，独立参与用户达80万（总参与用户187万），占3天参与用户总量的43%。活动共7天，参与用户达10万余人次，摇动手机次数达336万次，参与活动用户摇动次数与日递增，优惠券发放后2天内下单购买人数达80多单（总发放100张）。

手机营销不能单纯依赖广告投放，而提供轻松、有趣的互动体验很重要，发挥手机交互性、位置化服务特色，这样既能调动用户的积极性，也能通过社交媒体强化互动传递，实现线上与线下的无缝互联。移动营销的互动性特色越来越为人称道，但如何挖掘手机营销价值的最大化，依然是广告主追求的目标。做营销活动不只是为了让人看起来热闹，核心在于从品牌的调性出发，折射出品牌的价值，借精彩的活动对品牌形象有所提升才是有效的。

## 整合推广，趣味营销

让用户直接参与到产品推广活动中并进行互动和分享，是目前市场营销的一种新尝试和新方向。三星希望借助这一新的营销模式，让用户主动去宣传产品，让产品更快为用户所知晓和接受，三星 Galaxy Note 3 这一次还未上市就取得了市场先机。对于三星而言，以“摇一摇”为入口，Galaxy Note 3 拥抱这一行为符号的新品营销方式实现了用户习惯的锁定，让产品营销变成一种游戏，带动受众积极主动地成为玩家。

良好的呈现和互动效果是一方面，如何让活动被更多的人知道则同样重要。

为了保证互动的效果和更大规模的参与人数，策划团队充分发挥了移动营销的优势，通过一键分享，精准直达 Note3 的目标消费者。同时借助“桌面通知广告”，针对安卓、IOS 操作系统的智能手机进行精准推广，用户只需要打开手机，在桌面通知栏就可以看到活动的信息。点击之后即可进入活动页面，不仅与消费者之间建立起了一种更为高效、更为精准的沟通方式，使活动总曝光量达到 340 万次，更做到了多维度营销，进一步扩大了活动的影响力和展现力。

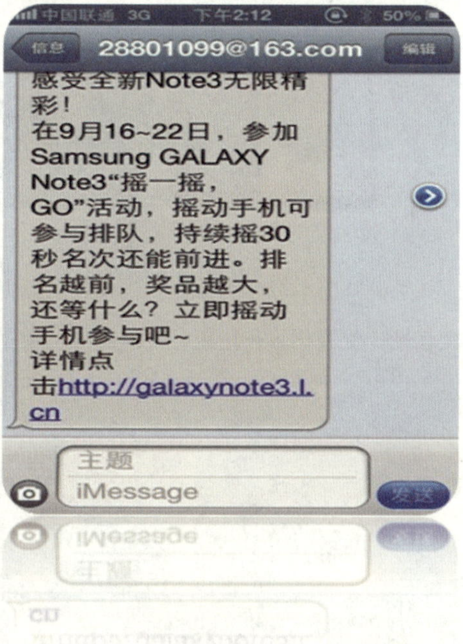

同时团队也进行了资源的整合，媒体投放以效果转化为主，兼顾精准和广告形式的多样性，针对目标受众进行推广。门户网站的首页全屏、首页焦点图，频道浮动广告、下拉巨幅，淘宝客户端等等同步宣传，共投入推广费用 35 万元。

活动取得良好的效果并非偶然，而是基于百分通联与三星多年合作的经验积累，和执行团队对移动营销效果的极致追求。活动的成功，关键点在于抓住了智能手机的媒体特性，随时随地的参与、随时随地的分享保证了活动参与度，社交媒体的整合强化了口碑传播效果，赢得了传播效果的同时赢得了活动参与者之间的互动效果，确保了活动的热度。三星电子相关负责人也曾表示：此次三星 Galaxy Note 3 摇一摇 GO，是继三星 Galaxy SII“时光胶囊”营销活动后全方位的体验升级，它不仅让用户直接参与到产品推广活动中并进行互动和分享，而且也让消费者在实现对品质、品牌追求的同时实实在在感受到三星对消费者的积极回馈，同时也能感受到三星致力于顾客体验提升方面的用心和决心。

三星 Galaxy Note 3 摇一摇 GO 的活动带给手机用户一种别致的操作体验方式，这种符合用户操作习惯的营销模式也为三星的新品推广带来意料内的惊喜。这种惊喜不仅在于颠覆了传统营销模式，实现了线上排队取代线下排队的创新营销，在最短时间内吸引公众的注意力，为三星 Galaxy Note 3 的上市在移动端赚足了眼球，创造了一个营销奇迹；也在于利用手机社交媒体特性使传播呈几何化扩散，更大的价值是通过创新移动技术授惠消费者，将互动、体验、分享融合，充分彰显了品牌个性和产品特性，开创了一个互动＋分享的全新体验时代。

**Tips：营销亮点**

1. 公开平台、淘宝平台同时开展活动，短时间内形成热点传播事件。
2. 采用高曝光门户网站独占式广告加高转化精准定向投放的媒介策略。
3. 分享设置提高用户黏性。
4. 超值大奖及紧凑有趣的活动形式。
5. 活动机制设置巧妙，趣味性强。

**专家点评**

**点评：**朴世恒

杰尔鹏泰电商事业部总经理。2003 成均馆大学，经营学博士；2004 成均馆大学，研究教授；2005 碧珍(中国)日用品有限公司，总经理；2008 OpenTide China，广州分公司总经理；2012 Cheil OpenTide 电子商务事业部总经理。釜山广告节、国内唯一电商奖“金麦奖”评审、高峰论坛特邀演讲嘉宾。

在电子商务及品牌跨界领域拥有 10 多年的实战经验。

## 在线营销的逻辑回归：露出、接近和参与

互联网热潮汹涌袭来，这一轮唱主角的是电子商务。其中成就了许多经典案例，也显示了在线营销的逻辑回归：露出、接近和参与。

随着 SNS、SEO 等多种沟通方式的出现，企业似乎看到了低成本营销的生机和希望。此方式理论上可以低费用、高收益达到品牌或产品推广目的，但究其各家的最终效果却是参差不齐。

2013 年 9 月开始的三星手机 Galaxy Note 3“摇一摇，GO”，用 SNS 方式在一周内获得了 1800 多万次消费者互动，总投入费用 50 万人民币以内。不算是大手笔的投入换来了可观的回报，从中可以明显看出在线营销的基本逻辑：以品牌维护露出度，以便利的参与方式提高接近性，以好玩确保参与度。

**维护露出度**

维护露出度的方式多种多样，惯例会通过广泛的布点实现最大覆盖。在线的方式就是买流量、买入口，让大家都能看到。但涉及到收益率的考量——覆盖规模与费用的正比例关系是个两难的选择。而品牌或者产品的强大，是维护露出度的一个基本优势。

品牌强大提升了产品价值，产品竞争力也成就了品牌，近些年企业的竞争有以产品为龙头的动向。苹果重新定义智能手机，小米依靠高性价比产品和互联网口号打动消费

者，都是品牌强大和产品竞争力的体现，目的是让更多消费者有基本的认可。

如果能充分利用品牌或者产品，无疑是站在巨人肩膀上做演出。三星的这个活动，就充分利用了强大的品牌这个基础。再加上 Note 3 的强大配置、5.7 寸高清绚丽屏等，引爆市场就更有了底气。

**提高接近性**

我们常常遇到很多复杂的注册登记要求，以及很多的规则需要学习，这些都带来巨大的接近障碍。即便是大牌子，也会由于这些障碍而失去顾客。

明确的路径和简单的参与方式，让消费者更方便，也就有利于厂商达到设定的目标，避免“酒香也怕巷子深”情况的出现，其目的是不浪费消费者资源。苹果产品使用的简单化、飞利浦倡导的简单化，是另外的旁证。

三星官方平台上，用户只需用手机注册/登录新浪微博、腾讯微博、人人网，访问活动网站或者直接扫二维码，即可进入摇动手机排队游戏。只需用手机登录淘宝 APP 首页或访问淘宝移动网址，就可以进入活动页面，摇动手机即可获知抽奖结果。没有一点让顾客感觉麻烦的地方，从每一细节提高接近性。

**确保参与度**

消费者能否充分参与，活动是否有吸引力是关键。对消费者来说，低成本的参与时尚的活动，加上奖品的诱惑力，就有了足够的参与热情。

通过互动游戏提升消费者体验，鼓励免费抢夺优质奖品，并利用 SNS 广泛扩散，将品牌力基础、便捷可接近性、兴趣等融合，达到了参与者和厂商双赢。

三星手机摇一摇是移动营销在露出、接近、参与等环节的高效实践。在移动数码时代，还会有更多的方式帮助展示品牌和产品的吸引力、优化顾客节点、深化沟通，从而创造优良的业绩。

**[本案例荣获 2013 年金麦奖 | 数码电器类　银奖]**

**[本案例荣获 2013 年金麦奖 | 最佳社会化营销类　入围奖]**

# 社会化网购首单——小米手机 2 末日微博开卖

加入社会化电商功能，小米手机 2 利用新浪微钱包，在平台上打通了产品销售闭环，带来销量的同时也加深了品牌的传达。

文 | 孙　瑶

**项目介绍：**一直以来，小米手机拥有众多拥趸。2012 年，小米手机 2 正式上市，在单纯的饥饿营销效果减弱的市场状态下，小米手机利用微博微钱包进行专场销售。具有高关注度的产品上市与社会化电商支付功能的结合获得了良好的口碑效应。

**营销背景：**

小米手机原本很有效的饥饿营销方式所带来的营销效果正逐渐减弱，如何通过一种全新的方式重新激发用户的购买热情是本次传播面临的最大挑战。

**营销策略：**

延续此前的饥饿营销方式，在上市推广的过程中引入社会化电商功能——新浪微钱包，进而将小米手机 2 从上市发布到终端购买全部在社会化媒体平台上实现，在一个平台上打通产品销售闭环。

作为在国内拥有众多米粉的小米手机，将手机发烧友作为自己的主要目标消费人群，从上市开始一直借助社会化媒体平台，进行饥饿营销，取得了巨大的反响，同时在国内智能手机市场上获得了一席之地，收入可观。

2012 年 12 月 17 日，为期 5 天的活动共有超过 130 万用户通过新浪微博参与了小米手机 2 的抢购，微博转发量 9 万多次，评论数近 4 万次。在开售当天，小米手机 2 在 5 分 14 秒内 5 万台手机全部售罄，带来销售额约 1 亿元人民币。据互联网消费调研中心权威调研数据显示，2013 年 1 月，中国国产手机市场产品关注榜，小米手机 2 成功登顶，位居国产品牌 No.1。同期小米手机市场占有率由 1.3%提升到 3.8%，增长约 3 倍。

## 试水社会化电商

随着市场的不断发展，原本很有效的饥饿营销方式所带来的营销效果逐渐减弱，这可愁坏了小米市场营销部，如何通过一种全新的方式重新激发用户的购买热情是本次传播面临的最大挑战。正在小米一筹莫展的时候，恰逢新浪正在寻找一家可以合作共同试水社会化电商的企业，小米与新浪似乎察觉到了一丝营销契机。对于小米而言，与新浪的合作不仅拓宽了其销售渠道，还可以借力新浪的官方平台进行更广泛的宣传。

2012 年，新浪微博刚刚推出社会化电商产品“微钱包”，需要一位可以共同试水“社会化电商”的合作者。以往，微博以品牌传播、市场引导、发现需求等功能为主，如果把微博平台与热门手机的销售绑在一起，是否具有可行性？小米手机的目标消费人群是年轻人，而这群人爱网购，乐于尝鲜，容易受周围的朋友影响，看重用户体验，商品的流行性是用户进行网购的主要因素，网络购物让年轻群体成为一种趋势并影响群体。小米手机只在网上卖，它的消费群与微博的用户群有很多相似之处。

起初，小米官方微博发布了一条小米 2 手机即将上市发售的消息，并引导大家对小米 2 手机的发售平台进行猜想，为此专门开设了“小米微博开卖”专门页面，并在显著位置声称是“微博社会化网购首单”、2012 年 12 月 21 日中午 12 点，5 万台 # 小米手机 2# 微博专场销售，这也是微博平台寻求多种营利渠道的一次重要尝试。2012 年 19 日上午，新浪微博在发布栏下的显眼位置打出了“新浪微博开卖小米手机 2”的广告。而且，新浪官方的微博钱包账户也参与了小米手机发售的宣传活动。截至 20 号凌晨 0 点，小米的一条相关微博转发量已经达到 112 万次。

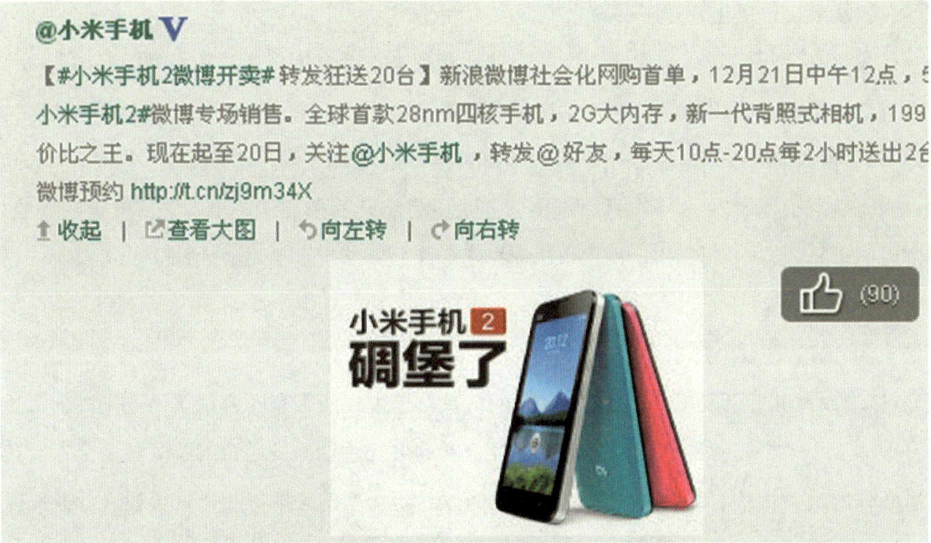


与此同时，发挥米粉在微博平台上的自媒体力量，采取转发微博才能获得预定资格的策略，吸引更多的米粉参与到这次预定浪潮中来，“都世界末日了你还没买到小米手机吗？让对面来实现你的‘末日梦想’吧！即刻起关注 @ 小米社区和 @ 对面转发微博并 @ 三位好友，即有机会获得小米手机 2 一台，同期参加对面在小米社区发起 # 末日送船票，玩对面赢小米 2# 抢楼活动”一出，转发近万次；此外，对于预定微博的形式升级为 FEED 流行式，能够更清晰地展示小米 2 手机以及更注重网友的参与体验；将正式发售的日子定在了玛雅传说中世界末日的当天，所有参与预定的米粉们均可进入官方微博页面，只需填写简单的个人信息，再通过微钱包完成在线支付环节，之后要做的事情就是等待手机送货上门。

最终，具有高关注度的产品上市与社会化电商支付功能的珠联璧合获得了良好的口碑效应，主动吸引了众多媒体纷纷报道，让社会化首单小米 2 手机上市成为社会性营销热点事件，同时也让小米得到了可观的销售回报。

活动期间，超过 300 位意见领袖与媒体微博讨论小米手机 2 开卖的相关内容，小米手机的官方微博粉丝增长了 75 万人次，小米手机 2 在销量提升的同时聚焦了众多舆论目光，沉淀了品牌社会化资产。

### 再演饥饿营销

联网营销是小米手机的销售基因，微博是其主要宣传阵地之一。此前，小米手机一直采取的是官网直接销售的模式。这次与新浪微博的合作，是其第一次拓展直接销售之外的渠道。网上订购＋饥饿营销是小米最擅长的营销手法，而此次通过新浪微博来尝试预约订购，小米仍不忘演练饥饿营销，“每个微博账号仅限购买一台，填写完收货信息并生成订单即可视为抢购成功”。其中在活动中涉及的支付环节，一律支持微博钱包在线支付，用户必须在预约后提前开户及预充值，预约和抢购活动支持 PC 端和移动端，但移动端只支持微博钱包余额支付。下单后 24 小时内支付会参照支付顺序在 2 日内发货。

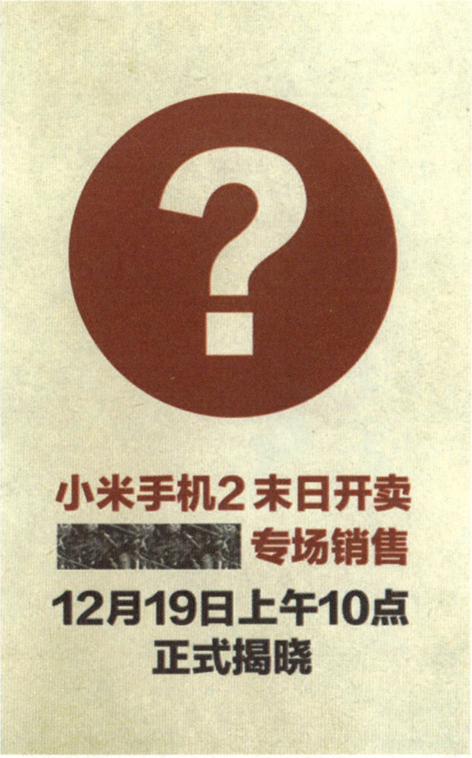


用户可在 12 月 19 日 10 点至 20 日 24 点访问新浪微博预约页面，点击“立即预约”按钮分享微博，即可获得抢购资格；12 月 21 日中午 12 点，访问新浪微博预约页面，点击“立即抢购”，填写完整收货信息并下单即视为抢购成功。当然，小米手机微博在开展此次微博预约定购的同时，还专门发布了促销抽奖的信息：每天 10 点至 20 点，每 2 小时送出 2 台小米 2，而其官微也不定时转发，借公布活动信息也在不断扩大该活动的影响力。此次微博订购手机，顾客如果点击“立即预约”按钮，就会出现一个转发活动微博帖子的信息框，想要预约手机就必须转发内容。这无疑给活动进行了免费宣传，达

到一定程度的传播。不论是参与微博订购，还是参与微博转发抽奖活动，用户都必须@小米手机的账号，这也是企业微博惯用的手法，加上过去@小米手机微博屡次使用，现在粉丝已经超过了800万。

无论如何，利用用户数量众多的微博进行商品订购的尝试还是有益的，这不仅使微博平台提供商找到了新的营利渠道，也让各类企业找到从微博海量用户发掘新用户的巨大潜力。小米手机2新品上市之际，掀起互联网对产品抢购的热潮，通过此次传播达成了5万台小米手机2的销量。

Tips：**营销亮点**

1. 首次尝试微博预约。
2. 借预约之势搞促销。
3. 扩大小米微博影响。
4. 深度饥饿营销。

**专家点评**

**点评：**王　东

资深传媒人，曾任职华商传媒集团、第一财经传媒，历任《钱经》杂志出版人、《好运Money+》杂志执行总编辑等职务。长期以来关注传统媒体转型、新媒体发展、电商媒体、社会化媒体营销、大数据营销等领域。

# 预约引爆与营销变革

小米无疑是这两年在新媒体平台应用与营销创新领域的佼佼者，并且已经形成以

“饥饿营销”为鲜明特征的小米营销模式。尽管由于红米的“过度饥饿”在市场上引发争议，但仍不失小米作为营销变革者的江湖地位。

小米的饥饿营销首先是产品与模式的适配。从产品的角度上看，小米一直试图以颠覆者的姿态面对市场，并且持续塑造低价高质的产品姿态。尤其是后续的诸多小米产品创意点的出现，更加强化了小米的受众族群定位，使米粉的形象更清晰，更具可描述感，这是小米饥饿营销模式的底牌，也是营销创新的底气所在。产品的清晰定位决定了引爆点的位置，也为大规模的社会化媒体平台推广奠定基础。

有了鲜明的引爆点，貌似小米 2 与新浪微博的合作成功就会顺理成章，其实不然。尽管在小米 2 之前的小米手机的营销推广相当成功，但如何让米粉保持新鲜的关注度却需要创新的思路。让米粉重新定位自己与小米 2 的感知联结成了营销的关键。不同的米粉会对小米 2 有着不同的期待，而这种期待的传播与联结又是社会化媒体平台的优势所在。所以，结合新浪微博的支付功能上线实行预约抢购，话题加期待，就形成了小米营销的第二个引爆点。

新浪微博的支付功能上线，是社会化媒体平台产品纵深发展的大事件，小米 2 由此在社会化媒体平台上实现了闭环销售，从消费体验的角度来看，也是符合米粉的行为特征的，由此形成了此次营销的第三个引爆点。

独特的产品差别定位＋颠覆＋社会化媒体＋话题传递引爆，形成了小米独特的营销模式，也是实效营销的典型案例。此后，乐视的一系列营销表现与此同理并有所发展，形成了一种新型的社会化媒体营销模式。

小米 2 的成功依然是粉丝经济的一种成功。从 iPhone 到小米，变化的是中国社会化媒体的进步。营销人员具备了深度影响客户的新工具、新平台。技术与社会化媒体的进步使得营销人员与用户的沟通更直接、更具体，并具交流。这是社会化新媒体平台对传统媒体的冲击的根本所在。营销方式的变革改变了媒体运营的价值链模式，也改变了对于媒体的读者群体的价值认知。因此说，改变媒体生态的是营销，营销价值链的重构是传统媒体转型的核心所在。

之所以讲到传统媒体，是因为小米的营销创新存在着与传统媒体巅峰期同样的隐忧——如何深入挖掘用户的数据价值。电商研究院有句定位语叫“电商及媒体”，是因为新技术造就了新模式，集聚用户的方式也发生了根本性的变化。传统媒体作为信息传播的介质积累了大量读者，但读者的描述在今天看来却异常模糊，因而失去了营销价值。同样，对于小米来讲，目前营销创新的几个关键点也逐步被竞争对手追近，大数据的挖掘运用水平将是小米营销创新的下一个关键所在。

[本案例荣获 2013 年金麦奖 | 数码电器类 铜奖]

# Haier 奶爸十八招

社会化营销在唯“新”不快的今天，还需要基于与用户互动的关系沉淀，形成品牌的粉丝模式，创造社群经济。

文 | 王少灵

**项目介绍：**一款新产品的面市总是需要市场培育和引导的过程，海尔推出的调奶器就是这么一款新产品。在推广过程中，海尔独辟蹊径找到了最需要使用调奶器的奶爸这类人群进行推广，无疑对他们来说能有一款产品帮他们解决调奶的问题是再好不过了。而且产品的 799 元的售价对一家之主来说也并不贵。因此，海尔就围绕奶爸这一特殊人群开展了数据采集和分析工作，以此有针对性地开展营销活动。

**营销背景：**

· 调奶器产品的知晓度非常低。

· 海尔母婴调奶器以 799 元的售价，远高于普通同类产品如小白熊及其他竞品。

· 如何在如此的环境中引发目标受众参与互动，完成产品的有效传播和曝光，并尝试社会化数据再营销引导销量转换，成为该营销的挑战。

**营销策略：**

从奶爸的角度切入，创造话题，引发新妈妈们对于爸爸们的自我测试和要求，互相完成互动口碑传播。

好的创意，辅以与粉丝社群的互动，更能在社会化营销中“跳”出来。在互联网上，每个消费者其实也在扮演着影响者的角色，自发通过网络发布和分享信息，随着影响者在网络中作用的增强，粗浅的话题制造、抽奖送礼品等模式的营销已经很难吸引用户的兴趣了。因此，具备一定传播价值的内容，新视角的支撑就十分必要。

## 高科技从奶爸入手

海尔于2013年5月2～22日发起了主题为“解救妈妈，做100分奶爸”的活动。彼时，调奶器产品的整体市场知名度非常低，且相比竞争品牌海尔调奶器价位偏高，为了吸引关注，海尔一反常理，将母婴产品的传播主体以“奶爸”取代“新妈妈”。原因在于：相比于女性用户，男性的网购行为偏理性，对高科技产品的技术参数较了解，且更注重产品安全性能和品质感。而且，能够避免被千篇一律的母婴信息吞噬，从奶爸角度切入，吸引新妈妈人群对“囧爸”话题的关注并积极@奶爸参与互动。

从活动后商家数据来看，海尔调奶器同比常规销量提升了80%，通过微博短链接入店铺的流量，促成了数笔大宗团购订货。通过奶爸话题的多轮互动，最终有效传播和曝光达到2500万次以上，实际参与微博互动近5000次，并筛选出购买意向人群近5000人。

在#奶爸十八招#传播中，海尔还借助了Social CRM社会化客户关系管理（简称

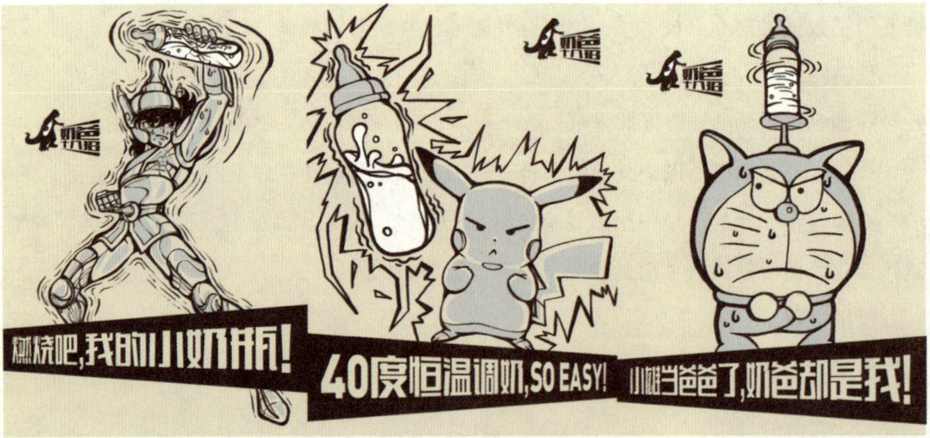

SCRM）进行数据分析再营销。具体做法是，通过在微博上设置关键词，抓取并搜集在传播期间的潜在客户群数据，再由海尔官微与目标客户进行一对一在线实时沟通，解答用户有关调奶、喂奶等困惑。根据数据反馈，有相关疑问用户达到近 5000 人，在对粉丝需求进行匹配后，推荐其关注官微并引导关注“100 分奶爸”活动，在进一步辨别用户需求后，讲诉产品利益点，刺激用户下单购买。

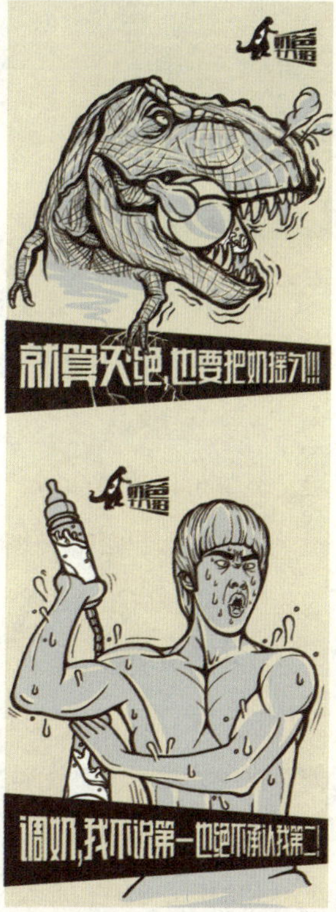


## 基于数据分析的 CRM

在社会化营销中，微博的关键词营销只是 SCRM 中的冰山一角。与粉丝互动，客户关系管理是必不可少的一环。一般来说，电商 CRM 是基于当前交易数据进行数据分析，再借策划活动进一步引导会员消费，侧重于成交与转化。然而，在用户需求多元化的今天，品牌只有重构起与消费者之间的信任关系，甚至于好友关系，才有可能形成长期的品牌效益。

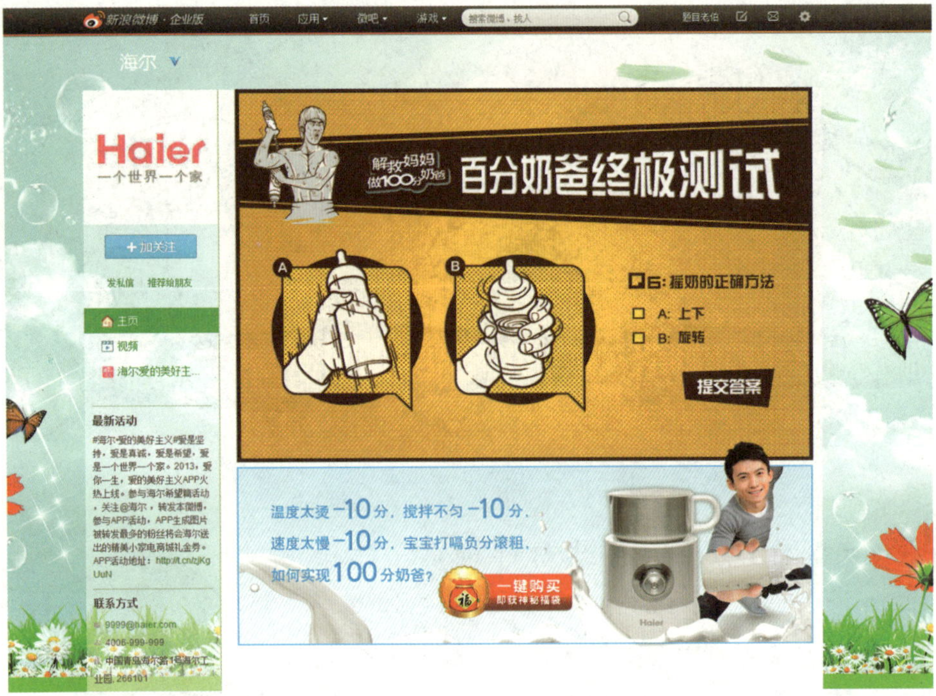


而信任关系，在汉拓科技创始人叶开看来，正是 SCRM 试图解决的问题，SCRM 强调的是区别于交易的“关系”，不是简单的转化率，也并非依赖于技术或系统工具的支撑，而就“用户关系”的培养和沉淀，品牌须要经历从聆听到互动的阶段。在这一阶段，品牌可以选择微博、微信等媒介作为聆听用户诉求，建立品牌与消费者的互动通道。具体做法包括吸引并鼓励消费者参与互动；寻找粉丝代言人，粉丝自发形成社群；为粉丝制定相应激励政策。

让粉丝滚动起来。谈及粉丝经济，苹果的“果粉”、小米“米粉”和可口可乐等品牌铁杆粉丝就是极好的例证。其中，小米手机赋予粉丝更多的等级、特权和仪式感。比如，小米为米粉设有专属粉丝节，小米粉丝还可以对话产品工程师，给手机设计提供建议等等。

SCRM 是 O2O 的基础。品牌与消费者建立的信任关系，不建议直接在粉丝社区推送产品信息，这样做非常容易损害社区氛围。而品牌社区转化为交易的方法，则是礼品、虚拟货币和O2O。虚拟货币可以让社区活动和购买交易流动起来，而O2O则可以将每一个接触点与相关的产品或者促销活动关联起来。

采集运用数据。未来的营销，需要大数据作支撑，将所采集到的数据进行分析，并利用社会化营销渠道进行传播。换句话说，以Social身份为识别的“People”，采集碎片化数据进行需求分析并进一步细分客户群，最终围绕人进行全渠道的整合营销、互动沟通计划和个性化定制。

**专家点评**

**点评：**杨风召

南京财经大学国际经贸学院教授，复旦大学博士，澳大利亚悉尼科技大学访问学者，多次在江苏电视台和南京电视台担任电子商务节目评论嘉宾。研究方向为电子商务、商业智能和互联网广告。主持或参与国家863项目、国家自然基金项目以及省部级项目等20多项，政府咨询和企业委托项目30多项。在国内外重要刊物以及国际会议上发表论文20多篇。出版教材4部、专著2部。获省部级科技进步奖2项，市级科技进步奖5项，市级优秀自然科学论文三等奖2项。

## “奶爸十八招”案例点评

该案例利用“母亲节”这个特殊的节日，制造新鲜的情感话题，将家庭温情注入品牌和产品，引发潜在客户群体的内心共鸣和热情参与，利用社交网络加速信息的传播和扩散，有效地提升了产品的知名度和品牌的影响力，再通过数据分析，识别潜在客户，为这些客户提供一对一的个性化服务，了解他们的实际需求，激发他们的购买欲望，促使其从活动参与用户向实际购买用户的转变，达到了增进销售的目的。

由于网络销售覆盖范围的扩大，同质化产品增多，必然导致同类商家对客户资源的争夺，引发激烈的市场竞争。而产品的竞争力取决于品牌、质量、价格、客户关系等诸多因素，同质产品单纯的价格竞争被证明是不可持续且会造成多方共输的局面，因此除了领先的技术和过硬的质量外，赋予品牌有独特魅力的内涵，维持良好的客户关系，对保持和提升产品的竞争力是至关重要的。在本案例中，海尔调奶器面临产品知名度低、产品价格高等诸多不利因素，抓住“母亲节”这个特殊的节日机会，通过“奶爸”这个话题，发起关爱母亲的行动，倡导夫妻平等的理念，营造温馨的家庭氛围，在产品和品牌中注入正能量。在营销方案中，一反常态地将“奶爸”而不是“奶妈”作为直接的营销对象，增加了话题的新鲜感和争议性，更能激起奶爸奶妈们共同参与的兴趣。

在话题传播方面，借助社会化网络媒体，运用漫画等表现形式，以“解救妈妈，做100分奶爸”为主题，分两个阶段对活动进行预热、发酵，直至将活动推向高潮。在第一阶段，通过上传奶爸喂奶“囧照”增加活动的趣味性和互动性，从而引发“如何做100分奶爸”的话题讨论，鼓励奶爸们上传“奶爸十八招”分享他们喂奶的经验。在第二阶段，通过“奶爸秘籍”教育爸爸们如何做称职奶爸，引导妈妈们对爸爸们进行“100分奶爸”的测试，将活动进一步推向高潮。在活动过程中，通过“参与赢优惠”既激发了奶爸奶妈们的参与热情，也打通了产品销售与营销活动的通道，将活动参与者直接引导到产品的销售网站。

该案例还通过搜集在传播期间的潜在客户群数据，分析客户的特征，发现潜在的目标客户。再通过官方微博与目标客户进行一对一在线实时沟通，解答用户有关调奶、喂奶等困惑，进一步辨别用户需求，讲诉产品利益点，刺激用户下单购买。

该案例的成功之处在于：第一，创造了一个具有争议性的“奶爸”话题，将爸爸妈妈共同引导到活动中来。特别是由于爸爸们的介入，产品的功能、质量和技术含量可能成为在产品选择过程中比价格更重要的因素，这正是海尔所希望的。第二，营造了一个轻松愉快的活动氛围，通过这个活动，既提高了爸爸们的育儿技能，融洽了家庭关系，又使目标产品深入人心，在目标产品中打上深深的感情烙印。第三，利用社会化的媒体网络，引导客户的参与、交流和互动。第四，通过“参与赢优惠”和“再营销”，将参与活动的潜在客户转化为实际购买客户。

[本案例荣获 2013 年金麦奖 | 数码电器类 入围奖]

[本案例荣获 2013 年金麦奖 | 最佳社会化营销类 入围奖]

# 小熊电器《爱不停炖》

借助四部微电影对亲情和爱情的诠释，小熊电器完成了由“卖电器的商家”到“有爱的品牌”的身份切换。

文 | 王少灵

**项目介绍：**随着微博这一社交网络的红火，另一种新颖的品牌传播方式“微电影”也火了。尝试拍摄微电影的商家很多，但成功的鲜有，问题在于商家如何通过这短短十几分钟的时间既能让受众觉得影片有内涵、好看，又能记住品牌的概念。小熊电器的做法就是煽情路线，从最能打动消费者的亲情这一主题着手，并将家人日常做饭场景融入其中，在传递情感的同时也让品牌得到了传播。

**营销背景：**

· 品牌力不强，秋冬临近，要促进电炖盅的销量。

· 中秋和光棍节等节日是适合做情感营销的时机。

· 将情感定位巧妙蕴含在商品宣传中。

**营销策略：**

从亲情的角度切入，结合炖盅产品，炮制“爱不停炖”（谐音“爱不停顿”）的话题，引发消费者共鸣。

2013 年，光复单身独占鳌头。可是，在微电影营销界，小熊电器比光复单身早了一年。

“爱不停炖”之前，小熊的明星产品是酸奶机。2012 年秋冬季节，面对着炖盅这一块香饽饽，小熊电器打了场胜仗。《爱不停炖 1》播出后，视频曝光量超过 1 亿 6000 万次，CPM（注：按展示次数计费）约为 9.375 元，这个数字相比于优酷投放，效益提升了 426%。小熊的品牌知名度明显提高。

自此之后，小熊在消费者心目中形成了“买炖盅，到小熊看一看”的印象。

## 迎合时机的事件营销

做营销策划的，巧妙利用时机很重要。小熊在这一场营销活动中，抓住的正是中秋节。中秋节在消费者的观念里，是一个“花好月圆人团圆”的传统团圆节。但事实上，由于中秋节假期不长，多数年轻人离乡背井在外工作，很难与家人齐聚一堂。由此一来，思乡、想家、思亲便成了两代人共同的情绪。小熊电器圈住了人群，也抓住了这一种情绪，并将之具象化。

研究粉丝习惯和喜好。数据显示，小熊电器的目标消费人群为 25～35 岁女性，通过小熊电器所合作的广告公司针对该群体网络行为特征的调查发现，她们偏好网购、观看视频，习惯在微博、视频网站、女性论坛上分享、沟通情感类话题。这么一来，走情感的路线万无一失。

引起情感共鸣，打造口碑。以父爱为主线的《爱不停炖 1》，讲诉的是一位年迈老父亲中秋节历经千辛万苦，为忙于工作而中秋节无法回家的女儿送去炖好的止咳雪梨汤。国人心中最柔软的亲

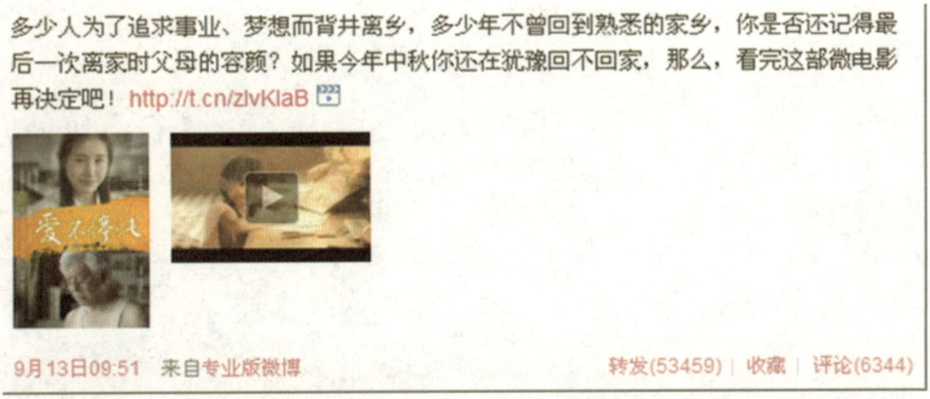


情瞬间被击中，不少看过微电影的用户表示被故事感动流泪。此时，策划方同步在微博上发起的 # 中秋节你回家吗 # 话题，也顺势占据了新浪微博话题榜榜首。

小熊的商品宣传与情感主题也联系了起来。为贴合微电影效果，小熊乘势推出活动网站，并在开发的网页游戏中巧妙地融入小熊产品，增加互动趣味性。另外，推出新浪微博应用“爱的汤谱”，统计共有 23837 人参与应用，观看视频后进而留言转发到个人微博上，使得品牌得到进一步曝光。

随后的第三部、第四部同样表现不俗，尤以故事题材来源于粉丝的《爱不停炖 3》最为特别，粉丝私信求助小熊电器官方微博，欲借用微电影中的小熊道具服向相恋多年的女友求婚。而后，小熊为粉丝“私人定制”了求婚视频《爱不停炖 3》。由此，营销活动再次发酵。

故事题材来自粉丝的《爱不停炖 3》

## 裂变式的品牌推广需要成本

《爱不停炖 1》成功之后，小熊电器乘胜追击，分阶段推出了 4 部微电影。一来保证了品牌宣传的连贯性，二来也与用户建立起长期、互动的关系；三来则以创意激发受众不间断地参与进来，强化品牌

印象。4 部微电影宣传下来，小熊电器赢得了好口碑和销量，被评为“最有爱的品牌”。

但是，之后商家还会进行系列性拍摄吗？小熊电器市场部总监杨经理表示：“微电影固然有其比较优势，但因剧本、创意、导演、演员、拍摄画质等存有差异，费用也从几万元到几百万元不等，普遍来说，制作精良的微电影成本较高。加之近两年对微电影有需求的商家大量涌入，制作成本也开始倾向于选用大明星才能赚足受众眼球和关注，成本水涨船高；另外，一而再的感情牌，温情营销已经很难满足用户需求，需要有更新颖的营销创意才能‘跳’出来。”言下之意，微电影成本高涨以及消费者可能审美疲劳将会是再造微电影的天花板。

据了解，小熊《爱不停炖（1、2）》微电影制作花费近 100 万元（不包含视频推广成本），一般而言，微电影拍摄成本与推广成本比例为 1:2。

从现状看来，商家拍摄微电影容易走入三个误区：首先，认为微电影是品牌的必备产物，事实上微电影并不适用于大多数卖家。然后，好的微电影关键在创意，简单地将产品硬性植入到作品中，自顾自地王婆卖瓜，质量自然会打折。目前大多数商家碍于微电影较高昂的制作成本和推广费用，选择自己拍摄，对产出内容很难把控。好的微电影制作，品牌商一定要与专业的人合作，将制作、执行到推广全部交由广告公司的专业人士去完成，品牌商可在导演、演员选取、剧本创作等过程中参与并提供建议。最后，有些商家认为微电影投入是要马上有产出，事实上话题的发酵也需要时间。

究其本质，微电影是将产品卖点提炼并进行二次包装。故制作商需要洞察目标消费人群的内心需求或憧憬，挖掘生活细节以触动观众内心深处，使之产生共鸣。只有高效的推广创意才能最大化覆盖目标受众，使得营销效果 1＋1＞2。

**专家点评**

**点评：**刘　琪

自媒体人，新商业观察者，福布斯中文、百度百家、钛媒体等媒体专栏作家，原《IT经理世界》杂志编辑、电商产品线总监。自媒体“刘琪的商业观察”（微信 ID：liuqi-guancha），是一本微电商与族群商业的深度读本，以原创深度解读文章为主，粉丝数万，主要聚焦移动互联网下的电商与互联网化变革，以及消费与技术变革下的族群商业实践。

# 品牌崛起的文化秘诀

先扯远一点，有篇文章《85 后，突变的一代》。她问一个 90 后实习生，对某个家电品牌将“有爱的商品”做成营销标签是何感觉，小朋友的回答很直接：这是“卖爱”，不是“有爱”！而且在她眼里，大部分的传统品牌要么没有爱，要么不好玩。

这是一个非常致命的消费文化变迁信号。我们已经从物质贫瘠的年代进入丰饶时代，加之 80 后、90 后群体的主流化以及亚文化族群的碎片化勃兴，大工业时代的制造与营销正面临一种尴尬的“消费断裂期”，专注于解决生存、小康问题的大规模制造模式，正变得迟钝、冰冷、不好玩，而追求卖萌、个性与粉丝经济的互联网品牌，却能够攻城略地。

笔者曾经问过一个营销大拿关于如何代言 90 后的问题，他的回答很干脆：90 后不是不喜欢被代言，但不喜欢被你代言。原因就是，你的品牌是否深入了解 90 后一代哪些细分族群的文化符号？你知道他们崇拜哪些偶像（达人）？你知道他们喜欢玩什么游戏或社交媒体？

从文化的角度看情感营销，也许会提出一些新的命题，比如你所要命中的细分族群是什么？他们都“出现”在哪里？他们有着怎样的亚文化诉求是没有被满足的？如此来分析小熊电器的“爱不停炖”微电影营销，会有一些新鲜的发现。

首先，确定一个细分的族群，挖掘社会断裂期的文化机遇。广告公司给出的一个粗略的判断是，小熊电器的目标消费人群为 25～35 岁女性，他们喜欢她们偏好网购、观看视频，习惯在微博、视频网站、女性论坛上的情感类视频分享、沟通情感类话题。这几乎是大部分第三方公司都能给出的报告，所幸的是小熊电器挖掘到了这一族群的独特文化诉求，比如《爱不停炖 1》实际上切准了城乡二元结构背景下亲情表达的代沟与无奈，《爱不停炖 3》最为有趣，参与感、平民化适合了年轻一族渴望解构主流宏大叙事的诉求，由此引发了更多的族群共鸣。

其次是成为文化代言者，核心是融入族群的生活方式中去。小熊电器的微电影出现在了目标族群经常浏览的地方，比如微博、视频网站、女性论坛等，这比漫无目的地推广要精准很多。尤其值得一提的是，社交化电商与游戏化电商的融合是一块亟待挖掘的处女地，小熊电器通过推出网页游戏，以及新浪微博应用“爱的汤谱”，吸引了 23837 人参与，用户在参与之后的社交分享也相当可观。

某种程度上说，小熊电器的《爱不停炖》系列是用了一个文化支点，撬动了一次针对目标族群的品牌新营销攻势，随之带来的用户认同与销量提升也就在情理之中。

[本案例荣获 2013 年金麦奖 | 数码电器类　入围奖]

# 方太爱告白

在电子商务应用越来越广泛的环境下，老牌的传统品牌上线之后该如何解决产品价格战压力、同质化竞争，平衡传统经销渠道的冲突？

文 | 陈　晨

**项目介绍**：作为老牌传统厨具品牌，方太面对商业环境的变化，迅速上线。为提升电商平台上的竞争力，方太厨具针对目标客户群量身定制了一系列产品，并策划了一场网络营销事件，结合 80 后的情感需求，让情感共鸣并借以快速传播。

**营销背景**：

· 老板电器、帅康电器等大家电厨电产品品牌较早开始投向电商平台。

· 方太急需平衡传统渠道与电商渠道的冲突。

· 方太电子商务的目标群体是 80 后爱网购一族。

**营销策略**：

· 方太“爱告白”以独有的电商故事成功打造了独有的线上产品品系，用社会化媒体数据支撑出一条独特的电商促销路径。

根据网易家居一项“中国厨电设计及消费调查”，方太以 765 票高居版首，老板、帅康、华帝紧随其后。尽管在传统渠道上已经打了一场完美胜仗，但对于电子商务逼近的严酷竞争，作为厨具传统企业的方太受到了很大的威胁。

在电子商务应用越来越广泛的环境下，似乎越来越呈现独树一帜的情况，电子商务成为许多品牌的重要经济力量。老板电器、帅康电器等大家电厨电产品品牌较早开始投向电商平台。方太电商想要从中脱颖而出，必须解决产品价格战压力、同质化竞争，平衡传统经销渠道冲突等问题。在品牌间做区隔，在网络销售设立全新的品牌、产品和服务等，使得消费者无法与原有品牌的产品与服务进行对比，实现电子商务与传统品牌的并举发展。

方太电子商务的目标群体是80后爱网购一族，因此切合受众需求的产品与营销方式是方太电商突围的杀手锏。方太作为耐用消费品，很多消费者在结婚时才会想到买房、买厨卫。就此，针对适龄准结婚新人推出线上定制款产品，再配合社会化营销平台的“告白”活动宣传，方太“爱告白”应势而生。

## 差异化定制

方太如何平衡传统渠道与电商渠道的冲突？电子商务与传统商务，并非是纯粹的竞争关系，处理得当则会协调发展，甚至互为补充，发挥1+1>2的整合效应。差异化在品牌间做区隔，在网络销售设立全新的品牌、产品和服务。即通过内容营销形成电子商务独有的产品和服务体验，达到平衡传统渠道，同时形成核心竞争力的优势，使得消费者无法与原有品牌的产品与服务进行对比，实现电子商务与传统品牌的并举发展，以独有的电商故事成功打造独有的线上产品品系。而“爱告白”则是方太第一款用产品概念与网络消费者沟通的线上定制特供款产品。

赋予全新的产品品系是一个浪漫的情感话题，纯白色的厨电符合年轻人简约风格审美，这个套系也被称做“爱告白”。据了解，方太爱告白项目，致力于整合电商平台与social media平台，利用故事包装产品，打造一场内容性营销。将情感类话题创新应用于厨电品牌包装上，在方太电商微博强势推出“爱告白”产品故事，联合天涯社区、搜狐等媒体平台进行外围炒作，扩大社会影响力，以首款有故事的、独特的厨房电器为卖点来吸引网友关注。

通过对这一款电商特供产品“爱告白”的故事炒作，在全网络为5对情侣告白，这5次各具不同创意的告白活动，提升爱告白电商专供油烟机系列在全网络的知名度。活动进行同时，在方太天猫旗舰店上建立了“爱告白”产品互动专区，通过social media的引导，将目标精准受众引领进方太天猫旗舰店，达到精准互动营销的目的。

“爱告白”正式启动短短几个月时间，迅速攻占主流社会化媒体网站，在网友中掀起了巨大的声浪，活动期间仅微博提及率就高达163898378次，百度搜索量不断攀升至120100次。同时，信息流精准导向方太天猫商铺，带来的流量高达288085次，“爱告白”销量更一度突破6851套。

## 情感化包装

同质化竞争是难以避免的。在产品类似，服务差不多，功能利益点又一样的情况下，该如何建立品牌的确是一个难上加难的问题，这时，说实话近人情的社会化媒体成为品牌商们的首选。社会化媒体更容易使消费者拉近与品牌的关系，在交互式的对话中产生对品牌的好感。社会化媒体对于品牌的另外一个作用，是可以在无形之中使品牌产生一种人性化的形象，具有一定的人格，利用内容营销，帮助方太电商创造差异化竞争优势。方太在铺垫线上专供产品之后，以内容包装产品，实现内容营销，将情感类话题创

新应用于厨电品牌包装上，在方太电商微博强势推出“爱告白”产品故事。

一个传播度高的话题对于社会化营销来说尤为重要。5次各具不同创意的告白活动中，其中引起最大关注的还要数方太爱告白之想你33天。“在一次偶然聚会中，广东小伙王宇邂逅了美丽的上海女孩周慧，心生倾慕。然而1804公里的地域差却让小伙胆怯了。他只能默默地关注女孩的微博，在每一个想念的时刻，拿起相机拍下天空的图片，标下日期，珍藏。在偶然的一次浏览网页，王宇看到了方太‘爱告白’的征集活动，便按捺不住了，他拿出33张珍藏照片，准备报名参加活动。”这种小清新的80后的异地恋爱情故事容易在年轻人中传播开来，从而引起准婚族这一目标消费群体的共鸣。有了容易传播开的话题，那又该如何传播呢？

首先，男主角微博预热。维护男主角的新浪微博，以想念、天空和女主角为主题的内容为活动逻辑性预热，便于后期的网民深入了解故事始末。

其次，Banner展开告白行动。天猫旗舰店活动页面发布行动预告。以男主角拍摄的33张天空照片为背景制作33张带文案和日期的浪漫微博告白背景板。淘宝旗舰店上“想你33天”告白活动专题页面上线，提供行动中新浪微博背景模板的下载。方太电商微博呼吁网友下载旗舰店发布天空模版网友替换至个人微博主页背景模版，帮助展开告白行动。

再次，利用淘宝内部的资源对事件进行扩大。方太淘帮派对“想你 33 天”33 组天空模板进行图片投票，宣传本期“想你 33 天”的告白行动的同时，鼓励更多帮众下载自己喜欢的天空背景模板。

然后与其他知名实体进行合作，帮助男主角准备告白。野兽派花店是顶级花艺爱好者组成的一个微博花店，通过私信订购，经常有明星预定和互动，拥有 6 万多的粉丝。根据顾客的用途、顾客想要表达的情感进行设计，且每一束花都有它独有的而浪漫的名字，被不少年轻消费者所追捧。由此，方太电商微博与 @ 野兽派花店互动，帮助男主角准备“想你 33 天’的告白花束，为男主角的告白制造热度。

最后，男主角微博真诚告白。送出鲜花的当天，男主角通过微博告白。告白内容是通过拍摄当天上海的天空照片 @ 女主角，展开告白等待女主角的回应。方太电商微博直播男生告白全程，告诉网友告白结果。

再好的社会化营销效果最后还是要回归产品与品牌本身。方太天猫旗舰店上建立了“爱告白”产品互动专区，运用强大的数据库监控、分析技术，对抓取到的网络资源进行梳理和整合，实现平台间的信息互通，以达到数字化精准互动行销的目的。对新婚族群

进行独特的新婚优惠和促销计划；同时还通过精准的数据库和微服管理，针对都市新婚等族群，监控、分析、影响和促进，对每一个可能的新婚潜在消费者给予跟踪、EDM 或者其他促销形式，实现数字化精准行销。

**专家点评**

**点评：**杨风召

南京财经大学国际经贸学院教授，复旦大学博士，澳大利亚悉尼科技大学访问学者，多次在江苏电视台和南京电视台担任电子商务节目评论嘉宾。研究方向为电子商务、商业智能和互联网广告。主持或参与国家 863 项目、国家自然基金项目以及省部级项目等 20 多项，政府咨询和企业委托项目 30 多项。在国内外重要刊物以及国际会议上发表论文 20 多篇。出版教材 4 部、专著 2 部。获省部级科技进步奖 2 项，市级科技进步奖 5 项，市级优秀自然科学论文三等奖 2 项。

## 事件营销目的明确

这是一个典型的网络事件营销案例。通过几段网友感人的爱情故事引起消费者的兴趣与关注，以达到提高方太“爱告白”系列产品的知名度、美誉度，树立良好的品牌形象，并最终促成产品销售目的。该案例有以下几个特点：

线上线下品牌区隔——针对方太多渠道营销的战略，专门建立了网上品牌“爱告白”，对线上品牌和线下品牌进行区隔，避免了线上和线下销售渠道的冲突。

目标用户准确定位——营销方案专门针对正在热恋中即将结婚的青年人，厨电是大多数人装修婚房的必备消费品。

热门话题易于传播——选择目标用户最感兴趣的话题“向爱人告白”，通过主人公感人的爱情故事，引起目标用户群体的共鸣，利于话题的快速大范围传播。

多种手段相互配合——综合利用天猫旗舰店、淘帮派、微博等多种手段扩大活动的覆盖面，提升活动的影响力。

鼓励用户积极参与——从男主角微博预热、天猫旗舰店背景图片下载、淘帮派背景图片的投票、野兽派花店送花到男主角爱告白微博全程直播，植入大量的参与性和互动性元素，更能激起用户参与的热情。

合作伙伴微博互动——由于二者的目标用户有较高的重合度，方太电商微博与拥有6万多粉丝的野兽派微博花店合作，与野兽派花店进行互动，由野兽派花店帮助男主角准备“想你33天”的告白花束，为男主角的告白制造热度。

数据分析精准营销——对活动产生的数据进行分析，了解每个潜在用户的特点，为新婚族群制订有针对性的新婚优惠和促销计划，对每一个可能的新婚潜在消费者进行跟踪，采取EDM等手段实现精准营销。

从这个案例可以看出，该营销活动具有很强的目的性——提升方太网络品牌的知名度和影响力，并最终达成产品销售。围绕这个目标，从产品设计（“爱告白”系列产品）、目标群体定位（即将结婚的青年人，他们是网民的主力军，也是产品的潜在消费者）、营销手段运用（SNS营销、事件营销、互动营销、联属营销、数据库营销）、活动话题制造（“向爱人告白”容易激起目标群体的兴趣和热情）、合作伙伴的选择（合作伙伴的客户与活动目标群体高度一致性）、活动过程策划（从活动预热、用户参与、话题传播到爱情告白，一步步将活动推向高潮）都经过精心的规划和安排，集新闻效应、广告效应、公共关系、形象传播、客户关系于一体，最终取得了很好的实效，KPI全部超出了原来的预期。

无疑这次营销活动是成功的，“方太爱告白”也是一个成功的网络营销策划案，从中可以得到很多有益的启示。另外我们还可以考虑增加用户参与和互动的激励性元素，进一步增强活动的参与性，也可以直接打通营销活动和产品购买的通道，如用户下载和转发活动内容、向自己的爱人表白都可以获得一定的积分或其他奖励，当购买产品时能获得一定的折扣优惠等。

[本案例荣获 2013 年金麦奖 | 数码电器类　入围奖]

# 联想乐 PAD《爱在线》小熊开店

卖萌营销的关键是既有萌点又有互动。一个成功的萌点一定是能同消费者产生互动和话题的点。

文 | 陈　林

**项目介绍：** 联想乐 PAD 的难点在于市场认知度不高。提起 PAD，消费者的第一印象就是苹果或三星的。因此，乐 PAD 在营销上主要把握的就是如何提高品牌辨识度。这时就用到了品牌的卡通形象“酷库熊”，刚好彼时业界流行“卖萌”，酷库熊呆头呆脑的形象很容易激起女性消费者喜爱。找到结合点后，乐 PAD 再进一步将酷库熊作为情侣间传递爱意的“爱神”，如此，想不俘获芳心都难。

**营销背景：**

· 萌营销是当前的热门营销手段。

· 电子产品价格战严重，乐 PAD 的品牌认识受挫。

· 乐PAD想借助“萌”来突围。

**营销策略：**

激活被“冷藏”多年的酷库熊，同时借助熊的形象与消费者加强互动，来拉近与消费者之间的距离，并提升辨识度。

2013年夏天，可口可乐狠狠来了一把“卖萌营销”，其新包装上打上了“萌主”、“纯爷们”、“女汉子”、“吃货”等标签，这一改变引起了年轻人的热议。同时，一贯善于情感策略的可口可乐，也赢得了大量的中国年轻消费者。

那么，提到同样受年轻消费者青睐的PAD，你会想到什么品牌？苹果iPad、三星PAD。虽然联想PAD产品销量在2012年已经突破96万台，超越三星成为中国第二的PAD产品提供商，但是你很难想到联想乐PAD。这是一个很尴尬的现实，在中国，最大的民族IT品牌却无法得到中国消费者的关注。

## “代言人”再出道

究其原因，在前期抢占市场份额时，联想乐PAD通过价格优势，占了些便宜，迅速赢得大量消费者。但是各式各样的

step1：进入熊孩子の窝小店

Step2：挑选自己心仪宝贝

可以是一盒巧克力，一个玩偶

Step3：给小熊讲亲的爱情故事或爱的愿望

促销，也让消费者形成了等促销才购买的惯性，导致产品内涵流失，消费者逐渐淡化了对联想乐 PAD 的品牌认识。这直接造成了一个结果，虽然销量有了明显的提升，但是被干巴巴地贴上了“低价”、“实用”等标签，产品溢价极低。

消费者与产品之间品牌纽带缺失，除了机械化地加大品牌广告投放，如何实现品牌软着陆至关重要。2013 年，联想推出全新平板手机之时，深刻地意识到了这点。为了补救消费者对品牌的好感度，联想乐 PAD 也玩起了“卖萌营销”。不难发现，PAD 的目标市场聚焦在大学生和年轻白领身上，而这拨人有一些共同点：依赖网络、热爱动漫和对真挚感情的渴望。因势利导，“卖萌计划”第一招请出被“冷藏”多年的品牌卡通代言人酷库熊。出发点源于 2008 年酷库熊因一部《爱在线》网络爱情电影成为联想笔记本的卡通形象代言，当时酷库熊被许多网友赋予“憨厚、可爱”等标签，形象本身有极强的亲和力。但 5 年过去，酷库熊的知名度已大不如前，并且与联想乐 PAD 的产品挂接度很低，要想利用酷库熊为产品背书，必须激活酷库熊在消费者心中的“萌”形象。

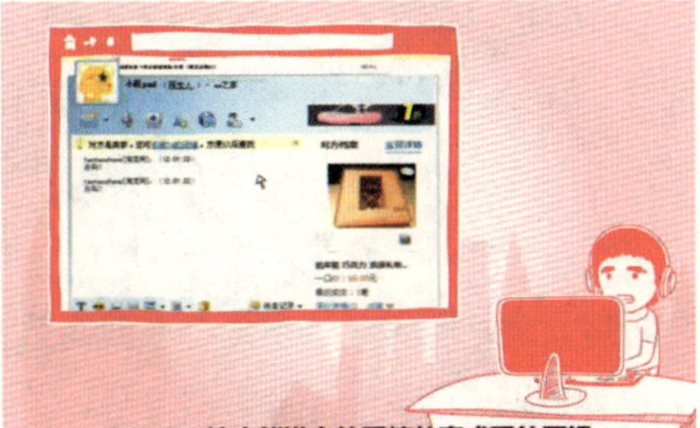

Step3：给小熊讲亲的爱情故事或爱的愿望

价值不菲的商品瞬间变得唾手可得

Step5：熊孩子亲自扮成快递员送货上门

熊孩子可能还会为你的爱情推波助澜

事实上，“卖萌计划”当时实际拥有的推广资源有限，甚至没有相应的媒体推广费用配合。如何让仅有的一些酷库熊产品周边衍生货物价值最大化，借助什么渠道让酷库熊重新进入人们的视野，就成了“卖萌计划”项目组重点思考的问题。“其实电商平台巨大的流量使其天然拥有媒体属性，钱物交换的平台未必不适合做社会化营销。”项目组的一个发起者这样描述当时的想法。2013 年 6 月，酷库熊借淘宝复活，并开起了一家名为“熊孩子の窝”的 C 店。关于酷库熊的初衷，项目组想得很清楚，那就是挖掘“欲望”，“品牌”更多的是满足用户的精神需求和心理欲望，而不是简单的功能需求。

## 卖萌不卖货

卖萌营销的关键是既有萌点又有互动。一个成功的萌点一定是能同消费者产生互动和话题的点。有意思的是“只卖萌，不卖货”、“本店指定快递为：酷库熊快递公司”等这样的政策被酷库熊的网店贯彻到底。据“卖萌计划”项目组介绍，他们让酷库熊承担起了掌柜、店小二和快递员的角色，顾客分享自己的爱情故事给酷库熊店小二或许下自己爱的愿望，“熊小二”则会根据故事或愿望的感动程度评分给出相应折扣，甚至免单。另外，酷库熊还会亲自扮成快递员送货上门，为每一个顾客带去惊喜。活动高峰时，顶着 40 度的高温，酷库熊忙碌的送货身影甚至出现在大街小巷，将一个个带有酷库熊形象的乐 PAD 后壳、乐 PAD 耳机、酷库熊人偶送到顾客手中。

萌点引发传播。之所以要酷库熊亲自身兼快递员，用意是要让酷库熊开网店这样的故事借助微博、微信等社会化营销工具形成网络传播，卖萌的同时产生了大量话题。而收到“熊小二”送出货物的顾客会将酷库熊送货的照片分享到自己的社交工具上。此外，“熊小二”也将收集来的爱情故事整理转发到了联想平板电脑的官方微博，继而带动酷库熊淘宝店的新一轮访问高潮。

淘宝数据显示，截至 2013 年 8 月 15 日，在没有任何推广资源引流前提下，“熊孩子の窝”店铺浏览数达 21890，收集关于爱的故事 1000 多个，与消费者产生直接旺旺沟通 832800 人次。消费者自发的新浪“联想小熊 PAD”微博数从 0 提升到 2369905，出现在了各个媒体报道中的联想 PAD 有了新的昵称“小熊 PAD”。10 月，联想因为本次成功的推广，将酷库熊的形象放到了 PAD 的机身上，推出了限量版的“小熊 PAD”。至此，酷库熊成了消费者与品牌之间的一座友谊的桥梁，有效地修复了联想品牌与消费者的关系。

“3B 原则”。值得一提的是在传统的营销理念中，“3B 原则”作为广告创意表现长盛不衰。从我们日常所接触到的广告中不难发现，婴儿（Baby）、动物（Beast）、美女（Beauty）作为广告画面的主角是最能引人注目的，而酷库熊正是符合了其中之一的属性。

**专家点评**

**点评：**庐陵子村

庐陵子村，原名彭勇，江西吉安人。互联网从业者，专注于社会化营销及新媒体公关。出品自媒体品牌（书客），微信号：shukewenzhai。

## 抓住社会化营销本质

很多人一说到社会化营销，马上就想到了微博营销，而一想到微博营销，就想到发帖、删帖。这个逻辑线说明了一个很明显的问题，社会化媒体已经被玩坏了。渐渐地，它们只是变成商家传播的一个渠道。而我们在社会化媒体做的事，甚至连传统广告都不是。

说实话，这是一个悲哀。本来社会化营销真正做的事是与消费者互动，而现在变成向消费者传达信息。过去的营销标准是 360 度整合，讲究逻辑、规模、渠道，而现在社会化营销要寻求的是 365 天的消费者接触。其中的区别在于，过去讲究信息传达，现在讲究信息交互，并建立品牌人格和情感。

大家都说杜蕾斯的微博做得好，真的只是因为段子好玩，内容擦边么？不是这样的，杜蕾斯微博成功的背后是品牌人格的塑造和与消费者情感的建立。

只要你关注杜蕾斯官方微博一段时间，就能感觉到其这样一种形象：有一点绅士，有一点坏，懂生活又很会玩，就像夜店里的翩翩公子。在这样的定位下，其涉及的话题范围更广，与粉丝进行互动，语态也更加轻松诙谐。久而久之，粉丝意识到，杜蕾斯不只是一个品牌，更是一个活生生、有个性的人，跟它交流是很开心的事情，品牌形象跃然微博上。

所以，真正的社会化营销是玩交互的，而不是单向信息推送的。这一点，联想乐 PAD 小熊开店这个案例就做得很好。

先问个问题，提到 PAD 你会想到什么？苹果 iPad？三星 Garlxy NOTE？会想到联想乐 PAD 么？相信大部分人是想不到的。数据显示，2012 年联想平板电脑消费者关注度仅为 11.8%。然而，2012 年联想 PAD 产品销量已超越三星成为中国第二的 PAD 产品提供商。

为什么会出现这个情况？其实背后的原因很简单，联想的销量是与各色的促销和运营商合作起来的，也就是说很多消费者购买联想 PAD 是冲着价格去的，品牌并没有对购买形成增值。可想而知，这对于一个品牌而言是多么可怕。

所以，基于这个背景，联想推出了一系列情感营销的活动和微电影。如《爱·在线》，对于品牌形象的丰富起到了不错的作用。就这样，小熊开店这个案例就是在这样的背景下推出的。总体而言，小熊开店很成功。首先，策略新颖。如刚才所言，联想品牌的产品内涵开始流失，消费者也淡化了对联想品牌的“爱”。如何在短时间内重新构建非常重要，像杜蕾斯一样做微博？太慢，而且情感建立不够直接。所以，联想就想得很聪明——在淘宝开店。以乐 PAD 的形象小熊的名义在淘宝开店，然后出售小物件。消费者只需参与相关活动就可以“免费”购买到。之后消费者会收到由小熊快递员送过来的礼物。这个活动自始至终都需要消费者“强参与”，也因为这样，品牌形象在消费者的心中输入得也越鲜明。

所以，这个案例诠释了社会化营销的真正意义。最关键的是，它没有沉浸在渠道的思维框架里，敢于突破，竟以开淘宝店的名义做互动营销，而且是以线上、线下互动为闭环的，整个案例下来，不得不点赞。

金麦奖
golden wheat
awards

## 优秀案例

## 食品饮料类

[本案例荣获 2013 年金麦奖 | 食品饮料类　金奖]

[本案例荣获 2013 年金麦奖 | 最佳社会化营销类　入围奖]

# 消费族群代际传“橙”
# ——褚橙的年轻化口碑营销

让品牌也不例外，人们熟知褚橙只是第一步，做产品的核心和目的是打造自己的品牌，电商。

文 | 范　越

**项目介绍：**昔日烟草大王褚时健年逾八旬种橙子东山再起，再没有比这更传奇的故事能够为跌宕起伏的人生做注脚了。从 2012 年的励志橙到 2013 年的年轻牌，为了将其向全国推广，本来生活网酝酿了一系列基于个性化定制包装的营销，通过个性、幽默、娱乐的方式与年轻人互动，笼络了更多的年轻消费者。

**营销背景：**

· 2012 年，借褚时健励志故事营销，褚橙主要被 60 后、70 后热捧，这消费第一批褚橙的中坚力量不足以消费 10 倍的褚橙。2013 年的褚橙营销，需要面向更年轻的消费者进行推广，将这部分目标受众转化为新晋消费主力。

· 如何让消费者将“真褚橙”与“本来生活网”自然联系是今年营销的另一个挑战。

**营销策略：**

在品牌力相对还较弱并不被人熟知的情况下，通过少量单品引爆关注度，然后利用爆款产品和品牌捆绑营销的方式来建立影响力。

2012 年京城一季销售 200 吨的“牛刀小试”后，褚橙 2013 年彻底引爆全国市场，创造了 10 倍于去年的销量。同时，关于这颗橙子的话题更如病毒般蔓延开来。就像人们容易只记得台前光鲜的主角而时常忽略幕后工作者一样，本来生活网作为不直接生产产品的经销商身份，营销不当则会导致人们牢牢记住褚橙，而忽略背后推手的电商。所以，在单品走红的同时，如何建立两者的自然关联，打响自身电商品牌也成为本来生活网在策划这一场营销活动中不得不思量的问题。

## 爆款理论

任何营销产品都是核心，也是首要考虑环节。相比前一年 200 吨的销量，2013 年的本来生活网指定的目标是 10 倍于去年的销量，扩大知名度及消费群范围成了重中之重。

用褚橙来带动电商品牌效应的做法，商业趋势观察家肖明超将其归结为“用爆款产品支撑品牌提升”。也就是说，在品牌力相对还较弱并不被人熟知的情况下，通过少量单品引爆关注度，然后利用爆款产品和品牌捆绑营销的方式来建立影响力。仅在淘宝上这样的爆款理论就为不少品牌打响了名头，举例为证：爆款酸奶机让消费者知道了小熊电器；爆款衬衫让优鲨席卷男装界。显然，这一方法在电商平台的品牌塑造上依然适用。有品质的橙子加上一代商界大佬褚时健历经磨难的创业和人生故事，造就了这个产品天然的独特性甚至是唯一性。

不过，选好够给力的产品仅仅是营销的开始，制作有爆点的话题并使其发散开去是接下来的核心重点。用本来生活网运营中心副总经理唐宋的话来说，社会化营销就像一个火种，你把火种投出去以后就看他自己燃烧了，如果没有褚老用生命种橙子的精神，所有的一切都是空的。但对于策划方来说，2012年的经验是成功也是更大的挑战，同样的产品如何在更广泛的市场和消费人群中获得认可，在褚橙已具备一定知名度时，各种渠道的山寨褚橙层出不穷，迫切需要为渠道正名。已经知道爆款被山寨，产品被同质化的趋势是无法避免的情况，那么个性化定制的幽默问候箱为励志橙接上了互联网思维的地气，并从爆款堆里重新打开了一条生路。与此同时，本来生活网被褚时健授权为销售褚橙的唯一电商平台，让消费者将“真褚橙”与“本来生活网”自然联系。

与2012年相比，今年的营销目的是捕获网购中坚力量80后群体的“芳心”，在此过程中，各路大V、明星、达人在社交媒体上的无偿“晒橙”，成了将话题和销售引向高潮的关键所在。当然，作为另一条主要传播路径的80后新生代偶像系列故事片的网络扩散，已将励志的概念经过重塑再以年轻人更易接受的方式传播开来，引起话题热议。而此番韩寒、蒋方舟等的一一亮相，献身说“橙”，更引起了用户的主动搜索和分享。

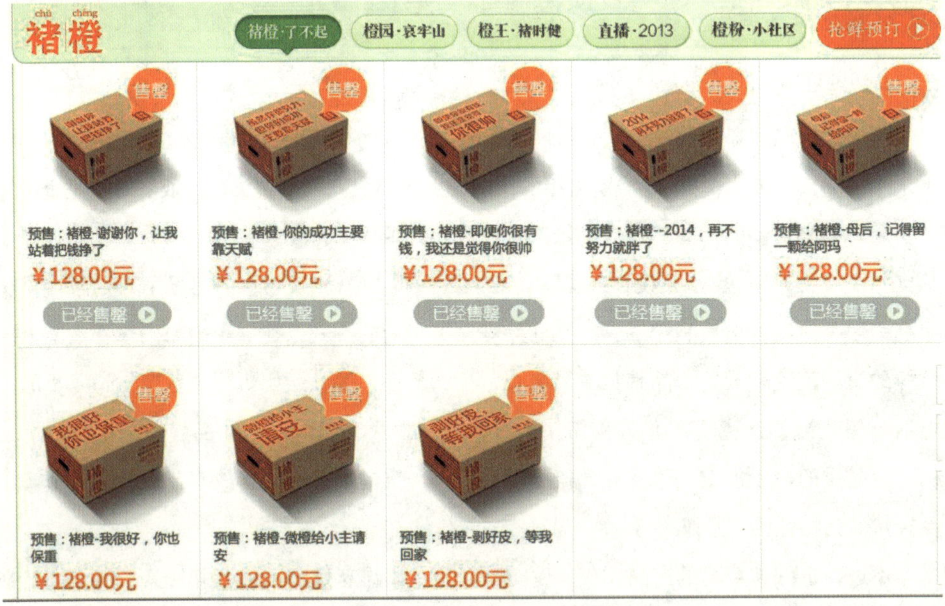

## 媒体化电商

是什么“操控”了这些偶像卖力地为褚橙站台？

首先是产品号召力。韩寒就公开表示褚老是他极其尊敬的前辈，还为其写过一段话：“我欣赏所有跌倒后能爬起来的人，尤其是那些被人身后推倒而非自己跌倒的那些人。”这其中，本来生活网作为一家媒体化电商，掌握的媒体和人脉资源是很多专业广告和营销公司无法望其项背的，这种得天独厚的优势帮忙搞定一些其他途径不容易搞定的事情。《本来生活》杂志与触动传媒合作，在北京 20000 辆出租车上发送读物，向每天数十万的乘客传播。特制褚橙外包装箱，印制了公司信息及褚橙的广告语，承载了二次传播的功能。

说到有心思的个性化包装，唐宋坦言，这是实现产品和平台关联的另一种捷径，“这甚至是今年整个营销中最成功的一笔”。印有“即便你很有钱，我还是觉得你很帅”、“微橙给小主请安”等话语的“幽默问候箱”带着“本来生活”的标志高频亮相，扩大知名度的同时，也让受众将两者关联程度上升到“买褚橙，上本来生活网”的层面。结果是，这种包装盒推出两周就在网络上售罄。

由两者联合带动的是媒体和公众对于生鲜农产品电商和新兴消费模式的关注。对于策划方案来说，面对差异性较小的产品，如何制造附加值效应，在产品之

外开拓引起受众关注的话题内容，是“褚橙”提供给同行的宝贵经验之一。仅 2013 年褚橙销售期间，本来生活网每天的新用户注册量就达 3000 人。

传奇不可复制，也不会有第二个褚橙，那是因为 60 后、70 后们熟知褚时健故事，对其跌宕人生故事有时代共鸣，由此推崇他的古稀再创业的精神，当褚橙被奉为“励志橙”，消费橙子已经成为一种精神激励式的消费。褚橙在这两代人中已经形成自然销售。80 后、90 后的新一代年轻人远离褚时健风云年代，需要从他们的角度去解读一种新包装的褚橙励志精神，这种励志精神，需要有更年轻的态度，贴近年轻人的文化，才有更高接受度。

但在案例之外，可学习的是定位目标人群、传统媒体引入、新生代偶像作为意见领袖的社交媒体引爆以及个性化包装强调二者关联的营销路径，这些都具有典型的可借鉴意义。

**专家点评**

**点评：**苏　然

妙创意电商品牌设计有限公司联合创始人，南慕家族、淘宝 3C 配件 TOP 副总经理，mooke 品牌总监，曲美家具集团顾问，网商动力、京东大学、优米网等多家培训机构讲师。

## 让你丫传“橙”，你就传么？

“励志橙”的传承，吸引年轻意见领袖用户。一个看起来轻松简单的案例，你只需要花点钱，找点关系，搞点媒体，敬个礼的同时也敬点“礼”，让韩寒哥几个对“励志橙”点个赞，就齐活。但，这个案例却给了俺们当头一擦擦！还能不用钱让名人帮你自发式传播?

This is a 中国名人效应营销教科书案例，in this 案例里。名人 is a 真爱，not a 买卖。

坊间有个传说，在很久很久以前的一架没有失联的飞机上，爱马仕时任总裁 Robert Dumas，偶遇了当时刚刚怀孕的好莱坞摩纳哥王妃女神级明星 GRACE KELLY，他狡猾地搭讪王妃对爱马仕品牌的建议，与此同时哥们也精准洞察到了王妃的需求——开发一款手袋，帮助王妃遮盖日益隆起的小腹。不久后，HERMèS 的手提袋成为了世界上被曝光最多的一件时尚单品，多张传世的王妃照片里，HERMèS 手提袋成为一个时代的烙印。HERMèS 公司在 1956 年联络摩纳哥王室，征得格蕾丝王妃的同意，以她婚前的娘家姓氏 Kelly 来重新命名这款经典的 HERMèS 手袋，也就是现在被奉为奢侈品圣品的凯丽包。

凯丽包依靠王妃自发式不懈的努力推广，让当代曝光率最高的人，诸如温莎公爵伉俪、小森美戴维斯、英格丽·褒曼、罗兰巴高、亨弗列·鲍嘉、肯尼迪夫妇及各新晋巨星，均免费助上头条。如今，凯丽包成为 HERMèS 最赚钱的单品之一，即使 3.5 万人民币以上的普通手袋，订单爆满，你得等上两年。

消费者不是傻子，他们明白啥是真爱，啥是买卖！韩寒在多年前自发推广的某岛国爱情动作片大师松岛枫女士，在当年，没有任何直通车及广告推送情况下，已创造下载奇迹。而韩寒代言的雀巢咖啡，一直也无法让消费者从咖啡里“喝出敢性”。倒是“活出敢性”的文章事件后，大家对“且行且真实”产生了强烈的思想共鸣。所以，一个好的名人效应传播，必须是真实的爱、真实的情感、真实的表达，而不是名人肉体广告位的购买。

“励志橙”此次营销的成功，在于对名人需求洞察的真彻，通过幽默箱的方式，博名人一笑，让他们体验了啥叫量身定制、啥叫懂你，啥叫在你的骚点挠痒痒。试着想想，一个前辈大师传奇人物给孩子辈送礼，写的不是“祝你好好学习，天天向上”而是“我知道你，不止读过你的书，我还用过你的 APP，甚至懂你心，我是你粉丝，你是唯一的、伟大的孩子”。你说这孩子，不得激动得热泪盈眶、奋勇“传橙”?

于是，韩寒公开表示褚老是他极其尊敬的前辈，还为其写过一段话：“我欣赏所有跌倒后能爬起来的人，尤其是那些被人身后推倒而非自己跌倒的那些人。”韩寒从来没有为哪个品牌如此卖力地宣传过。

本案例在品牌调性上，做到了贯彻一个“励志橙”的基本品牌中心不动摇，大力发展年轻市场群体洗脑开发新路线。积极实施了两条品牌传播线——1.表面向褚橙敬礼，2.背后用褚橙敬礼。坚决贯彻了两条传播线——品牌、公关都要硬的行动口号。深入洞察了广大代言名人内心的疾苦，踊跃开展名人争相学习励志褚橙兴趣小组，建立名人与本来生活网的友好关系，创造效益共赢，实现送礼自主。情为名所系，利为名所谋。深入强化了“励志橙”的品牌性格，极大增强了年轻群众“励志橙”观念。受到广大 80、90 后们的高度赞扬。

[本案例荣获 2013 年金麦奖 | 食品饮料类 银奖]

# My Starbucks Rewards™ - 星巴克香港

会员是一个品牌最忠实的消费者，星巴克利用 APP“绑架”会员，对会员进行多次营销，直接促进销售，值得那些做了 APP 却不知如何推广使用这个渠道的品牌学习。

文 | 王 骏

**项目介绍：**星巴克（Starbucks）是美国一家连锁咖啡公司的名称，1971 年成立，是全球最大的咖啡连锁店。随着智能手机和 ipad 等移动终端设备的普及，人们逐渐习惯了使用 APP 客户端上网的方式。2012 年，星巴克团队制作了一款会员性质的手机 APP，用前所未有的方式率先占领无线应用端。

**营销背景：**

· 虽然目前星巴克是亚太地区连锁咖啡品牌的领头羊，但面对愈来愈多的竞争对手，其必须巩固行业地位。

· 星巴克门店本身对客户有极大的招徕能力，另一方面随着门店网络的极速扩展，提升用户的光顾次数和忠诚度成为当下亟需解决的问题。

· 忠诚计划在港澳已非新鲜事物，如何以崭新的手法推行计划，令顾客趋之若鹜参与，是此次营销活动胜负的关键。

**营销策略：**

光顾过大陆星巴克门店的消费者应该对销售员推荐的“星享卡”印象深刻，购买“星享卡”成为星巴克会员，其实就是一种预付费制度，保证公司具有更充沛的现金流，而多买多赏的奖励计划有助于刺激消费，提升复购率和客户忠诚度。虽然其背后拥有完善的CRM系统，但这种形式依然是老套的会员卡营销。在香港和澳门，星巴克创新的利用手机客户端代替实体卡和扫码，更有助于用户即时管理自己的会员信息，游戏化的界面设置能取得更好的用户体验，并引导用户参与门店的优惠活动。

2012年5月2日起，星巴克发布My Starbucks Rewards手机会员端APP，主打思路就是将会员系统蔓延至手机端，全方位“绑架用户”。

## “无线”可能

作为一家全球连锁的餐饮企业，星巴克通过布局线下门店实现渠道扩张，传统的品牌宣传和会员管理系统仅在PC互联网实现。而随着智能手机的普及，移动APP的兴起，星巴克看到了借由 APP 实现会员管理，占据用户更多的碎片化时间，并利用其较强的互动性实现用户黏度和忠诚度提升的可能。

于是，星巴克选取中国香港与澳门地区作为试点，推行 My Starbucks Rewards™ 计划，开展会员 APP 的推广活动。此次试水考量的维度有三：

1. 港澳地区是大中华区网络覆盖和智能手机拥有率最高的片区，其强大的 2.5G/3G/4G 网络覆盖支持着超过 1000 万的用户，当地智能手机渗透率高达 230%，适宜类似 NFC 手机支付的推广。

2. 游戏化界面用户体验佳，并在星巴克会员 APP 操作性上降低了门槛，增强用户的参与度，同时有助于用户及时获取线下门店的优惠信息，提升复购率，刺激多次消费。港澳地区的消费者尝鲜能力较高，且人口密集度高，非常适宜在这个区域进行投放。

3. 星巴克在全球范围内发行星巴克卡，会员数量庞大，利用手机 APP 提升其用户群的新鲜感和用户黏性，是合理需求，同时也可利用这个契机帮助用户改变消费习惯，而港澳地区国际品牌云集，时尚潮流度高，品牌竞相发布最新活动，消费者的尝鲜能力较强。

## 最低营销成本

因为竞争导致营销成本上升，间接影响产品价格的上涨，这是谁都不愿意看到的结果。相比其他渠道而言，无线端的投放成本相对较低。星巴克在品牌宣传方面保持着较为低调的形象，品牌调性所导致其并不适用于铺天盖地的电视广告和户外灯箱，年轻化的星巴克受众让其在 SNS 平台上的人气颇高，仅星巴克 facebook 专页就拥有高达 23 万的活跃粉丝。另一方面，随着香港本土明星加入，也为额外增添了不少公众曝光度。

品牌除了将星享卡的功能植入 APP，实现移动端的会员管理外，也增加了一些新的功能：如活动信息发布、新品宣传，店铺搜索导航等实用信息与服务。相比传统弹出式漂浮式的网络广告，手机应用的转化率更高，本案中星巴克就是利用小游戏提升了用户参与度，并将 APP 下载的二维码地址公布于实体店铺内。此外，在选择广告投放渠道上也颇接地气——针对性地选择了 facebook 的移动端进行合作，在港澳地区用户参与度与互动性最强的社交网络平台占据用户的碎片化时间。

以此，星巴克利用最低的营销成本获取了大批精准的客户群体并与其形成了高度的联动，且通过精良的视觉设计给用户带去良好的用户体验。

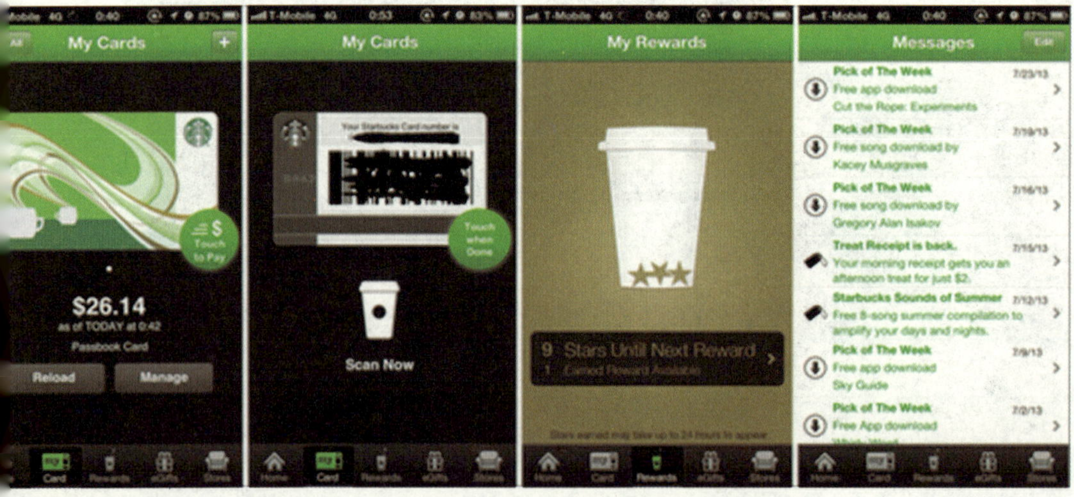

## 涟漪效应

据官方数据显示，My Starbucks Rewards™ 计划推出两个月，有逾 7 万位香港及澳门地区注册会员；超过 1.3 万位晋升绿星会员；更有超过 3000 位晋升金星会员。推出首月，星巴克卡发售增幅超过 500%；使用频次增幅超过 300%；门店港澳地区的营业额亦取得快速增长。撇开数据不谈，业界看到更多的是用户参与度的提升。

会员制的核心在于，通过一系列会员专享的优惠措施，建立起会员的优越感，同时也让这部分用户对品牌更为忠诚，使其成为品牌推广和口碑传播的中坚力量。而星巴克利用移动 APP 来建立会员体系与移动互联时代用户数据获取的便利性、高渗透率息息相关，根据数据筛选和分析，将用户分类，并针对不同的用户群体推送个性化信息，以此提高品牌的服务质量，此种策略是优化其会员体系的绝佳方案。另外，忠诚会员计划是未来商业发展的大方向；而移动客户端，将变成商家必争之地。在手机普及率和使用率越来越高的今天，手机 APP 怎样为市场营销服务，是行业思考的命题。以智能手机 APP 搭载忠诚会员计划，是星巴克的一次成功尝试，也是同行参考的范本。

该案例还有哪些值得借鉴的地方呢？作为全球较为成功的餐饮连锁品牌之一，没有耗费巨额的广告投入，而是低调地将注意力集中到了品牌 APP，实际上是其会员体系的辅助程序，以为用户提供便利为由，借机抢先引导用户进行移动支付；在巩固既有会员群体进行多次消费的同时，招揽更多顾客加入星巴克会员体系。单纯的依靠硬广去拼个你死我活的时代已经不适应于当下，对于品牌而言，老客户的价值比新客户更高。在国内，星巴克也在推行其会员计划，提醒客户在消费前出示会员专有的星享卡并在消费前后都会告知您卡内剩余优惠券数量和过期时间，所谓 CRM 不仅仅一条短信问候或者电话祝福。

**专家点评**

**点评：** 贾　育

中科院软件所博士，电子科技大学特聘教授，江苏省高层次创业创新人才，昆山市领军型创新创业人才，美国卡内基梅隆大学（iCarnegie）授权讲师，台商电子商务“两岸和商网”创始人、总经理，民生银行社交网络总架构师，2005 年中国教育电子公司总工程师、工信部电子发展基金专家。

## 预付卡营销新体验

预付卡营销是一种常规的营销手段。区别于通用型预付卡，星巴克卡是一种特定商户的预付卡。对商户而言，此类卡除了预先付费，更大的好处是刺激重复消费，加强用户的忠诚度；对消费者的价值，不但支付便捷，而且通过打折，从而得到实惠。

从 1983 年日本开始发行预付卡至今，预付卡的商业形态几乎没有改变，外形是印有精美图案的塑胶薄卡，遵循的消费过程也没变：消费者从商户处买卡预交定额现金，持卡到场消费，商品打折或给予积分优惠。但是，随着发卡数量越来越多，其弊端也在出现：

1. 用户价值单一。仅仅是“支付手段＋打折优惠”的客户服务。

2. 用户体验不佳。在众卡泛滥的今天，消费者携卡出门已是一种负担。

3. 缺乏会员互动。预付卡制度的本质是会员制，会员在意的不仅限于优惠，而是他们在商家服务中的特殊地位，甚至是消费者对商家及其产品的文化认同。

4. 卡的销售渠道不畅通。虽然预付卡只是一种凭证，由于卡的实物形式，注定了它的销售和普通实物商品一样。

那么，让我们看看“My Starbucks Rewards™-星巴克香港”在怎么做？

**星巴克营销传播活动的核心创意是：以智能手机 APP 搭载及推广 My Starbucks Rewards™ 会员奖赏计划。**

星巴克首先将卡虚拟化、数字化之后植入手机中，以手机应用程序 APP 替代传统实物卡，APP中的条形码作为支付凭证，便捷和新颖，用户体验得到很大的提高。实现了营销目标："以星巴克卡功能优化为契机，改变传统消费习惯和支付手段。"

将星巴克卡虚拟化的第二个好处是销售渠道更加畅通，在移动互联网技术的支持下，移动营销的手段都可以用上。因为卡就是手机，也就是说客户群体都是智能手机用户，所以传播也容易达到客户一端，例如：星巴克购买了移动版SNS社交媒体网站（Facebook）广告，同时店铺内张贴手机APP下载网址的二维码，供消费者扫描并下载。星巴克本是极具美誉度与影响力的品牌，活动内容消费者也很认可，所以"一经推出，15小时内即成为香港地区苹果应用商店免费类应用No.1；15天内，iOS及安卓手机应用程序下载量突破10万"，达成结果的成本却相对很低，这些都是传统预付卡销售所无法想象的。实现了营销目标：增加星巴克卡销售量，提高星巴克卡在消费支付方式中的比重。

星巴克卡虚拟化的第三个好处是有机会在社交网络上通过"My Starbucks Rewards™-星巴克香港"互动来粘附大量粉丝。手机APP拥有如最新推广优惠、产品信息、店铺搜索导航等实用信息与服务，形成更多的客户交流和互动，客户社交网SNS逐步形成，更有奖赏制度的游戏化互动，让用户欲罢不能，交口称赞，黏着度大大加强，忠诚度很高的粉丝团也逐步形成。粉丝团的形成，实现了营销目标：使消费者对星巴克旨在提供"更优质的产品与服务"的品牌宗旨有突破性的认同感。

综合以上分析，"My Starbucks Rewards™-星巴克香港"是将移动营销、APP营销、SNS营销、粉丝营销、娱乐营销集中体现在了预付卡及会员奖赏系统上，通过创新和整合，使得传统的预付卡营销模式获得突破，不仅仅保留了传统预付卡的原有营销优势，更是赋予其社会化营销载体的新的生命力。

当然，本案例也有值得完善的地方，我们可以进一步探讨：

1. 本案营销传播是借助于Facebook推广APP，APP和客户、客户和客户之间的交互不够。APP本身的社会化功能不足，必然导致其自我传播能力不足，能否让APP本身具有一定的粉丝社交功能，这是需要考虑的。

2. 预付卡的本质是会员积分体系和奖赏制度，但目前的体系相对简单，能否设计游戏活动增加奖赏的趣味性，例如粉丝积分竞赛，线下寻宝活动，粉丝团到星巴克交友，让粉丝之间的互动也做起来，这些都将给予奖励。

3. 预付卡和奖赏系统应该是星巴克 SNS 整合营销的一部分，星巴克传统上已经形成了粉丝文化，不能卡虚拟了，文化也丢了。例如就卡的外观而言，能否类似星巴克马克杯，设计出让粉丝爱不释手的、可收藏的虚拟卡。

4. 卡的种类尚不齐全，虚拟卡的制造成本低，随之容易个性化，可以多设计一些品类，例如各类礼品卡、员工福利卡、情侣卡、商务卡，甚至可以私人定制。

[本案例荣获 2013 年金麦奖 | 食品饮料类 入围奖]

# 简品 100：吃，有料的月饼；过不腻的中秋

香楠月饼的引爆点：生产和传播的黄金比例。

文 | 葛士杰

**项目介绍**：中秋月饼市场产品同质化严重，能否用一种全新的、符合现代人生活理念的新颖产品来替代传统月饼并改善人们的生活方式呢？简品 100 引入健康概念，推出茶食月饼，引来精英人群的青睐和点赞。

**营销背景**：

· 大量传统知名品牌月饼纷纷入驻电商，增加了电商领域月饼市场的竞争强度。

· 月饼属于季节性较强的品类，中秋月饼市场产品同质化严重，竞争激烈。

· 现代人越来越强调健康的生活方式，倡导低碳的生活方式。

**营销策略**：

· 香楠重新定义月饼，引入“健康”概念，研发出“禅简包装、健康养生、尊崇传统节日，回归自然本质”的茶食月饼，提出营销主题“吃，有料的月饼；过，不腻的中秋”。

· 人群定位上，香楠选用了相对有消费力的精英人群。

· 在淘品牌中，属于少见的“及其重视视觉包装”类型。

营销可拆分成两部分：生产和传播。生产环节是准备弹药，把它包装成一个亮点、

一个事件或者是一个形象。有了这个东西，才会有传播的环节。

对一个品牌来说，生产和传播的比例怎样才最合理？如果是服装类品牌，周期短，变化快，对于大多数没法引导潮流的品牌来说，还要费尽心思赶潮流。所以，服装类注定是没有太多的时间花在“生产”这一环节上的。而对于化妆品、食品等能卖好几年的产品来说，生产环节的精心打磨显得异常重要。而太多的电商卖家没有了解这一基本法则，只是盲目地问怎么推广，从来没有意识到“我的东西没品质感，我的店铺设计很丑，我的产品没有考虑消费者需求”这些问题，显然，他们的推广费用一定是打水漂的。前段时间流行的“天猫运营直通车烧 20 万转化 3 单被老板打”的笑话，大概就是此类商家的一个写照。

## “过度包装”

香楠显然意识到营销中生产环节的重要性：可以用“过度包装”来形容。理念：健康茶食，并且融入“禅意”这一元素。相比平铺直叙的“XX 口味”、“XX 原料”等大家都会做的平庸包装，香楠轻易地走出了一条与众不同并且注定让人印象深刻的道路。

至于设计水平，香楠的视觉团队堪称是大师级的，清心寡欲的禅境氛围，配上诱人的美食，形成具有反差感的独特吸引力。精美的设计，在互联网时代，无疑是最直观的提高品牌逼格的手段。

## 高密度的集中式投放形成的爆点

“过度包装”的生产环节，足以击溃消费者对新品牌的抵御防线，接下来，就看传播环节了。月饼的旺季非常明显，中秋节就是最佳销售季。中秋节之前，淘内该投的渠道都投，直通车、钻展、团购活动、中秋大促主会场等丝毫不含糊。

相比淘内这些谁都想得到的营销，淘外的投放更加可圈可点，完全遵循了《引爆点》中的个别人物法则，先打动精英人群，再由精英人群辐射。

香楠投放了《卖家》和派代网的广告，直接影响电商人群。在高速发展的大环境下，电商从业者主要分为这几类：一早就做淘宝尝到红利的；进入不久但是有钱有团队的；

传统品牌进军电商的。从某种意义上说，这帮人都有共同的特点——有钱或者马上有钱。先影响他们，再影响他们身边的人，而他们看到香楠的视屏广告，相信会喜欢、模仿，逐渐奠定香楠品牌在电商营销品牌中的地位。

更强的杀手锏在后面：香楠筛选了218位包含马云、陆兆禧、杨伟庆、马化腾、刘强东、陈天桥、张朝阳、李彦宏等互联网企业的名人，直接寄送精心包装的香楠月饼，并且收到上百名人的好评和推荐。自上而下的传播力无疑是比自下而上更要势如破竹。

如果只有一次射击的机会，为什么不用火药最足的子弹呢？香楠的优势在于，他在子弹的打造上做到了90分，发射过程哪怕只有60分，也足够让子弹飞得很远。而太多的品牌，子弹还没达到及格分，就拼命乱射，结果子弹没射出去，还把枪弄坏了。

**专家点评**

**点评：苏　然**

妙创意电商品牌设计有限公司联合创始人，南慕家族、淘宝3C配件TOP副总经理，mooke品牌总监，曲美家具集团顾问，网商动力、京东大学、优米网等多家培训机构讲师。

## 哥吃的不是茶食月饼，是调性

若干年前，麦肯锡为中国提出了以高新科技为发展方向的战略。时至今日，虽然联想、华为等企业日益强盛，但却算不上至爱品牌，原因就是背后没有强大的文化依托。法国的时装及香水品牌，德国的汽车品牌，荷兰、新西兰的奶制品，瑞士的手表品牌等等，这些成功品牌的背后，都是因为他们有着强烈的国家品牌背书。而中国在世界范围内的认知，其实是“舌尖上的中国”。中国食品，在中国人眼里，往往缺乏“新鲜感”。简品 100 茶食月饼，从某种意义上来说，胜在了它的“与众不同”。

这个在营销观点上被称之为“旧元素、新组合”。就好比，你开发了一瓶叫“酱醋油”的产品，当“醋”邂逅“酱油”卖点是“万能凉拌菜伴侣”，价格也不算贵。请相信，新鲜感，会让你购买一瓶。

中国网民同样以食为天，遇到新鲜吃食都会忍不住用舌尖去感觉一下。黄太吉的煎饼、雕爷的牛腩，都是“旧元素，新组合”的典范。食品的跨界，其实会带来很多可能。比如，我们可以让养生食材变成快时尚零食——如燕窝养颜饼干。我们可以让药变成快时尚零食——如猴菇养胃饼干。当然更颠覆一点，我们也可以让冰激凌和火锅结合在一起。在服务哈根达斯的时候，我们也是应用这种方法创造出了冰淇淋月饼、箱包蛋糕，冰淇淋寿司等等一些消费者很喜欢很有新鲜感的产品。

“旧元素、新组合”，当这句话深深地融入你的营销基因的时候，你发现可以打造的东西太多了。你可以打造一个性感的豆腐品牌，用男色代言，吸引主妇消费者；你可以打造一个童趣的茶叶品牌，将果冻和茶叶结合，果冻茶，好好喝茶，天天向上；你可以像爱马仕一样卖大米，可以像卖红酒一样卖食用油；可以像卖巧克力一样卖周村烧饼，甚至像卖牛奶一样卖豆腐脑；当然，还可以像卖无印良品一样卖挂面。

所以，当简品 100 用茶文化卖月饼的时候，你可以会心地一笑，它的成功是存在必然因素的。不过，如果你认为只要学会了“旧元素，新组合”你就一定大卖，那就错了。

电商的推广目前还做不到极其精准的个性化推送，很多越小众的“新组合”有时候可能会有价无市，比如简品 100 开发的不是茶食月饼，而是马卡龙月饼，因为受众的狭窄，1 万个人里面可能找不到一个爱马卡龙的人，于是，你的广告转化率很低。聪明的简品 100，用了极其稳妥的“旧元素，新组合”，它把两个都有很大市场的旧元素做结合，本身喜爱茶叶文化的人就多，再加上它营销活动的精准，比如赞助电商论坛等，很精准地找到了那些意见领袖目标用户。从数据反馈来看，这些热爱茶文化的电商老板们又成为了茶食月饼的品牌布道者、传播者，还是买单者。

万事具备，只欠东风。营销节奏的把握，有时候比营销本身还重要。通过中秋大促这个大流量、大需求的时机，进行引爆。通过聚划算的爆点，在最好的时间，将消费者最需要的产品展现给最多的人。加上之前精准的营销基础，在小圈子内早已形成了口碑传播，羊群效应已经形成，只会越来越多。

产品（谁需求）、价格（卖给谁）、渠道（需求的人在哪）、促销（如何吸引这些人）这个案例，完全诠释了 4P 法则的经典。

金麦奖

golden wheat awards

## 优秀案例

## 其他类

[本案例荣获 2013 年金麦奖 | 其他类　金奖]

[本案例荣获 2013 年金麦奖　全场大奖]

# “双 11”购物狂欢节

11 月 11 日，原本一个普通的日子，因天猫的一个创意，成了国内最为火爆的电商购物节日。2012 年是其第三次打造，想要被业界铭记，除了创意和噱头外，还需坚持，年复一年，才能称为“节日”。

文 | 王　骏

**项目介绍**：11 月 11 日原本只是南京大学校园里的一个自嘲娱乐的节日，但从 2009 年开始，每年的 11 月 11 日，以天猫为代表的大型电子商务网站一般会利用这一天来进行一些大规模的打折促销活动，以提高销售额度，“双 11”因此成为中国互联网最大规模的商业活动。

**营销背景**：

· “双 11”在中国已经经历过了数次，依托阿里巴巴的在电子商务领域上的绝对优势，天猫“双 11”的光棍节促销在 2011 年后开始走向成熟。

· 天猫“双 11”大促最大的特点就是从无到有的创造了一个前所未有并独享的购物狂欢节，即便是在京东为首其他 B2C 平台同样有“双 11”的促销活动的情况下，依然牢牢掌控了市场。

· 2012 年“双 11”的注意力集中已不能满足于中国内地，随着天猫国际品牌的不断进入，平台已经具备国际化视野和能力。

**营销策略：**

首先一分为二地进行推广，在线上端将广告投放在中国内地收视率最高的两大电视台：中央电视台和湖南卫视。同时在优酷网、腾讯网、新浪网三大门户网站进行在线推广。

在线下端，位于北上广深为首的一、二、三线城市的地铁站、公交站安装户外灯箱广告及墙嵌入式广告宣传栏，将光棍节成功地转化为“天猫购物狂欢节”。

2012 年，11 月 11 日凌晨 23 点 59 分 59 秒，数字锁定在 132 亿元，天猫“双 11”成功打破了美国单日购物狂欢节 Black Friday，创造了新的记录，一个新的神话。

中国的电子商务从无到有，走了不到 20 年；淘宝从四面楚歌到崛起花了 10 年；从无人问津到全民关注，“双 11”只走过了 3 年……根据天猫官方数据统计，淘宝和天猫在 2012 年“双 11”当天的点击率超过 1 亿次，在 11 月 11 日当天凌晨 0：00 分的第一分钟涌入天猫的人数为 1000 万，一分钟支付宝交易成功笔数 19.2 万。更加值得注意的是，2012 年的手机淘宝第一个小时的用户达到了 700 万，交易额突破了 1 亿元。

这些数据背后，天猫做了哪些预备工作呢？

## 世界的“双 11”

天猫作为亚洲最大的 B2C 购物网站，依托淘宝网自 2008 年上线以来吸引了众多品牌，例如 Kappa、levis、esprit、Jack&Jones、乐扣乐扣、苏泊尔、联想、惠普、迪士尼、优衣库以及 2014 年 1 月刚刚上线的苹果天猫旗舰店，以此传达给业界的印象是：天猫正在迈向国际化，你想要的品牌在这里都能找到。

天猫国际化的目的在哪里？试想一下躺在自家浴缸里却仿佛身处纽约第五大道的情景；或者不需要再靠小伙伴们代购，自己就能在网上买到性价比较高的国际品牌产品。在天猫官方的宣传广告中出现了纽约第五大道，香港维多利亚港的地标元素，由众多国际名牌 Logo 所组成的天猫标志最终收尾。其寓意明显就是针对来自各个国家的品牌，有着各自不同的调性和产品标准。为了吸引这些品牌的加入，富有弹性的合作就成了其中的关键。仅以优衣库入驻天猫作为案例，他们帮助天猫发现了很多技术上的问题，让天

猫意识到现有的系统技术支持是不够的。另外，天猫的属性模块也满足不了像优衣库这样大体量品牌的需求，让天猫意识到需要做必要改进。因此，优衣库的店铺几乎就是由天猫店铺团队量身打造的，当时的时间是 2008 年，此时的“淘宝商城”还处于草根品牌的小打小闹阶段，而优衣库的入驻让人们看到了构建“中国第五大道”的希望。

## 中国的“双 11”

“双 11”真正被大家熟悉，还要追溯到 2011 年，那个号称百年一遇的超级大光棍节。这个节日起源于网络上的戏言，却被天猫所用，成全了单身的朋友过节的愿望，也就是“物价回到解放前”。选择 11 月 11 日，也是一个有点冒险的举动，因为光棍节刚好处于传统零售业“十·一”黄金周和圣诞促销季中间。但这时候天气变化正是人们添置冬装的时候，当时想试一试，看网上的促销活动有没有可能成为一个对消费者有吸引力的窗口。结果一发不可收拾，“双 11”成了电商消费节的代名词，甚至对非网购人群、线下商城也产生了一定影响力。

购物节本没有太大的影响力，有趣的是发散出来的一系列有趣的文化现象，譬如：

“各位男同胞注意啦，别怪我没提醒你们！记得 10 日晚 10 时以后，打开老婆的网银和支付宝，输入三次错误密码，才上床睡觉。11 日清早起床，第一件事是再打开老婆网银和支付宝，输入三次错误密码，再去上班。切记，切记!”类似的还有“‘双 11’请假防媳妇败家”。这种无厘头却包含深意的网络文化成为了“双 11”在网间流传的重要推手。

平台间的竞争日益激烈，天猫又是如何顶住来自其他平台的搅局压力的呢？有三招：

1. 天猫抢了市场的先机。首开“双 11”的概念，通过淘宝自身平台的市场份额优势，并且利用砸金蛋、红包裂变、店铺优惠券等一系列超乎以往的大福利来帮助引流。

2. 蓄水期的建立。在“双 11”前，通常都有一个较长时间的准备期和预热期，“蓄水”能够增加用户黏性，同时又是最好的宣传。

3. 品牌的不断加入。将全球众多一线品牌搬到线上，用户不需要再像原来那样挤破头去商场抢购，只需要守在电脑前等待付款就可完成，这正是其他品平台所力不从心的。

## 未来的“双 11”

促销的内容大同小异，而大促的主题总是在变。

2011 年“双 11”的主题，自然是百年一遇的大光棍节，主题放在促销价格的力度上。2012 年“双 11”的主题，放在了新加入的一杆子国际品牌，足不出户体验购买大品牌成为现实。到了 2013 年，无线端正在崛起，手机端独享、手机红包等福利暗示着这一年无线端成了当之无愧的主角。

主题性明确的大促能够帮助用户缓解消费疲劳，好像一台春晚一样，如果没有推陈出新，结局就是今天这样吐槽春晚成为主流的现象。与此同时，随着成交额的爆炸式增长，也预示着总会有饱和的那一天，值得思考的是：未来线上大促究竟还能如何改进呢？

O2O 会不会介入成为下一次大促的主角，个人无线设备的数量现在已经超越了 PC 端的总量，扫码支付渐渐普及，4G 网络正式投入使用，都为未来线上促销埋下伏笔、打下基础。

“双 11”的案例空前绝后，从一个草根文化中的戏虐之言，变成了大规模的线上购

物节，推动了中国商品零售业的重新洗牌、物流业的高速发展，电子商务的从业者日益飙涨，市场规模持续扩大。值得所有中国电商学习的是，天猫对于这个节日的执着，从2009年概念的提出并实施，经过3年时间的不抛弃、不放弃，终成正果。2013年“双11”一天的成交额高达350.19亿元，相比2012年又是一个飞跃，正如马云当天所言：“数字不是我们今天所需要关心的，我觉得我最关心的是数字背后的东西，通过数字我们怎么样去真正地理解市场的力量。西方有感恩节，我们11月份也差不多，其实这是个感恩回报社会的时候，所以一定得把它继续做下去，做得更有味道，最主要的不是数字，而是数字背后我们看到的东西。”

**专家点评**

**点评：**文/肖明超

独立商业趋势观察家、知名中国消费趋势研究专家、数字营销专家，自媒体“肖明超－趋势观察”创办人。中国精众营销理论开创者，北京航空航天大学特聘教授，中国娱乐营销传播研究中心首席顾问，被媒体称之为中国消费趋势与营销传播领域的“趋势占卜师“，被《销售与管理》杂志评为“年度最佳营销创新人物”。常年为国际国内500强企业和媒体机构等提供趋势洞察、策略咨询、数字营销与创新传播服务。微信号：trendforesee。

## 天猫“双11”开启一个新商业时代

2012年“双11”成为金麦奖的全场大奖得主，可谓是众望所归。这到底是如何做到的呢？

首先，“双11”购物节开启了一个消费潮流，而2012年的“双11”则开启了天猫的新纪元。“双11”过去仅仅是很多网友自发创造的“光棍节”，但是由于天猫促销的介入，迅速变成了一个电商促销的狂欢节，大家想到“双11”，就会想到天猫，“双11”已经演变成了一种新的消费潮流和文化节日。而2012年光棍节当日，天猫和淘宝的最终销售额达191亿（约30亿美元），打破了此前12亿5千万美元的单日电商销售记录，超越了美国类似的单日购物狂欢节，如Cyber Monday，Black Friday和Boxing Day等等，创造了新的世界纪录，一个新的神话。

对于电商营销带来的启发：如果365天，有一天消费者会想到和你相关，甚至消费者还会去狂欢，那么你的品牌就胜利了，互联网时代的粉丝经济也莫过如此，真正的创造消费者利益、让消费者为你狂欢，这才是平台或者品牌的价值。

其次，天猫的“双11”，尽管是电商平台的营销，但是采用的却是以传统营销为主题的营销手段，对线下消费者进行争夺。在这场天猫“双11”的购物节的营销传播中，在中国内地收视率最高的两大电视台——中央电视台和湖南卫视是投放广告的主阵地，同时，在地铁、公交站及地铁站的户外灯箱和墙壁嵌入式广告宣传栏上，也能看到这次活动的广告，此外，新浪等门户以及优酷等门户也是媒介覆盖的对象，这是一场线上到线下的营销活动。

对于电商营销带来的启发：电商营销总是在思考买流量、买入口，实际上，真正强大的品牌还是离不开线下，虚拟的品牌一定要走到消费者的生活场景中，电商品牌是“依靠电子商务平台与消费者进行链接和产生交易的品牌”，因此，线下营销对于电商的品牌塑造依然价值巨大。

再次，天猫“双11”的案例展示了一个新的数字商业生态系统的形成。电子商务已经不能简单囊括今天的互联网上的消费形态，现在的电子商务已经形成了一套新的生态系统，从购物平台、技术、数据、物流、支付等等，不管传统还是非传统的企业，数字商业已经走来，电子商务不再是简单的电子化商务，而是一切商务的电子化。

对于电商营销带来的启发：不是在网上开店就是电商化，电商是一个新的供应链系统，每个企业都要思考如何面对电商进行商业模式的重构。

[本案例荣获 2013 年金麦奖 | 其他类 银奖]

# 苏宁——致我们终将逝去的青春

由王菲演唱的主题曲《致青春》有这样一句歌词："疯了累了痛了人间喜剧；笑了叫了走了青春离奇"道出了人生真谛，使人感到共鸣，因为青春它是永恒的话题。

文 | 王 骏

**项目介绍**：苏宁易购是苏宁电器旗下新一代 B2C 综合网上购物平台，现已覆盖传统家电、3C 电器、日用百货等品类。而由赵薇首次执导的电影《致我们终将逝去的青春》在全国各大影院热映，苏宁易购作为独家合作伙伴，试图将"青春"、"活力"的品牌形象根植人心。

**营销背景**：

· 当前电商行业竞争激烈，苏宁易购的知名度有限，急需提升品牌影响力。

· 苏宁易购始终主推"青春"线路，冠名过湖南卫视《天声一队》，赞助《中国好声音》，发起 1200 校园招聘等，品牌形象定格为青春、活力，与本案的主题相符。

· 借势赵薇的处女作《致我们终将逝去的青春》关于 70 后、80 后一代人的共鸣，配合电影的宣传借力发力。

**营销策略**：

电影中植入 5 秒广告，结合电影的上映，围绕主题"青春"作为主线，通过媒体网站和各种渠道发布独家片花、素材以及慈善赈灾视频，利用微博互动助推爱心义卖，在一线城市投放地铁硬广，覆盖 42 座大中小城市的 27 万个楼宇点位。

苏宁电器，2003 年的品牌价值高达 956.86 亿元，成为全球家电连锁零售业市场价值最高的企业之一。早在 2005 年就建立了自己的 B2C 网上商城，开始了电子商务的第一步尝试。然而大众对电商品牌的忠诚度及品牌黏性有待提高，苏宁易购的知名度远远不及被人线下所熟知的苏宁电器。

因此，苏宁易购急需突围，打开知名度，提高自身品牌的影响力。2013 年 4 月，苏宁易购启动以“挥霍吧，青春”为主题的品牌营销，席卷全网。

### “永恒”的卖点

在商业领域，有两样东西是永远不会过时的，一样是时尚超强，另一样是复古怀旧。青春即是时尚，也可以拿来怀念，称其为永恒的卖点并不过分。

苏宁易购选择青春作为营销主题，其理论就是：谈青春永远不过时，即便过时也可以拿来追忆。另一方面，苏宁易购拥有自己清晰的品牌定位——青春活力，这一点上与“猫狗大战”截然不同。与赵薇的处女作《致我们终将逝去的青春》联姻前，苏宁易购早前有过赞助湖南卫视《天声一队》、为《中国好声音》冠名等影视娱乐圈相关方面的经历和经验，有理有据。

在电影中，苏宁易购的植入广告只有短短 5 秒，却抓住了电影的话题，好好借题发挥了一把。数据显示，自 4 月 1 日起至 4 月 30 日，

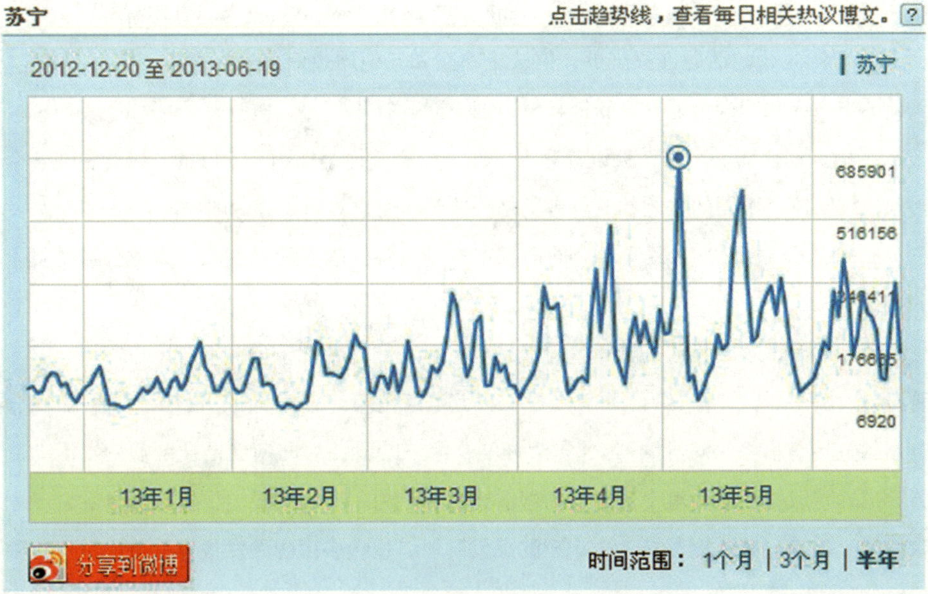


苏宁易购的销售额同比增长 300%。撇开这 300%是否有水分不谈，值得我们关注的在于电影《致我们终将逝去的青春》的话题“青春”究竟有多么强的大影响力？

影片公映时间选为 4 月 26 日，而苏宁易购在 2 号起就已经在地铁、TVC、楼宇提前宣传，一直持续到公映当天，蓄水期十足。期间共有全国 42 座城市，27 万个楼宇点位，并在北上广深沈宁蓉 7 个城市的地铁里投放了广告。所谓病毒营销，就是在短时间内向数以千万计的受众迅速扩散信息。借着影片宣传期推广本品牌，高密度多维度地集中曝光，苏宁易购的刷屏足够凶猛，新浪微博在 4 月 26 号也就是公映当天的苏宁品牌关注度达到了最高峰值，品牌的关注度前所未有，苏宁易购的病毒营销成功地使其品牌尽人皆知了。

## 三部曲战略

话题营销的通病是什么？莫过于有了主题却没了后续话题，其结果是话题变成一阵狂风即刻又风平浪静，淡出公众视野。特此，苏宁方面给出了“青春密码”、“青春风暴”、“青春梦想”的系列青春三部曲，期间共有高达 98 篇软文发布，其用意有三：

1. 电影主题的话题性很强的，但缺乏花絮和其他周边信息，在电影下映后被遗忘，因此苏宁方面继续人为地补充新鲜素材，围绕话题展开。

2. 时间跨度为一个月，仅以青春为主题，没有其他小标题是不够的，因此，在各个时间段推出寓意不同的主题的专场售卖是一种延缓用户对话题疲劳的手段。

3. 加入公益元素，“致青春”的话题本身具有强烈的正能量气息，因此公益拍卖十分接地气。

活动期间，软文投放的数量呈递减趋势，且主题性各有千秋，符合用户习惯。第一阶段：引爆硝烟以“青春风暴”为主题，再掀电商硝烟；第二阶段：借势“青春”，配合电影的宣传，借势“青春”，迅速扩大影响；第三阶段：为同期促销及公益拍卖活动造势，最后阶段化传播为整个营销活动塑造正面影响力，口碑传播。根据数据显示，三个阶段时期的用户关注度都有一个小型的爆发阶段，连续多次的爆发很容易造成用户一种持续的关注习惯。

## 营销“处女作”

回到电影本身，赵薇首次执导的电影《致我们终将逝去的青春》在全国各大影院热映，其浓浓的文艺范儿迎合了当下 80 后、90 后年轻一代的热情追捧。而电影讲述的青春成长故事更是引起了 70 后、80 后一代人的强烈共鸣。电影的传播面更广，观众更乐于接受，更具公众影响力，使得品牌形象更亲和，更具话题传播力。一方面借用赵薇、赵又廷等明星的超高人气，为品牌吸引更多的关注度，助力品牌提升，另一方面这是苏宁易购平台的首次全网主题营销，切合了赵薇导演“处女作”的主题。

电影植入品牌的案例不在少数，早些年《天下无贼》中的中国移动，《007》电影中的“汽车广告”，甚至国产电影中乱入穿帮的品牌 LOGO 都因其电影强大的传播性而名扬四海。问题在于面对昙花一现的植入广告，如何最大化地落地到品牌本身？

关键点在于植入为一个支点，借助电商的力量整合传统营销资源，达到本案的目的。举例为证，“下雪天一定要吃炸鸡啤酒”只不过是韩剧中的一句台词，不料想其带动了全中国范围内炸鸡餐厅的销售热潮，其中仅仅是借助了SNS强大的传播力量而已。

由本案可鉴，病毒营销的高密度和多纬度是任何一种营销都无法匹敌的。然而另一方面，苏宁即便是电商界的新人，但也是线下传统企业的代表，中国家电零售业的巨人，其资本、供应链、物流、仓储、企业管理、决策团队的构建模式、实体店和财大气粗的营销投入都是一般中小企业、尤其是新兴成长起来的互联网起家的公司所无法与之相比的。本案里的苏宁易购，通过这样一次高密度高热度的曝光，至少做到了家喻户晓；而接下来是平台自身在其后发展中的第二次、第三次围绕以用户为中心的促销，如何做好，如何像天猫“双 11”这样创造历史，如何像京东大打价格战而搏出名头，这都是未来值得我们探讨的东西。

**专家点评**

**点评：**胡晓东

祖籍陕西，就读于北京大学、北京科技大学。前后共两次创业经历，曾就职于联想集团，担任联想全球配件产品负责人。2011 年进入移动互联网领域，成为多看科技联合创始人，负责多看公司阅读业务，并与团队一起，在一年半内使多看阅读成为中国移动阅读主流平台之一。长于跨界业务管理，在数字出版与互动娱乐领域有一定造诣。现任阿里巴巴集团数字互动娱乐事业群数字阅读事业部资深总监。

## 五秒钟的力量

苏宁易购作为以苏宁电器为基础的电商企业，在树立品牌方面可谓“喜忧参半”。喜的是，苏宁电器固有的巨大品牌形象与力量；忧的是，这个对门店品牌敏感的用户群与电商基本用户之间的巨大差异。这也是传统品牌迈向互联网品牌面临的共性问题，如何破局？苏宁易购为我们提供了一个很好的案例。

首先，定锚点：苏宁易购清醒地认识到了自己的品牌优劣势，坚决定位于面向互联网敏感人群的“青春”路线，这本身就很难得。面对互联网品牌转型，许多传统企业要不躺在原来的功劳簿上掩耳盗铃，要不眼看着互联网企业的发展望洋兴叹。如果没有这个“锚点”，一切都无从谈起。

第二，话题点设置：互联网传播的核心在于“话题”与“兴趣”，你如何选择符合目标用户群“兴趣”的“话题”，并以该话题为载体持续传播发酵？苏宁易购以赵薇《致我们终将逝去的青春》中植入的方式作为“话题”，该影片的用户群与苏宁易购目标用户完全吻合，而植入点也比较讲究，符合了这部分用户的兴趣与思维习惯。

第三，没有二次传播的营销方案都是耍流氓：话题营销的重点不在于掀起话题，而是在引导、深化，让它持续发酵，在一段时间内维持热度并按照既定推广路线前进。苏宁易购的营销方案围绕“青春”主题，持续发起“青春密码”、“青春风暴”、“青春梦想”的系列三部曲，与《致青春》电影热映与话题期相结合，采用渐进策略，将一个 5 秒钟的闪现变成一个营销主题全面推进，我相信，它的效果超过了既定目标。与此相比，许多植入广告满足于植入本身，其实是大大地浪费了营销资源。

第四，漂亮的收场：每一个营销方案都有结束的过程，品牌推动传播的节奏却是连续的，但企业在一个重点营销案启动与结束时，很容易产生营销断档。我们发现苏宁易购整体营销节奏把握也颇有可圈点之处，它从冠名《天声一队》，到赞助《中国好声音》，从主办校园营销大赛，到开启1200校园招聘以及本次的《致青春》推广，从目标用户群、推广主题浑然一体，节奏把握清晰、过渡自然，在形成波次推广的同时也维持了基本面。

相对而言，传统企业在树立互联网品牌的过程中，其策划往往重其形而不重其神，大多在手段上下功夫，微博推广、微信营销等谁都会搞，但如果不能把握互联网用户的特点，其效果也只是体现在数字上。其实，发了多少文章、有多少转发量并不重要，真正对品牌塑造产生正向促动，形成足够的影响力才是我们需要关注的核心。苏宁易购这个案例可贵的方面，正是在于它的传播充分运用了互联网思维，以“体”而非“用”来看待互联网的价值。

[本案例荣获 2013 年金麦奖 | 其他类　入围奖]

# 酒仙网四周年庆主题活动

选定原本销售淡季推行的大促时间，并动用超长的时间跨度，其流量不减的同时还能稳步增长，这其中必然有值得思考的东西。

文 | 王　骏

**项目介绍：**酒仙网是目前中国最大的酒类电子商务综合服务公司，主要从事酒类商品线上零售，同时为酒企提供电子商务综合服务。本次营销选在全行业的销售淡季 8 月，针对不同渠道进行差异化投放，实现整体销售最大化，因此把握活动的节奏变得至关重要。

**营销背景：**

· 恰逢酒仙网 B2C 垂直模式平台 4 周年店庆，而 8 月又是销售淡季，意图利用促销提升购买率，并提升酒仙网的曝光量。

· 8 月、9 月是下半年销售的备战期，借由此次活动为“双 11”前作一次大促练兵。

**营销策略：**

整合资源，充分利用天猫旗舰店与 B2C 官网共同造势，全网营销主题相同，但针对不同渠道的消费群体特征，进行差异化投放，最终实现整体销售的最大化。

2013 年夏，素来以正品渠道和白酒作为主打的酒仙网吹响了酒类淡季销售的号角。

综观业界，借店庆为名号，推进本品牌的商业理念已然是一种常态化的现象。如京东的 618 大促，当当网 11 月的大促月等。普遍意义上，店庆是商家一年中最大的促销活动，且会选准一个消费需求高的时间。

那么，酒仙网为何要赶在 8 月这么一个全行业的销售淡季，又与下一波大促“双 11”仅隔 2 个月的时间开展大促呢？

## 一切为了“双 11”

8 月到 9 月正是各路商家下半年的准备期，心急的商家选择在这个时间段开始为“双 11”陆续备货。酒仙网的备货时间为 9 月，但又在此前开展一次大促，这无疑为后期的盘货计算造成压力，用意何在？

毫无疑问，这是一场“双 11”前的练兵。酒仙网官方数据显示，2013 年“双 11”总销售额高达 2.2 亿元，成交 28 万单，是 2012 年 6000 万元的 3 倍，这个记录刷新了国内酒类零售的纪录。在“双 11”光鲜数据的背后，是四周年店庆所带来的密集多维度演练对运营团队的提升。

什么叫密集多维度的演练？

演练不是在大促前团队喊出嘹亮的口号，而是把产品端、运营端、营销端三维一体，将备货、运营、客服、物流等各个环节经过周密计划并将方案落地，面对大流量出现的突发状况启动紧急预案并进行流畅处理。仅以专场为例，就包括了三个专场，8 个主题。

那么对酒仙网而言，领先竞争对手的优势在哪里？

1. 多渠道同步。酒仙网线上渠道覆盖全面，除自有 B2C 网站外，还入驻了天猫、京东、当当、1 号店等等平台。平时各平台忙于单打独斗，大促关头齐头并进，全网同步，流量相对集中。本次大促中，所有酒仙网店平台统一采用中国红作为店铺色彩，但采用各自不同的活动主题，以此满足不同平台客户差异化需求。

2. 传播全网覆盖。作为酒类垂直 B2C 入驻天猫，在活动宣传上酒仙网需要淘内和淘外全网发力。为实现覆盖效应最大化，除传统引流的钻展外，SNS 的影响力同样关键，酒仙网开始在新浪微博推送广告。且在吸取了本次周年庆的经验后，在“双 11”大促时请来黄渤和徐峥隔空喊话，利用明星效应制造话题。

3. 活动形式的多样。传统的店铺优惠券、满百包邮、搭配减价已经落伍，本次活动，酒仙网设置了用户在天猫旗舰店签到、收藏、分享等多个环节，参与即可获得会员积分，积分可免费兑换酒仙网产品及礼品。多环节设置的作用增加了用户黏性，同时提高成交转化。

## 持久效应

大促的促字，除了促销，更有短促的寓意。周年店庆，本该在大流量之后迅速收尾，酒仙网却出乎意料地让它变成了一场持久战，时间从8月7日至9月24日。

官方数据统计，酒仙网8月支付宝成交金额超过1650万元，较7月增长110%；9月支付宝成交金额近1830万元，较7月增长132%。也就是说，跨度长达近两月的大促没有发生疲软，反而呈现稳步上升。难能可贵的是流量端，8～9月店铺浏览量970万，月均浏览量485万，较7月增长110%；店铺访客数220万，月均访客数110万，较7月增长100%；8～9月店铺成交用户数12.9万，月均成交用户数6.5万，较7月增长139%。他们是怎样做到的？

活动期间针对淘宝会员开展一系的列活动是他们打持久战的一个关键。8月15～17日，淘宝会员日品牌联动，利用淘宝会员日植入品牌，参加秒杀产品赞助。9月22～24日，淘宝会员专享联动，内容则如法炮制。两次针对会员的活动时间跨度正好为1个月，期间伴随着酒仙网6次聚划算的参与。延续两个月的会员活动，培养了用户的购物习惯，延续爆点，增加消费黏性，当时间再延后一个月，恰巧是全年最热节点：“双

11”的预热阶段。

另一方面，酒仙网一直处于类目领先地位，此次借助 4 周年庆开展大型推广活动，迅速培养起用户购物习惯，并为淡季营销提供更多模式参考及经验借鉴的意义。

## 信任与责任

撇开价格不谈，对于酒类营销而言，消费者关注的点究竟放在那里？酒仙网方面给到的答复是：保真和运输。

酒类零售市场本来就是龙蛇混杂，以次充好的现象在餐厅、超市比比皆是，正规的渠道是网络平台能否取得用户信任的一个关键。如果直接从酒厂取货，又要考验巨量的资本和庞大的仓储。运输端，酒是当仁不让的易碎品，重量大，包装小，单价高，难度异常之高。在大促前后，酒仙网高调宣布与茅台达成战略合作的举措除了造势之余，更多的还是消除了消费者的那份顾虑。大促是假，增加影响力是真。就在 2013 年 2 月底，网传关于当当网解除了关于酒仙在其酒类频道的独家合作，其背后原因是有关于假酒的传闻，无论传言是否属实，“买真酒就上酒仙”的口号因此变得不再响亮。

所谓谣言止于智者，利用这次大促重新唤起消费者的信心，有需要更有必要。

本案的主角在整个酒类目之中是无可挑剔的霸主，且拥有除天猫以外的众多 B2C 平台，供应链管理经验丰富。通过此次大促，其目的无非是为大促作团队练兵的由头，相

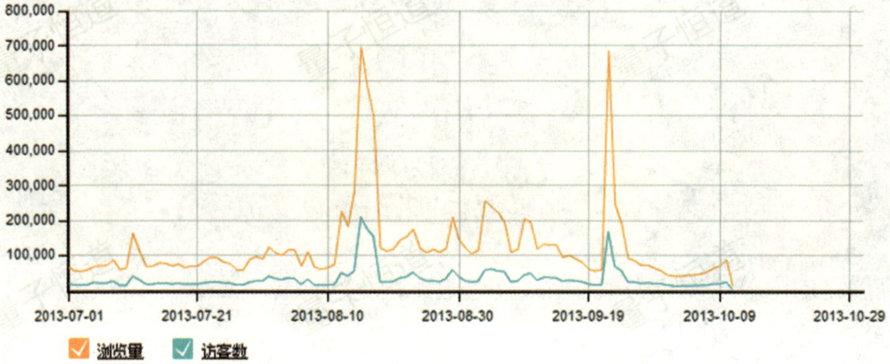


比之下销售额放其次，将影响力和传播力提升到首要目的才是关键。对于新晋品牌而言，反季营销只适合短期冲榜，长达 2 个多月的持久战并不推崇。本案所谓营销的“醉拳”在于策划者迷惑对手的淡季时间，“醉意不醉”，接连在两个多月的时间里积极练兵，乘隙而入地接连爆发两次会员日的活动和聚划算。值得借鉴的地方在于酒仙网策划团队对于节奏的把控掌握，60 多天的促销，包含两次流量爆发节点之间的时间跨度，6 次聚划算的间隔，新鲜话题和素材的及时加入，守住了流量，也达到了目的。

[本案例荣获 2013 金麦奖 | 其他类 铜奖]

[本案例荣获 2013 金麦奖 | 最佳社会化营销类 入围奖]

# 三月桃花节，女人疯狂月
# ——乐蜂网桃花节整合营销运动

乐蜂网利用充足的明星资源为根本，辅以节日营销所必须的促销力度，强化分众媒体的精准投放，针对受众特点，创造引导了三月“桃花节”的消费习惯。

文 | 王斯韦

**项目介绍：**乐蜂网是中国第一个拥有专家明星进驻、以提供女性时尚解决方案为主要服务的互联网站。本次营销策划立足于其根本的达人经济模式，充分应用了各类媒体资源，打造“桃花节”的促销节点，成功提升销量与网站品牌热度。

**营销背景：**

· 电商市场中，受众对于同质化严重的促销活动逐渐产生疲惫。

· 垂直化妆品网站的市场争夺愈演愈烈，乐峰和聚美旷日持久的口水战最终还是需要沉淀在销量和品牌力之上。

· “乐峰网桃花节”自 2012 年开幕后，2013 年的再度续篇，是乐峰战略上进一步扩展品牌力的重要一环。

**营销策略：**

以达人经济模式为基础，把“口水战”作为引子，利用明星效应制造话题，引发事件，与分众媒体和线上社会化媒体的传播形成联动，用“桃花节”新的主题和诱惑性的促销活动引爆受众群体，从而在销量提升的同时，抢占垂直化妆品电商市场，强化品牌力。

节日促销历来是商业营销的重要手段之一，自从天猫“双 11”把“光棍节”成功演变成全民狂欢的“购物节”之后，电商从业者们看到了互联网造节的便利性。于是各种节日相继出现在各类电商平台和店铺中，从传统节日到西方节日，从店庆到莫名其妙的节日，让消费者对于这样的强制冷暴系的促销方式逐渐感到疲惫和厌倦。

乐蜂网的“桃花节”聪明地利用了大自然的季节特性，同时针对其年轻女性受众对于“桃花”一词的憧憬，创建了三月的消费节点。而且三月是女性换肤的最佳时节，作为化妆品垂直电商以及妆品的忠实用户——女性来说，三月是一个不得不重视的时间点。

不能因为促销而利用节日，而应利用节日去营造消费氛围。

据乐蜂网桃花节相关负责人介绍，桃花节是乐蜂网全年营销计划中的关键部分，是除店庆外乐蜂网最大的促销活动，更是一年的开篇大促，对全年品牌基调的巩固有着举足轻重的作用。

2012 年，乐蜂网推出第一届“全民三月撞桃花”，以爱情、美丽等作为关键词，推出“桃花＝能力”的概念，引导受众形成三月买三折产品的消费思维。一年后的 2013 年，桃花节被赋予更多的含义，以“不美不活”作为爱美女性极致的生活态度，将正品低价的促销理念植入人心，大力推送“疯了”的主题口号。2013 年乐蜂网疯 GO 桃花节，在投入力度上远超首届，无论是人力、财力还是创意表现、借势推广，将整合营销手法做到极致。4 亿元货源备战桃花节，5000 万元返利消费者，2 月 27 日桃花节首日销量就突破 1.22 亿元。

## 双管齐下

在2013年乐蜂网疯GO桃花节启动初期，乐蜂网选择了利用尚雯婕的TVC《不美不活》宣扬了这一次桃花节所要表达的生活态度，继而通过乐蜂体的推出，正面交锋了竞争对手的聚美体。#不美不活#和#为自己代言#在新浪微博上引起了无数围观和跟风，无形间，乐蜂把聚美狠狠地绑在了一起。而当时，乐蜂不论在市场占有率还是品牌知名度上都落后于聚美。

如果说，文字体的交锋是一种文艺范，那么口水战的引发则是商业暴力的手段。从乐蜂指责聚美抢注“不美不活”的百度竞价排名到聚美威胁供应商不得为乐蜂促销做支撑，从聚美爆料乐蜂备货不足到乐蜂高调宣布4个亿的库存，乐蜂和聚美的恩恩怨怨在相互骂战中逐渐升温放大。但是不得不说，乐蜂公关的快速反应力以及高调的反击力显示着乐蜂网在前期的准备和整个战役的策划及预测能力的强大。充分的准备让乐蜂在口水战中抢得先机，同时赚足了眼球，为乐蜂之后的“桃花节”的启动奠定了足够的传播基础。

2 月 27 日是乐蜂桃花节，3 月 1 日是聚美优品三周年庆。乐蜂网在桃花节的预热专盯聚美优品，目的就在于抢占聚美的市场空间。随着乐蜂网双管齐下的动作，双方的竞争逐渐进入白热化，价格战应运而生。

## 折扣只是表面

价格战是商家们永恒不变的促销手段。乐蜂网这一次的桃花节，所应用的主题就是“疯了”，但是单单依靠“3 折封顶、1 元秒杀，花粉（积分）换现金”等折扣活动，不足以支撑“疯了”的概念。乐蜂网透露的折扣信息仅是表面文章，更深层次是打造“正品低价”的形象，通过“我有我正”的类似话题在社交媒体平台上宣导网站的正品概念。

通过受众分析，乐蜂网的目标消费群集中于 20～45 岁女性，她们追求时尚，有一定经济能力，关注外表美丽，对生活品质有一定要求。而根据调研数据，楼宇电视受众集中于 20～45 岁之间，一线城市 90%个人月收入在 3000 元以上，与乐蜂网消费群高度匹配。于是，乐蜂选择了分众传媒在楼宇广告、数码海报以及电视广告上投放，并将 30 秒投放长度拆成 15S+3 个 5S，提高投放频次达 240 次/天，广告版本采用尚雯婕担纲演绎的 TVC“不美不活”广告宣言，引发消费者讨论。

这一切集中、精准、高效的广告诉求，无不在表达乐蜂桃花节“不美不活”以及“正品低价”的信息。同时传统媒介的投放结合了微博话题的引导，在受众生活圈全方位引爆话题。在活动周期中，乐蜂网的新浪微博热词指数跃升了 10 倍，官方微博粉丝量 4 天涨了 50 万，直逼聚美的微博粉丝数，同时 2 月 27 日活动上线当天，乐蜂网流量上涨 358%，当天完成了 57 万份订单、总计 1.22 亿元的销售量。这就是乐蜂网投放策略的结果证明。

“创意方面，明星的借势传播以及网购体验的消费者互动上强化，并在传播角度，以多点连发方式，通过口水战、话题引爆挑起业内讨论与关注，提高品牌声量。2013 年乐蜂网桃花节最大的亮点是不美不活代言体预热火爆，挂靠《我是歌手》大涨关注度，公关事件延续热度，升华桃花节影响力。”乐蜂网相关负责人表示。

乐蜂原本的商业模式就是基于达人经济＋社会化电商＋品牌化驱动的垂直电商路线，达人的介入区别于聚美的团购路线，这也是乐蜂引以为傲的特点之一。

## 达人经济

达人经济其实就是粉丝经济的一种，它利用明星、红人的社会影响力，为产品或者品牌提供连续不断的关注和黏性。乐蜂网的达人经济是有一定的现实基础的。乐蜂网的创始人李静原本就是主持人出身，同时李静所创建的东方风行娱乐传媒机构理所当然地成为了乐蜂网在艺人资源上的靠山。而且，东方风行制作的多款电视节目也能够为乐蜂的艺人资源提供补充和更新。这就奠定了乐蜂网的达人属性。

乐蜂网通过达人的入驻或者推荐，挖掘达人的性格特质，并将其和产品特性联结在一起，将达人的社会影响力转化为效益，通过达人经济建立一个可以分享、传播品牌精神并具有交易功能的平台。可以说，在电商行业普遍低迷的态势下，乐蜂网的成功突围，是建立在“达人经济”的模式上的。

乐蜂网在营销端也充分利用达人的知名度，不管在 TVC、分众媒体还是在社交媒体上，不断让明星达人频频曝光。2013 乐蜂网的“疯 GO 桃花节”更是将尚雯婕的不美不活演绎得淋漓尽致。达人经济能在短时间内聚齐一定的关注流量，乐蜂及时将话题炒作以及正品折扣的概念传达到受众流量中，在活动周期中稳定了流量转化。聚美也尝试利用明星的光环来为自己站台，可惜乐蜂网连绵不断的艺人人脉资源不费任何力量就能压住聚美的“站台战略”，于是逼得聚美只能让陈欧出来给自己代言。

然而，乐蜂网的达人经济主要还是依靠李静以及李静创办的东方风行，一旦达人经济成为了乐蜂网的主要营销手段，那么在电商环境中，其他所谓的互联网思维运作就将逐层削减，产品、服务、渠道等方面的权重必将随之下降。

2014年2月，乐蜂75%的股权被唯品会收购或许正是因为乐蜂网过去两年过分依赖于达人经济而偏离了电商核心。我们期待着，在达人经济不再是乐蜂网的第一要素，当乐蜂网逐步完善产品链以及服务端口的时候，乐蜂的“桃花节”再次给我们带来全新的惊喜。

**专家点评**

**点评：**庐陵子村

庐陵子村，原名彭勇，江西吉安人。互联网从业者，专注于社会化营销及新媒体公关。出品自媒体品牌（书客），微信号：shukewenzhai。

## “造节”背后的营销启示

自“双11”开始，“造节”已经成为各大电商纷纷追捧的营销策略，一时间大大小小的“购物节”不绝于耳。当然，并不是每个商家都能建立属于自己的购物节，成功的背后是能否激发消费者的“集体无意识”或口碑传播。

这是一个信息爆炸的时代。我们每天都淹没在无数的信息中，品牌要想在信息中脱颖而出，甚至影响其他的信息，形成信息洪流，这对于传播者的考验越来越大。因为，以往渠道控制舆论的方式将不复存在，渠道将不再是舆论的风向口，而是舆论的分界线，且越来越精细化、内容化。传播者如果只是和以前一样，简单地将内容向制高点的渠道覆盖，最终的结果往往会是“点”的传播，无法形成“面”或“链式”的传播。

如何才能形成“面”或“链式”的传播呢？其实，前面已提到，那就是让消费者出现“集体无意识”或口碑传播。以乐蜂网“桃花节”为例，下面谈谈信息爆炸时代传播的不同特征。

“集体无意识”是勒庞在他的传世名作《乌合之众》中提到的。他认为，民众缺乏理性，依赖于信仰与权威的引导，用想象来判断，模仿他人行为，简而言之，民众是盲从的。也就是说，只要你能利用民众的这种盲从缺陷，要形成信息洪流就轻而易举了。所以，“造节”就是这样一个因素推动出来的，在强势的打折和舆论下，大部分消费者自然会形成无意识盲从。

当然，要想消费者出现“集体无意识”行为，绝不是简单一句话的事。就拿“桃花节”来说，它首先会有一些客观存在，但易主观引导的前提，如“桃花节”期间乐蜂网与聚美优品的价格战，这在大众看来两家商品肯定会大降价，已经形成了主观引导。然后再加上一些事件、新闻、活动的推动，“集体无意识”行为很有可能做得到。

口碑传播其实是一个“三人成虎”的过程，传播者在操作的过程中，需要满足的一个条件是：天时、地利、人和。“桃花节”很大程度上就满足了这三点。天时，三月桃花盛开的时节，也是女性购物的一个旺季。地利，分众传媒作为中国最大的数字生活圈媒体平台，其楼宇电视网络集中覆盖全国商务楼宇的白领人群，而乐峰的目标消费群集中于 20～45 岁女性，她们追求时尚，有一定经济能力，关注外表美丽，对生活品质有一定要求。根据调研数据，楼宇电视受众集中于 20～45 岁之间，一线城市 90%个人月收入在 3000 元以上，与乐蜂网消费群高度匹配。人和，乐蜂网通过电视娱乐节目打造了自己的明星阵营，吸引与明星态度相吻合的消费者，形成以庞大粉丝数量为基础的达人经济。比如采用尚雯婕担纲演绎的TVC“不美不活”广告宣传，就引发了消费者的热烈讨论。

所以，“造节”的背后是营销的不同玩法，如何让民众盲从你的品牌活动，如何引爆口碑传播，都是一门学问。

[本案例荣获 2013 年金麦奖 | 其他类　入围奖]

# 简单网基于社交平台的千万用户获取百万商品销售

基于对用户的分析来选择活动推广媒，并利用有价值的内容形成用户黏性，培养用户的信任基础，同时刺激二次传播。

文｜ 孙　瑶

**项目介绍**：简单网提出“选款师”概念，通过社交平台上的多个选款师账号，用户可以与各个选款师建立专有沟通通道，进行针对性的穿衣指导、服装推荐和交流互动。通过个性化的风格测试了解消费者需求，通过选款师推荐的方式实现销售目标。

**营销背景**：

· 女装导购类网站发展迅速，市场竞争激烈

· 各渠道的流量价格上涨明显，新消费者获取成本飙升，传统的纯广告引流方式已无法吸引消费者。

**营销策略**：

个性化推荐，以 SNS 为核心，在 Ad Exchange 展示广告、搜索广告、网址导航、EDM 等多渠道同时进行投放。

近些年，淘内流量的价格上涨让商家获取用户的成本飙升，传统的引流方式显然已

经无法吸引消费者，再加上女装导购类网站的频频出世，例如蘑菇街、美丽说等，消费者可选择的空间增多，行业竞争日趋激烈。而淘内卖家对淘外推广渠道认知有限，淘外流量质量又良莠不齐，淘内店铺急需专业平台来进行更有效更全面的流量支持。

全年推广项目的ROI达到54：1，这或许是让很多商家羡慕嫉妒的数字。简单网基于个性化推荐，拥有众多专业服装搭配内容的精品女装，通过行业领先的技术手段，根据用户不同喜好，只展示与她风格匹配的商品，才能实现千人千面。考虑到女性消费者的个性化需求，简单网通过选款师来覆盖不同风格偏好的用户群体。自2012年12月以来，选款师粉丝数量取得高速增长，2013年，选款师的QQ空间活跃粉丝1120万，新浪微博粉丝30万，平均每天访问网站的用户数超过50万，月销售额超过1800万元。简单网通过个性化的风格测试了解了消费者的需求，再利用选款师推荐的方式实现了销售目标。

## 聚合同类用户

简单网观察发现，在穿衣搭配方面，很大一部分女性用户对自己的购物需求并不明确，经常会盲目跟风，所购买的衣服并不是最适合自己的，她们有需要专业选款师指导穿衣的愿望。同时，社会化媒体的女性用户与淘宝网购人群的年龄段高度契合。社会化媒体以人为核心，具有传播速度快、互动性强的特点，但对运营要求较高，卖家一时难以独立操作并达到一定效果。

在结合自身优势的基础上，简单网采用“一个核心，多个辅助”的策略，即以SNS为核心，在互联网广告交易平台展示广告、搜索广告、EDM等多渠道同时进行投放，全互联网吸引用户来关注社交平台上的众多选款师。她们或来自于服装设计院校，或是搭配达人、时尚编辑，具有超前的时尚敏感度。基于浪淘金公司的效果广告系统，简单网可以精准定向网购女性用户，通过互动性强的素材吸引目标用户进行包括测试在内的多种互动活动。

活动推广媒介的选择是基于对用户的分析，社会化媒体互动性强，传播速度快。2012年11月底，简单网选款师入驻QQ空间，为用户提供个性化内容；之后，“你什么

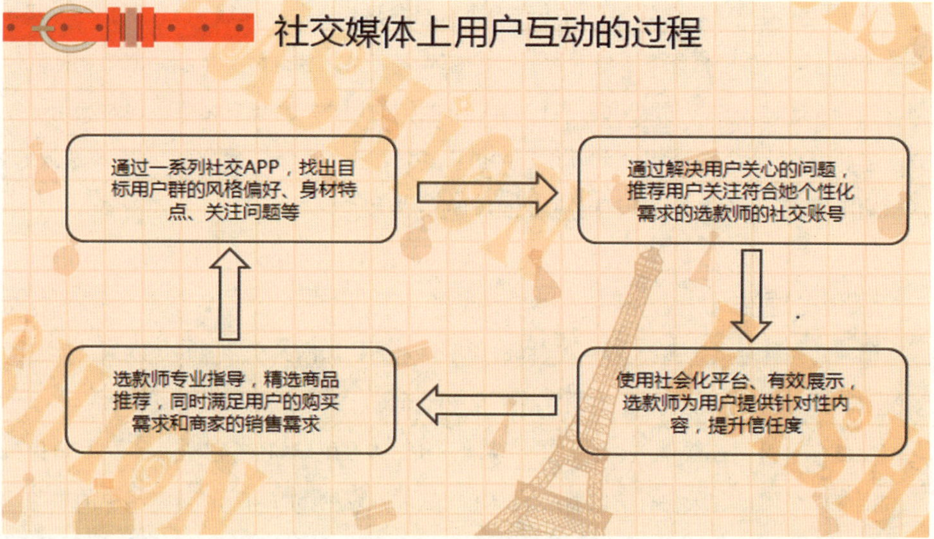


范儿"、"我要私人选款师"、"我的明星范儿"等多款APP在QQ空间应用中心和新浪微博应用中心上线，在新浪微博进行女性用户定向投放，APP通过多步骤设计，在准确把握用户喜好的同时，筛选真正对选款师感兴趣的用户；2012年12月中旬，这些APP在搜狗、360等平台同步开启投放，进一步增强"选款师"概念的曝光，并引导用户成为微博、空间的关注对象；"不同的社交平台的人具有不同的特征，本身我们网站也可以通过微博和QQ登录，而选择QQ空间和微博来推广是考虑到经常活跃于这两个平台的人跟我们的网站用户重合度是很高的。"

与此同时，简单网在广告投放上使用多渠道组合的方式，覆盖SNS、Ad Exchange展示广告、搜索广告、网址导航、EDM等，快速锁定女性用户，并通过强吸引力的素材引导用户在网站上参与测试，筛选高质量的用户关注到与自己风格匹配的选款师，打造搭配意见领袖，形成粉丝群。每个选款师对应某一类风格偏好的用户群，通过社交平台上的多个选款师账号，与各个选款师对应的用户群建立专有沟通通道，进行有针对性的穿衣指导、女装推荐和交流互动。这一方面提升了简单网用户黏性，另一方面也建立了高效的销售通路。

为了加强用户对“选款师”的关注，简单网发起 # 选款师课堂 #、# 服饰百科 #、# 选款师问答 # 等多个搭配类微博话题。2013 年 4 月，网站新开辟了选款师课堂和选款师问答栏目，通过选款师与用户的一对一解答方式，为用户解决穿衣困惑，同时利用这些有价值的内容形成用户黏性，培养用户的信任基础，也能形成二次传播。“私人选款师”活动利用 400 万元的广告费用吸引了 1150 万的注册用户。

### 活跃主题推

但网站光有流量还远远不够。怎样能让用户定期访问网站，并且快速获取高质量的新消费者，完成平台的用户积累，为商家带来优质流量，实现销售？

2013 年 8 月，选款师“主题推”上线，一方面指点用户如何穿衣搭配，另一方面最大程度上满足用户购买物有所值商品的需求。选款师定期（每周三）设计相关的主题活动，聚合商家精选商品，向用户作有针对性的推荐，让用户只看到自己感兴趣的内容，最后形成订单。也正是因为公司拥有多年互联网广告投放经验，不仅定向投放经验丰富，制作的推广素材也更能打动用户，形成高点击率和高互动率。

运营过程中，简单网积累了如“单品团购”、“主题联投”、“单店促销”等方式，满足商家不同阶段、不同目标的需求。活动期间网站日均 UV 超过 20 万，平均每天用户产生 300 个搭配类问题，形成 7000 个订单，其中有维持 8 天的主题推活动销售总额超 700 万元。主题推不仅为商家带去流量和销量，同时也对网站产生反哺作用，让用户形成访问网站的习惯。新浪微博和 Qzone 成为女性用户与选款师互动的主要阵地，截至 2013 年，简单网选款师已回答服装搭配问题数万个，用户每天仍产生 300 多个搭配类问题。

正是这一连串的微博以及 QQ 空间联合营销推广，简单网在得到精准用户的同时又满足了商家的销售需求。采用数据分析技术准确判断用户喜好，通过推荐技术将适合的产品推送至用户面前，减少用户购买决策时间，快速产生购买，此类营销活动释放了用户定向投放的能力。

Tips：营销计划安排

[本案例荣获 2013 年金麦奖 | 最佳社会化营销类　入围奖]

# 相宜本草寻找最美的百合仙子

文 | 陈　晨

**项目介绍：**相宜本草是较早期的国货化妆品品牌，面对其他国货品牌的崛起，国货化妆品的竞争日益白热化，恰逢新品上线，于是相宜本草策划选秀活动，同步线上线下传播，提高品牌影响力。

**营销背景：**

· 其他化妆品国货品牌崛起，相宜本草市场份额下降，急需扭转局势。

· 相宜本草新产品系列上线，新品需要更多曝光和认知。

· 时下真人秀节目流行，美女效应容易引起围观和互动。

**营销策略：**

· 时下真人秀节目流行，美女效益容易引起围观和互动，借力选秀热的东风策划选秀活动，推广上线新品。

据资料显示，中国的化妆品市场每年的增幅在 10%～12%，2008～2012 年，中国化妆品市场膨胀了一倍，而外资化妆品品牌销售下滑。雅芳在中国市场的营收同比大幅下降 67%，欧莱雅和保洁则均在亚太市场罕有地出现了 1.2%的营收下滑。国际连锁企业管理协会近日也发布消息称，雅诗兰黛集团 2014 财年最新一季销售盈利下降，净盈利

4.325 亿美元，略低于去年同期的 4.475 亿美元。

当然，这与本土化妆品品牌的崛起以及日益加剧的竞争不无关系。国产品牌的质量水平普遍都有了较大提高，其中以尤以天然、本草等特点的产品更赢得本土消费者的青睐，目前国产品牌在护肤品领域的发展势头较猛。

势头越发强劲，竞争越发激烈，随着国产化妆品品牌崛起，相宜本草市场份额急剧下降，亟需扭转局势，在品牌构建过程中寻找并搭建企业与市场和消费者之间的多触点。相宜本草强调的是“内在力，外在美”。所谓内在力，就是其品牌内在的本质化创新，其根源在扎根于中国传统的本草和中医药理论及实践而取得的创新，这就要在市场上建立起与西方化妆品品牌差异明显的特征。基于此，相宜本草在外在触点的可链接性上发挥到了极致，包括名称、品质、形象、使用、品牌元素和服务等方面做到了与消费者之间的良性沟通。相宜本草的新产品百合系列正是如此。

新品上线需要更多曝光和认知，而时下真人秀节目流行，美女效益容易引起围观和互动，是否能够借力选秀热的东风？“寻找最美百合仙子”应运而生。

相宜本草通过后院、微博、微淘、微信等社会化媒体发起寻找最美百合仙子活动。评选特别采用网络投票、相宜本草评审团、淘宝评审团综合评选的方式进行打分。2013 年 9 月 30 日至 10 月 31 日吸引 2705 位 MM 通过分享自己的水润靓丽照片和水润秘诀参与到“最美百合仙子”的评选，选出 105 名最佳候选百合仙子，共有 6.5 万多名用户参与投票，超过 100 万人关注。2013 年 10 月，相宜本草天猫店铺销售 815 万元。

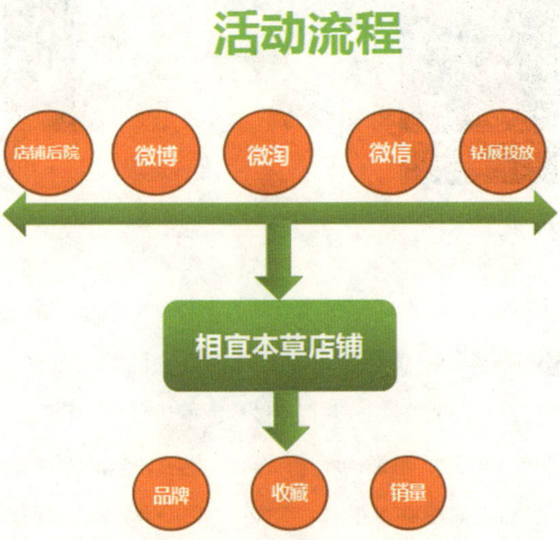

## 线上全渠道预热

选定与百合新品系列相符合的代言人宋佳来代言，设计百合新品专属的淘公仔进行发放，配合多个平台，全渠道预热。

后院。主要活动立足于后院，后院热度展示际参与人数 3047 人，后院热度全网排名第四位。在后院活动栏目，消费者可以在晒照片中上传原创照片来预热微博活动，公布寻找最美百合仙子的活动规则。后院小报分 17 期展示活动的精彩图集，同时公布中奖名单。

微博。每周进行微博活动，上传水润靓丽照并说出水润秘诀，分享照片至新浪微博 @ 相宜本草官方旗舰店，即可获得百合仙子淘公仔，邀请好友投票更有机会获得 5S、微单、miniPad 大奖，并且转发 @ 好友，就有机会获得化妆品套装。微活动第一波有 139893 转发，41538 评论，第二波有 195485 转发，59334 评论，有 600 万阅读人群。另外，借助意见领袖的作用，百位护肤达人热推百合套装，引发千位认证、万位达人用户参与，话题讨论 685134 次。

微信、微淘。同步微博的有奖互动，推出妈妈秀、护肤秘籍分享的专题进行推送。通过活动微淘增加 8796 关注，10 月访问量较之 9 月数倍增长，10 月评论数也稳定增长，日评论数由 0 飙升最高至 1096。为了达成更好的微淘活动效果，活动拿下了手机淘宝的首焦，获取更大的曝光，单条晒图赢奖品的微福利活动，关注增加 800，互动增加 1500，账号访问量增加 1500。

配合钻展，EDM 投放，天猫小焦的付费推广使得活动进入高潮。EDM 以信件新建的形式发放到顾客手中，共发送人数 100 万，打开人数 51602，回购金额 197201.86 元。天猫小焦的流量也很惊人，10 月 21～23 日获得近 1 万流量。

## 线下活动引爆

相宜本草网络营销取得的成功，线上活动功不可没，线下跟进也不可或缺。网络营销并不是单纯只在网络平台进行工作，还需要线上线下互相配合，实现虚拟与现实的完美结合。

2013 年 11 月 16 日，“百合水润品鉴会暨最美百合仙子颁奖典礼”在美丽的杭州紫萱度假村举行，现场揭晓最美百合仙子花落谁家。资深美容老师 Eva、淘公仔负责人春晓、相宜本草品牌代表、百合仙子以及 30 位热心粉丝出席活动。

本次评选特别采用网络投票，相宜本草评审团、淘宝评审团综合评选的方式进行打分，最终产生 1 位百合仙子，获得最新 iPhone5S 一台及相宜本草研发中心参观机会，1 位水润女神获得索尼微单一台，3 个水润女王各获得 16GiPad mini 一台。除此之外，相宜本草还与淘宝网合作，特别推出了首款限量版百合仙子淘公仔，作为特殊奖励给每一位参与评选的选手。而参与网络投票的 5 万多名网友也均获得了百合高保湿旅行套装，共同体验百合的水润保湿能量。

百合仙子淘公仔 DIY 评选作为本次活动的压轴大戏。每位粉丝入场时都领到了相宜本草贴心准备的 DIY 手工盒，她们纷纷用水钻、珍珠、婚纱等工具装扮出属于自己的百合仙子。最后共有 7 位粉丝进入终极 PK，经过别开生面的拉票环节，最终两位相宜本草超级粉丝凭借别出心裁的灵感和设计理念拔得头筹，分别获得由阿里巴巴淘公仔提供的限量版西游记淘公仔一套。

2013 年 11 月 26 日，“百小仙，我们做朋友吧”活动再次拉开帷幕。凡购买百合高保湿水漾年华礼盒的消费者，可获得相宜本草首款限量淘公仔“百小仙”，参与创意 DIY 活动。共有 14 名幸运粉丝凭借独特的创意、精美的 DIY 服装以及生动的编剧拔得头筹。

但相关负责人表示，整个营销活动还有一些不足。比如由于主要活动立足于后院，所以需进一步思考如何对店铺的流量转化和销售提升。应学习采取更多推广方式和平台合作，整合资源散点和统一优势力量等等。

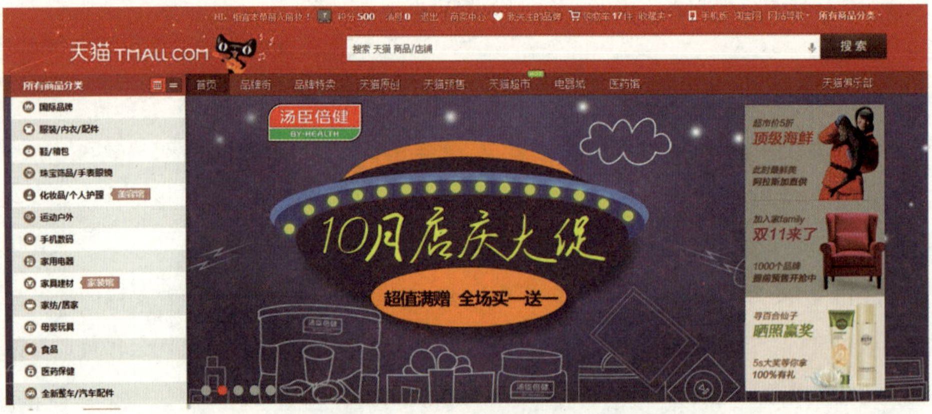

[本案例荣获 2013 年金麦奖 | 最佳无线营销类　入围奖]

# 上海购物节——“玩购黄浦”

线下商场如何对区域商业资源进行整合，并且实现线上用户、数据、传播与线下资源打通，是商圈最大化效益不得不面对的思考。

文 | 陈　晨

**项目背景：**上海黄浦商业区对线下商圈进行 020 整合。整合线下商场优惠及活动资源，通过微信、微博、App 发布，打通线上线下。

**营销背景：**

· 上海每年 9～10 月有线下购物狂欢活动，为了顺应电商发展大势，黄浦区商委期望通过上海购物节的热点效应形成长期可持续性的商业模式，并能够帮助线下。

· 消费者对黄浦商业区整体的传播推广没有认知，“玩购黄浦”品牌概念首次亮相，线下商场对区域商业资源在线上实现整合营销尚缺乏认知。

**营销策略：**

· 整合线下商场优惠及活动资源，通过“玩购黄浦”统一平台发布，形成信息唯一出口；

· 开发微信/微博/App 立体化产品，满足不同消费者使用需求。

电商的飞速发展，受冲击最大的是线下百货。上海购物节历时 7 年，是上海每年 9～10 月最重要的线下购物狂欢活动。为了顺应电商发展大势，尝试首次运用线上线下联动的方式助力购物节，期望能够把线上的人群带到线下，扩大购物节的热点效应，由

玩购黄浦移动端社交与购物营销整合解决方案

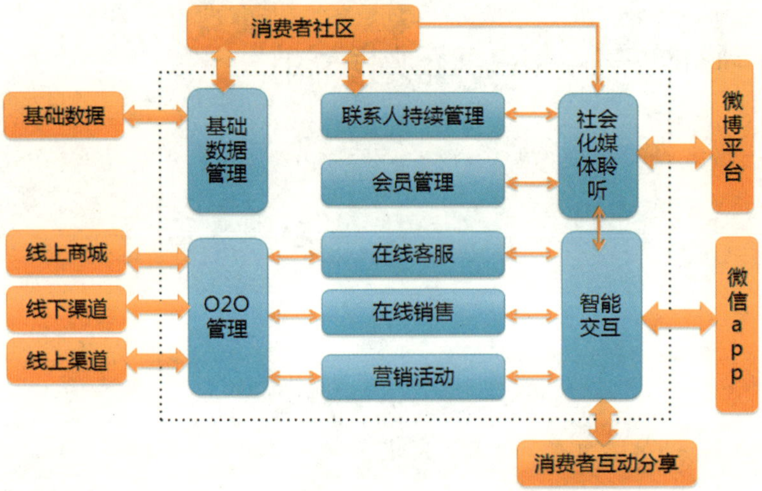


此形成长期可持续性的商业模式。此次，黄浦区近 30 多个商场，300 多个品牌都参与到了上海购物节 O2O 的项目中。

通过这次试水 O2O 上海购物节要实现两方面的增量：

第一，能否把江浙沪的消费者通过旅游产品引导到上海购物节。上海购物节前后持续近 1 个月，之前都是去周边城市做宣讲来吸引旅游消费，或者直接开着大巴把人拉到南京西路来消费，但是这种方式客户无法量化地积累下来，而且过于生硬，且传统，无法吸引时下优质的年轻消费群体。

第二，吸引本地消费群体做二次消费。消费者登录注册“玩购黄浦”App，或者关注“玩购黄浦”官方微信、“玩购黄浦”官方微博，平台自动录入消费者个人信息包括手机号、社交媒体账号等数据，为商圈及商场活动的二次推广积累更多更好的会员信息。

## 线上来的关注

简单来说，这次上海购物节试水 O2O 主要依靠微博、微信以及“玩购黄浦”App 来实现线上为线下导购的作用，并使得信息更为合理地推送，同时，推动品牌、商圈、媒体、消费者的有效联动。

“这个 App 在上海购物节 2 个月之前正式开始策划，用了 1 个月时间做出来。”瑞金麟整合营销经理朝红成说。“玩购黄浦”App 在黄浦区商圈及商场等商业资源的整体数据库基础上将黄浦区划分为六大商圈，更清晰引导消费者，传达各大商圈特点，将黄浦区商圈的商场进行整合，展示各大商场活动和品牌信息。

通过“玩购黄浦”的 App 可以实现摇一摇、签到、晒图分享等功能，用户同时可以参加“购物达人”晒图抽奖活动赢得商家大礼，充分利用社会化媒体及互联网特性，形成商圈、商场整合和线上线下用户的整合，加强消费者互动性、参与性、分享性。

在整个传播过程中，充分利用互联网及移动互联网的 SNS 传播特性，以社会化的方式将用户变成自媒体传播出去，引导“玩购黄浦”的会员将 App、微信、微博的内容信息主动分享到消费者自己的社交圈，利用口碑传播，形成最大范围的推广和社会影响。比如，@ 上海最资讯、@ 每日上海等上海本土人气意见领袖同步预热上海购物节开幕式以及黄浦购物激情夜、玩购黄浦 App 等相关内容，从效果来看，当天互动转评量达 1500

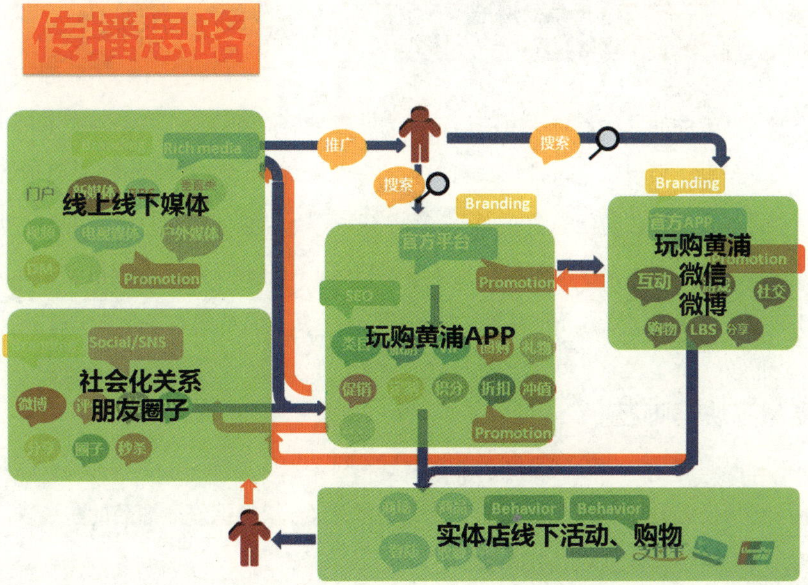

次以上。

除了这种常规的微博转发外，这次上海购物节还尝试了线上线下联动的“购物达人”活动。购物达人以商场购物的小票为基础，在导购的引导下，拍摄照片上传微博，参与评选 3 位购物达人。此次活动，持续 20 多天，通过新闻、微博、海报等方式宣传，吸引线上线下 3 万多人次参与，活动整体曝光影响 35 万人次。而在微信上也不仅是单纯开通公众号而已。“通过微商城可以按照商圈寻找商场，也可以按照吃喝玩乐来挑选消费的地方。同时也可以参与活动抽奖互动，获得商场奖品优惠等。”

曾几何时，让线下商圈苦恼的是如何挖掘本地人群的二次消费。追踪消费行为，收集消费者数据，这是一个不太可能完成的任务。但是，通过线上沉淀用户可以为购物节建立起消费者数据库。“目前 APP 的注册用户是 4 万，微信粉丝是 8000 个。”朝红成说。虽然整体的用户量并不大，但随着商圈在购物节结束之后继续对微信粉丝、微博粉丝、APP 注册用户进行相应的维系和有针对性的推广措施的实施，相信其未来的用户队伍一定不会局限在如今这个数字。

## 支付是块绊脚石

本次上海购物节的 O2O 实践还是首次尝试，只是把线上作为一个导购平台以及积累用户的一种途径。但真正的 O2O 还需要解决支付打通、会员共享、商品的多场景展现等等问题，不过这些实现起来似乎难度不小。

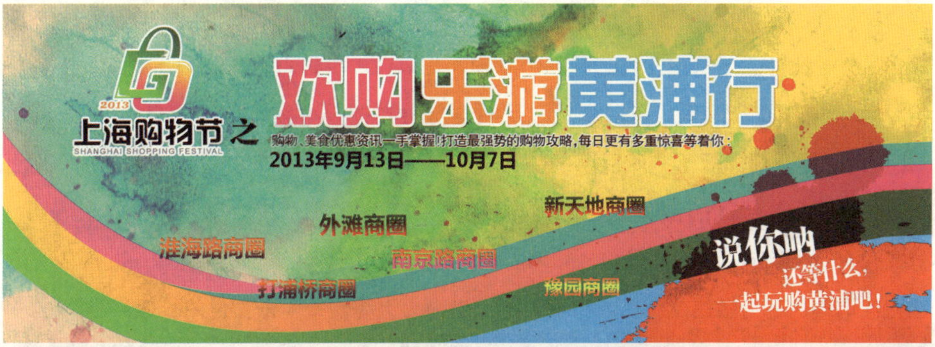

"一开始我们是想支持支付的，但线上和线下支付打通目前还存在一些商业问题，比如结算，有些是和品牌商结算，某些与商场统一结算。这就增加了线下财务的处理难度，加上南京路那边很多商场，很难统计。"朝红成说，为了实现这个项目，找了品牌方聊过 4、5 次，但始终无法找到合理的解决方法。虽然天猫在 2013 年也格外重视 O2O 的尝试，可以在天猫开设 O2O 的专题页，但是支付问题没解决，O2O 的后续实现就像是空中楼阁一样。

另外，比如线上购买的优惠券如何兑现，是通过手机扫码，还是 POS 机扫码？商场不愿意承担这部分成本。正因如此，支付这部分功能没有在本次购物节强行去推开。“我们把目标预期降低了，所以第一年就是通过工具与消费者建立联系，主要是多平台信息传递，发挥导购的作用，第二年才是把支付打通。”朝红成表示，2014 年上海购物节支付预计会实现打通。“目前 App 和微信的功能基本重复，在后期会做一些区隔，并强化微信端，因为微信支付已经打通，可以借力为上海购物节做支付的打通。”

除了支付问题以外，上海购物节势必还要在线上线下利益分割、会员共享、线上客服销售等方面花大力气来探索。“未来在线上想要实现品牌内容的输出和服务内容的输出，点对点地服务消费者。各个商场有几十年或上百年的服务形式和模式，可以根据他们各自的目标客户群提供针对性服务，比如新世界针对 40 多岁的高端客户群，就会推出定制服务，可以在线上实现定制品牌设计师的产品，线上销售，线下享受服务。”

**专家点评**

**点评：周　翔**

微软 5 年咨询顾问经验，于 2011 年创立 Kancart 移动电商平台，著有移动电商领域第一本专业书籍：《决战移动电商》，福布斯杂志中美 30 位 30 岁以下明日之星，福布斯中国网站开设专栏，PayPal 全球移动战略合作伙伴，亚太区移动战略合作伙伴。Kancart 目前服务超过 8000 家零售商，遍布亚太地区和南美洲地区。

## 不发福利的 APP 都不是好 APP

第一次看到上海购物节的 O2O 案例，我还是眼前一亮的。通过一个线下线上贯通的活动，线上由微信、微博、APP来承载，线下由传统的活动来承载，使消费者可以更深入地参与活动，与活动互动。

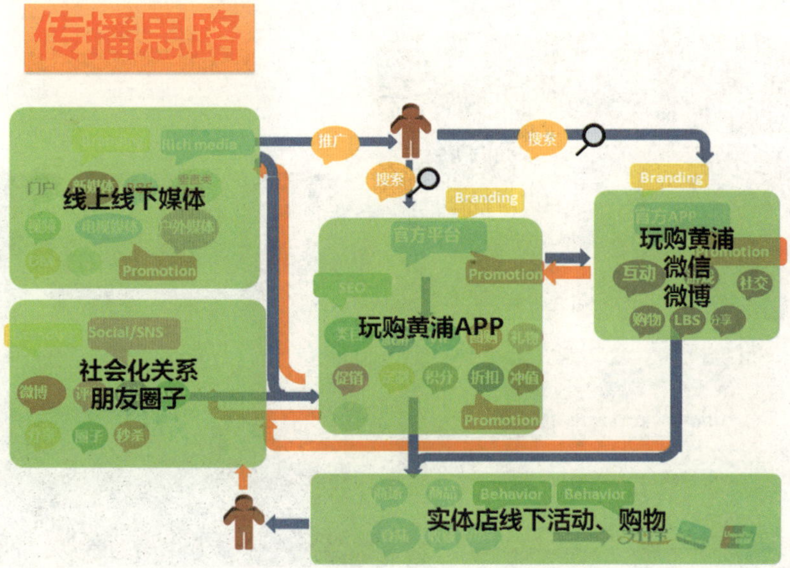


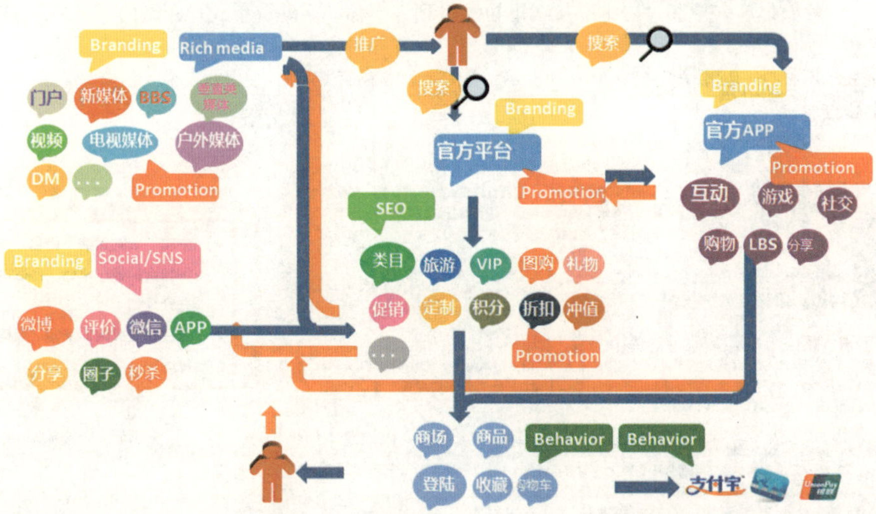

先从营销传播的角度来看这个案例。线上线下的媒体覆盖全面，户外广告、主流媒体的报道预热，活动有媒体内容的持续更新，社交网络的话题制造传播。这样一个营销传播的布局很全面。并且从案例提供的图片说明来看，执行也是比较到位的。

户外媒体广告，通过二维码从线下拉流量到线上移动活动，承载媒介微信、微博、APP。

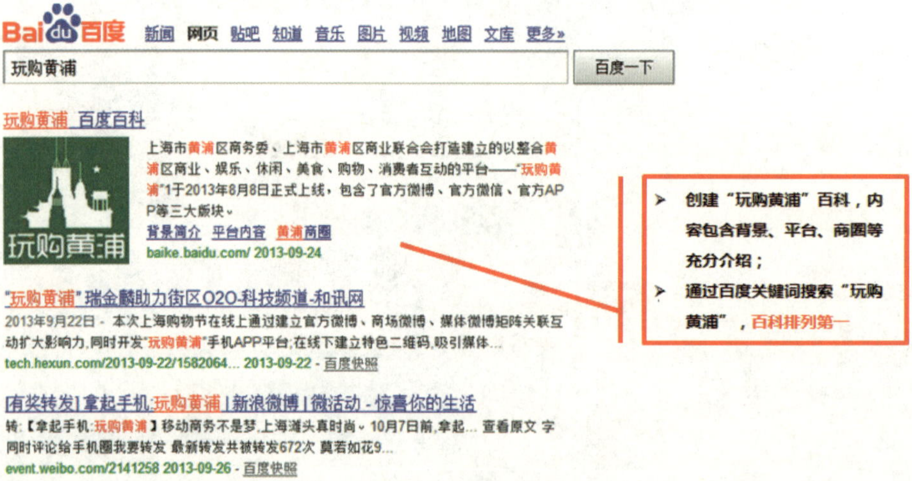

搜索引擎做了百度百科，让消费者一搜就可以清楚地了解玩购黄埔是什么活动。避免大量新闻内容干扰。

话题制造，社交传播。通过有针对性的BBS论坛、大号转发等，传播给更多消费者，让消费者知道这个活动，对活动产生兴趣。

各大主流线上媒体报道。

线下活动有计划、有节奏地配合。

营销传播这块做得很好，无可挑剔。但我们不能光说好的地方，还应想一想如何才能做得更好。这个案例有一个可以改进的地方，就是最后线上承载活动的产品执行。

最后在移动线上承载这个活动的是一个玩购黄埔的APP。我也特意下载了这个APP，

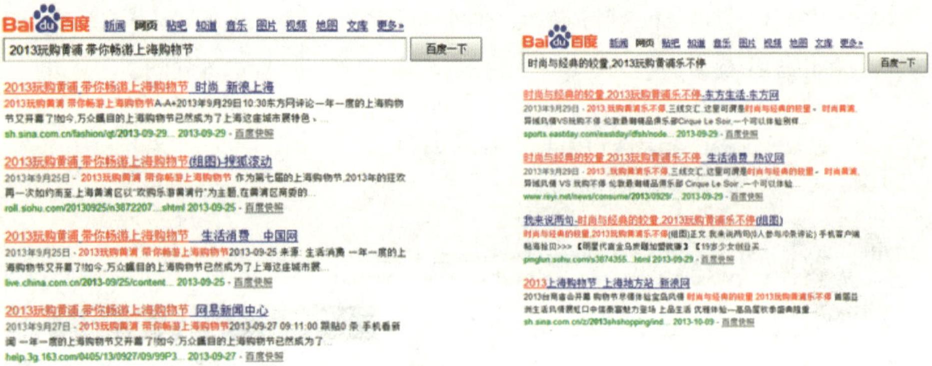


看到案例介绍，这个 APP 只用了一个月的时间就开发上线了。体验了一下这个 APP，发现了许多问题。其中最重要的一个问题就是这个产品没有清晰的思路，有点大杂烩的感觉，堆了一堆功能在 APP 里，而相互之间的关系、对用户的价值，整个逻辑让人觉得没有想的很清楚就做了。

我只想提一个问题，大家需要思考的，用户为什么要装这个 APP，你给用户是解决了什么问题还是提供了什么价值？

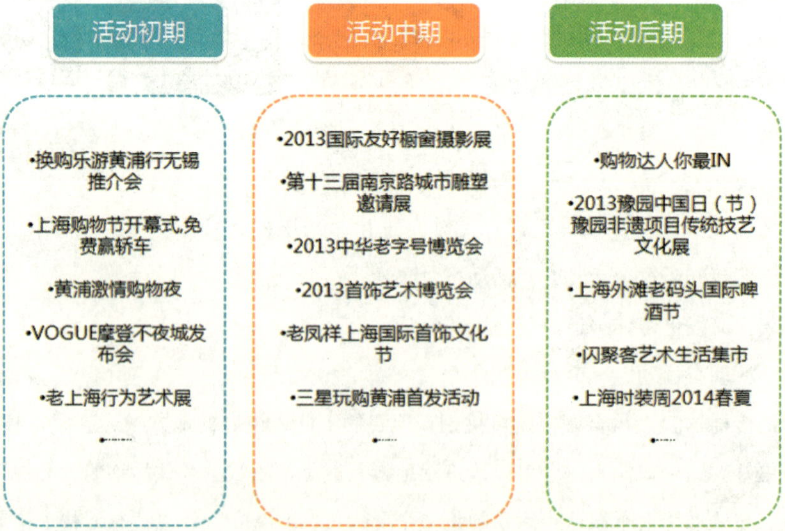

“玩购黄浦”app 首页

“玩购黄浦”app 商圈列表

“玩购黄浦”app 商场列表

“玩购黄浦”——黄浦玩

“玩购黄浦”——黄浦食

“玩购黄浦”——摇一摇抽奖

要想用一句话来回答清楚上面这个问题，从现有的玩购黄浦APP来说是非常难的。

其实我认为，只要能解决好一个问题就足够了，就是别人来购物节，最关心的是什么？哪里有优惠和折扣，哪里有精彩的活动？用户不需要了解黄浦区都有哪些商圈，哪些景点，这些对他意义并不大。而且APP内还做了社交功能，我看见在APP内参加人数最多的活动是17人，这样的用户数量在APP内谈社交毫无意义。最后的结果是做了很多功能，但每个功能都做得很浅，没有办法真正玩起来，而最容易切入的点，也被埋没在一堆切入性比较差的功能里，最后这个APP成了这个活动让人比较尴尬的遗留物。

我建议，如果2014年再做上海购物节活动配套移动端的话，最好砍一砍功能，突出优惠折扣活动这一个点，把这个点做深，可以配合一些游戏规则，做到用户有爽的感觉。如抢到好东西了，不管是实物商品还是餐饮娱乐，付钱了，消费者感觉好爽！

最后小结一下：营销推广无可挑剔，移动线上承载产品可以做得更好。

[本案例荣获 2013 年金麦奖　最佳无线营销奖]

# Philips 手机音乐新享法

结合手机来做体验式传播，并不像表面那么简单。技术实现、创意内容展示、页面流畅、互动步骤等环节都在考验策划团队对手机端的认知。

文｜ 孙　瑶

**项目介绍**：2013 年，飞利浦推出手机音乐基座产品 docking，以期改变用户播放音乐的习惯并吸引用户购买。利用手机和电脑实现双屏互动，加上当红明星以及社交媒体的推动，给予用户真实的产品体验，同时促进销售。

**营销背景**：

消费者播放音乐的行为习惯多为通过手机、平板等移动设备听音乐，如何改变已有的行为习惯，并让他们对 docking 播放音乐产生兴趣？

**营销策略**：

· 通过双屏互动的虚拟数字体验，让消费者体会“只要一个简单动作，就可以开启全新的音乐享受方式”的品牌核心信息，从而帮助其在网上快速做出购买决策。

· 使用社交媒体、名人意见领袖、病毒视频等多种方式进行组合传播。

听音乐时可以做其他事情，这大概是很多用户选择手机和电脑享受音乐的初衷，但是，这两种工具听音乐虽方便，却也失去了音乐本身该有的音质，且不能长时间播放。

飞利浦 docking 是一款多媒体扬声器，当目标消费者习惯了手机和平板电脑播放音乐，在预算有限的前提下如何将这款产品推到消费者面前，改变这种已有的行为习惯，成了摆在营销团队面前的一道难题。

## 定位双屏

根据调研数据显示，在亚太地区，用户对于媒体的注意力 90%在屏幕上，10%的眼光会注意别的信息，同时 37%的消费者会有跨屏体验，对商家来说，利用手机结合传播产品是一个大好的机会。再加上，手机在人们日常生活中已经成了无法忽略的一部分，据统计全国智能手机的用户更是超过了 73%。

在这样的一个数字环境中，每个人的时间愈发碎片化，对于品牌来说，通过手机来传播更能找到和消费者沟通的机会点，相对的性价比也更高。“必须告诉大家享受音乐有一个新的方式，让顾客在线就感觉到产品的好处，尤其像数码产品，更是需要体验过之后才能产生购买的欲望。如果用手机和 PC 端来进行双屏结合，顾客就可以在网上很直观地感受到产品，最后帮助顾客实现购买冲动。”幕后策划团队上海氩氪广告业务总监阮华晟说。当然，并不是一开始就确定用手机来做结合营销。起先阮华晟设立了两种互动方式，除了双屏互动外，也可直接用 PC 端来操作产品，这种方式适用于那些暂时不能用手机来操作的用户。但跟踪两种方式的转化率后发现，选择用手机的人数远远多于后者，转化率也更高。

所以说，手机在这里充当的是一个帮助角色，帮助用户体验到产品要传达的品牌信息和功能特性。前期，通过对《夏至音乐节》以及乐视网《LIVE 生活》演唱会的深度合作及宣传报道，以及与公益组织共同倡导“放下手机一小时”，引发用户对于享受音乐方式的思考。2013 年 7 月 23 日至 8 月 18 日，飞利浦利用手机和电脑实现双屏互动，用户在网站上用手机扫描二维码，这时就好像手机装上了一个虚拟的 docking，用户可以根据菜单选择自己喜欢的音乐，也可以连接着 PC 端播放对应的音乐，PC 端的菜单也会随着选择发生变化。活动对 4 款主推产品进行卖点剖析推广，网站承接在天猫品牌站上，这样就能把前端所有入口的流量都集中导入到活动页面，从而让前端营销和销售转化形成一个闭环。这也就解决了销售转化不能及时反应的问题。活动期间，从活动网站导入

天猫店铺的销售访问流量突破2万，“扫一扫”共计3万余次。“当然这个手机屏和PC屏是通过技术来实现的。”顾客做完这个动作之后，除了好玩还能真正了解产品。最后，商家采取一些激励机制，附加给力的促销引导购买。

## 社交推动

利用一个多月的时间，氩氪团队做好了方案的沟通和基本框架，通过后台的监测数据表明，运用手机端来做结合的转化率更高，所以阮华晟坚持通过微博和视频类网站去传播双屏互动的体验。

在宣传初期，考虑到口碑的力量可以让顾客大幅度产生购买冲动，氩氪团队就将宣传放在了微博上，通过“放下手机一小时”MV鼓励消费者参与双屏互动，微博全程直播飞利浦携手Socool杂志在北上广三地发起的万人大签名活动，最后共有1600多次的用户参与微博分享。这时，线下的宣传也不能落下，飞利浦邀请了2位时尚潮人，手举“放下手机一小时”活动牌，在上海人流密集地及手机依赖症频发地带（如地铁）发起快闪活动，以活泼的舞蹈形式号召人们放下手机。

与此同时，还联手当红歌手推广产品，利用明星对粉丝的号召力与影响力，对潜在用户进行品牌及产品的推广。针对微博用户人群，邀请KOL红人对产品进行试用及推介；紧接着产品推广微博活动上线，从怀旧的角度，引导用户回忆陪伴自己的音乐伴侣，从而引出Docking这个全新的音乐伴侣形态；最后邀请微博大账号对活动进行推广与传播，号召更多的网友加入活动。“在传播媒介上，我们会根据传播目标去选择，想要获取

年轻人的流量，视频类网站刚好符合这个特性，比如乐视网上有很多音乐类的节目，在上面做一些传播更能让我们找到目标人群。”而针对淘内渠道，无非是找到想买影音类产品的用户，利用直通车等方式进行定向推广。此外，病毒视频《昵称也疯狂》在社交平台上线，在官微平台上发起征名活动，号召网友为产品取昵称，进一步加强与用户的互动，从而达到提高产品知名度的目的。

可想而知，这三个渠道的传播效果截然不同，视频类网站可以增加产品的曝光，微博可以增加话题的讨论、转发，提升讨论深度，淘内资源则能提高销售的转化。抛开淘内渠道，飞利浦 docking 花费了约 200 万元的推广费用，从活动网站导入旗舰店的销售访问流量突破 2 万次分享，微博曝光次数超过 1307 万次。

结合手机来做体验式传播，并不像表面那么简单。技术实现、创意内容展示、页面流畅、互动步骤等环节都在考验策划团队对手机端的认知。在数字信息传播时代，信息每时每刻都在发生变化，今年的经验到了明年或许就不适用了，这就不得不逼着团队做好快速适应营销。“所以在做方案时，费用上我们将 90%的预算用于规划好的渠道和方式，预留 10%用于其他资源，这样的话有两个好处，短期内可以通过试验性投入及时观察修正投放策略，保证营销达到最好的效果；长期来看，如果说品牌这一年中不断进行新的尝试，那就会找出一个最快最好的营销模型。”

站在一个数字营销的角度看，并不是无线营销代替了以前的营销方式，而是现在用户的思维方式在发生转变。所以把自己想象成用户，结合手机抑或是别的精准渠道找到消费者，才能让营销效果最大化。

**专家点评**

**点评：**张 璐

氩氪互动总经理 、新锐数字营销人。商业管理学士，上海交通大学市场营销及电子商务MBA。上海交通大学网络营销客座讲师。对互联网传播、电子商务、无线营销有丰富的实际操作经验，曾多年就职于麦肯光明、恒美等多家国际化广告公司，从传统广告到新媒体营销都有独到的见解，并且拥有扎实的营销理论和多门类客户的服务经验。长期服务 LVMH 路威铭轩、McDonalds 麦当劳、SEPHORA 丝芙兰、Avene 雅漾等国内外知名客户。

## 从生活中找灵感

放下手机一小时，享受音乐，享受与小伙伴的愉快，飞利浦在 2013 年夏天小清新感觉的营销推广，让人记住了飞利浦造型新颖的音乐基座。

**拒绝手机绑架**

越来越多的年轻人变身“低头族”，在智能手机时代成为人们吐槽的社会现象。“放下手机一小时”用创意 MV 真人＋手绘的方法，轻松有趣地描绘了现代年轻人的生活，让身边的很多人都会心一笑，也激发了年轻人对现状的思索——“我们应该放下手机，看看真实的世界”，去享受音乐、享受美食、享受好友面对面的玩乐……这则视频也为产品的营销活动做到了自然柔和的预热。

**一站多能的天猫品牌战**

天猫悄然推出品牌站，飞利浦则紧随其后，借势打造了一次创意＋销售融会贯通的营销活动。

很多品牌挖空心思想要突破屏幕的创意，却未能出现使人眼前一亮的方案。而飞利浦只用了看似简单的互动流程、实则趣味的双屏体验，准确地呈现出了产品的卖点——智能手机时代，如何享受音乐与生活。这也是现在很多人都在思考的营销问题，如何以最简洁的用户体验，传递品牌精神或直接的产品体验。

此时天猫店铺内近半价的大幅度折扣优惠，辅助传播创意，直接刺激消费者完成购买决策，很好地帮助品牌实现高效省力的销售转化。

另外，品牌使用音乐、歌手、潮人等意见领袖，迎合了受众口味，同时又展现了品牌调性。在刘力扬、顺子等年轻人喜爱的名人带动下，大批年轻网友加入到产品使用与体验分享的活动中，帮助品牌在短期达到了良好的口碑效应，也为天猫品牌站带来了较好的浏览点击量。

虽然这是一次小型的营销推广，但是飞利浦带来了一种新的营销尝试，不再是单纯的互动营销、口碑营销或社会化媒体营销，而是典型的直面销售的一体化解决方案，灵活创意却也实效。

［本案例荣获 2013 年金麦奖 最佳社会责任奖］

# 汤臣倍健：用一亿个淘金币 爱一万个孩子

在淘宝上捐赠淘金币，从捐赠的物品到捐赠的渠道，再到使用爱心券的方式，无一不是互联网化的手段。回到营销本身，一场成功的营销活动中所需的噱头和传播价值，这场公益事件一开始就已经具备。

文｜ 王 骏

**项目介绍**：汤臣倍健是中国膳食营养补充剂领导品牌和标杆企业，也是中国保健行业第一家 AAA 信用等级企业。“免费午餐”是由邓飞等 500 多名记者和国内数十家媒体联合中国社会福利基金会发起的公益项目。2013 年汤臣倍健与免费午餐计划共同打造的一场颠覆传统的互联网公益事件，同时又是一个相当出色的营销经典案例。

**营销背景**：

· 汤臣倍健主营膳食营养品，与“免费午餐”基调相符。

· 有助于汤臣倍健进一步提高影响力和知名度。

· 对淘宝而言，可打造淘金币转型（由只可兑换转为可抵现金）第一案例。

**营销策略**：

首先，打造“捐淘金币＝捐爱心基金”的概念，用户每捐出 100 淘金币，汤臣倍健则捐出 1 元；其次，将店铺优惠券与爱心券同步，用户捐赠淘金币后可获得爱心券一张，且只要用户在汤臣倍健旗舰店使用此券，汤臣倍健则进行二次公益捐赠。

“用 1 亿个淘金币，爱 1 万个孩子。”2013 年 7 月 25 日，汤臣倍健发起的公益活动上线。3 个月后，口号里的“1 亿个淘金币”轻松超额，而汤臣倍健也按照 100 淘金币等于 1 元的兑换比例，共捐献了 100 万元人民币，联合中国社会福利基金会，将这笔款项变身为乡村学童多达 33 万顿的免费午餐。

毫无疑问，这是一起披着互联网外衣的公益事件。从捐赠的物品——淘金币，到捐赠的渠道——线上捐赠，再到使用爱心券的方式，无一不是互联网化的手段。再回到营销本身，一场成功的营销活动中所需具备的噱头和传播价值，这场公益事件一开始就已经有了。

## 最低门槛整合资源

数据显示，汤臣倍健“爱心午餐”活动上线第一天的 14 分钟，已捐赠淘金币 100 万；34 分钟，参与人数达到 1000 人。到了第二天，捐赠的淘金币数已经到达 1000 万个。

对消费者而言，淘金币是什么？

“在淘宝改版前，淘金币价值几乎为 0。”本次项目策划人之一陈璐直言。淘金币在淘宝上存在已有些年份。起初，作为淘宝网积分的淘金币，只能在淘金币频道通过淘金币＋钱购的方式消费，使用场景有限，用户只能换购特定的商品，并且没有现金价值。相对而言，消费者更青睐于天猫积分和集分宝。也许正是因此，淘金币的公益价值才有了被放大的空间——对于用户来说，顺手捐赠即可，献爱心的同时也实现了它的现金价值；对于淘金币而言，2013 年是淘金币转型的一年，活动是对提升淘金币价值的首次创新尝试。

“我们不以实物现金网上转账等方式，相比之下，捐淘金币降低了捐赠行为的门槛，有利于激发善心。”果不其然，由于参与门槛低、可操作性强且属于正面行为，吸引了逾 9 万人参与其中，慷慨捐“币”。

淘金币是免费的，捐赠是不花钱的，可供传播的话题是天然的……应该说，从一开始此次活动就很好地整合了资源。尽管汤臣倍健隐藏了营销的目的，但它却很好地“借力打力”：

1. 圈住目标客户。有爱心的买家，这群客户参与并认可公益活动后，无形中会成为汤臣倍健提升美誉度的推力。

2. 将店铺优惠券与爱心券同步，巧妙将公益与商业流量互导。每位用户将淘金币捐赠成功后，即可自动获得等额的爱心券一张，10 元爱心券等同于 10 元旗舰店优惠券。只要用户在店铺中进行消费，汤臣倍健即进行二次捐献。在这个环节中，汤臣倍健将领取爱心券放在捐赠之后，而不是限定“在本店消费才可捐赠”的条件，不过度鼓励消费，同时又带动了店铺的流量。

## 紧扣传播要点

在互联网时代，要做好一场传播，需要进行一切可利用资源的合理调配。汤臣倍健在这一次公益活动的传播上也整合了传统媒体、社会化媒体等资源，从而达到传播成本最小化与效益最大化的协同效应。经过这些整合，让品牌的传播成本转化为了品牌资产。

活动开始后，汤臣倍健在阿里巴巴各平台内大力投放广告，呼吁爱心人士进入建立在淘金币平台的公益互动页面参与捐赠活动；同时，免费午餐项目的邓飞、伊能静等多位名人在微博平台也对这次公益活动进行分享，进一步加强宣传公益活动。

8 月 3 日，汤臣倍健提前三周将 1 亿个淘金币募集完毕。经过一段时间的刺激二次公益之后，9 月份，公关传播开始发力。

9 月下旬，汤臣倍健代表、免费午餐发起人邓飞与淘金币小二参与了“百万善款捐赠仪式”。《南方日报》、《羊城晚报》、人民网、凤凰网等国内主流媒体相继对这一事件进行报道。同时，淘金币也为每个捐赠淘金币的用户进行了捐赠仪式相关情况的信息推送，让用户了解自己为公益做的贡献落到了实处。

汤臣倍健在本次活动中创造淘宝网首个将虚拟积分转变成真实善款的慈善活动先例，开创淘宝网独特的公益模式。汤臣倍健官方旗舰店联合淘宝网会员权益部门、支付宝公益，集中优势资源，瞬间引爆活动，整个活动不涉及任何功利和销售性质，单纯从公益出发，号召消费者关注和支持免费午餐项目。

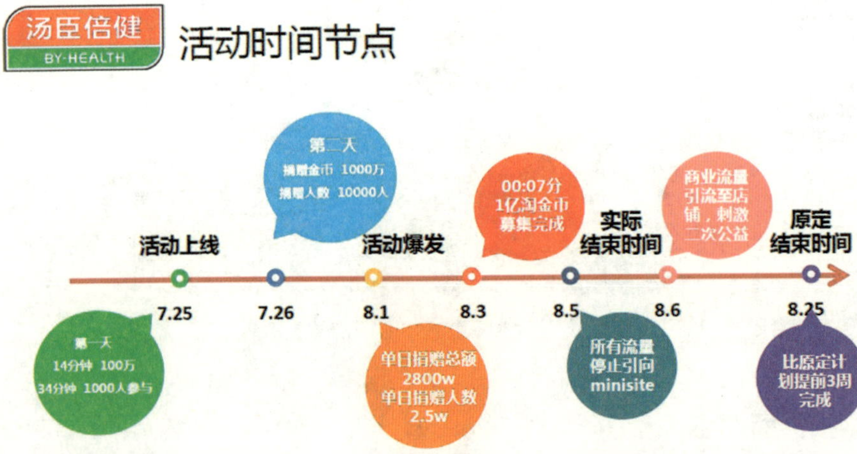


那么这个案例可复制吗？难。一来，有较高契合度的品牌方和公益项目并不容易挖掘。在这个案例中，虽然汤臣倍健与“免费午餐”容易使消费者产生协同联想，但作为出资者，商家花费的成本也并不小；二来，如果非要算计实在的商业回报，肯定有些商家认为投广告更直接，信念不一。

本案可以借鉴的意义在于，用营销的态度做慈善，利用淘金币大大降低了公益的门槛，并结合互联网思维的公益推广在中国目前而言是前所未有的。在汤臣倍健之后，天天正能量陆续推出捐淘金币给山区孩子送圣诞礼物的“有求必应”等一系列相似活动。而汤臣倍健一方面通过打公益牌提升了自己的品牌形象，另一方面通过捐赠同时发放的汤臣店铺优惠券提升了其店铺的销量。

**专家点评**

**点评：夏燕成**

第八至十二届中国优秀广告作品（A）年鉴奖学术界评委，最具眼光评委奖得主；2010年中国艾菲奖终审评委；2012 中国国际创意传播“虎啸奖”评委；2012 年中国网络营销大赛“金鼠标奖”评委；2013 年中国社交网络营销“金蜜蜂奖”评委；台湾《中国时报》广告金犊奖大陆筹备委员会委员及推广老师；第十八届、第廿届金犊奖第一阶段评审委员；第七届中国大学生广告艺术节学院奖评委；第二、第三届中国大学生广告艺术大赛四川赛区评委。

## 广告使生活更美好

**本心**

在数字营销时代，营销的目标似乎越来越简单化地变成了甲乙双方博弈和同干瘪的KPI数据。汤臣倍健与麦优科技携手“用一亿个淘金币 爱一万个孩子”营销campaign，让营销更多了一份人情味。如果越来越多的企业能够从人性善的诉求来制定营销方案，那么广告将会把我们生活的环境塑造得更美好。这也是本案例能够获得“最佳社会责任奖”的最重要原因。

**洞察**

作为一位广告人，如果只是洞察到人性中乐于从帮助别人获得快乐的这一需求，显然是远远不够的。在数字生活不断融合的今天，简单的捐赠行为对于企业的社会责任形象的塑造力量非常有限，缺乏公众的关注度。麦优科技看到了数字时代消费者行为的变化，看到了消费者社群的力量。案例中大量地创造了消费者之间的互动环节，充分调动了二次传播的力量，让这次公关＋营销的双重目标活动效果得到了幂次的提升。在新的消费者社群中，品牌对自己的定义远不及消费者对品牌的认知。品牌通过一次又一次的广告，就想让消费者形成品牌印象的难度已经让许多传统企业不知所措。麦优科技让汤臣倍健在这次活动中很好地利用别人的平台和资源，为自己的公关行为服务。概括起来，这就是品牌应当是社群的导演＋DJ，真正的主角是消费者，品牌只是消费者狂欢走向的把控者。

**亮点**

### 一、成为一次好玩的公益行为的发起人

在“用一亿个淘金币　爱一万个孩子”整合营销案的创意点上，设计了使用淘金币贡献爱心午餐的基本逻辑，既不会使受众为慈善付出太多，又能让受众获得一场慈善盛举的参与感和荣誉感。游戏规则简单明了，易于操作是“好玩”的公益活动的门槛。正因为门槛低，同时又借助微博、微信等社交工具，让慈善行为更多了一份乐趣。同时，麦优在活动视觉系统的设计上也下了不少功夫，激萌的卡通形象和俏皮的宣传标语，让整个参与过程都充满爱意和情趣。

### 二、合理的传播渠道组合设计

在传统媒体日渐式微的今天，只是选择少量的平面媒体曝光增加活动的公信力，而将更多地预算投放到了DSP、网络媒体、社交网络上，使得投放的成本得到控制，媒体组合合理、有效。

### 三、出色的活动效果

从实际KPI上面来看，虽然没有取得具体的预算金额数字，将整体活动ministe（活动网站）的UV成本控制在了5～10元之间，对于一次公益性的品牌公关事件，这不得

不说是出色的。更何况，间接带来的汤臣倍健网店 8 月份的销售峰值，可以说是名利双收。

总体上看，这是一次成功的基于网络社群的公关营销活动，独特的活动设计加上有效的媒介组合是成功的关键。这一切都基于麦优对于营销形式的不断创新，以及汤臣倍健对于社群营销的深刻理解，共同促成了这一优秀的营销案例。

爱心、情趣、参与、共赢，让我们的营销好玩起来！

[本案例荣获 2013 年金麦奖 | 最佳社会责任类 入围奖]

# 以心换新

文 | 陈 晨

**项目介绍**：致康园创建于 2003 年，是一所专为脑瘫儿童提供康复训练及住宿服务的非营利社会福利机构。面对资金的短缺，致康园把线下义卖的方式搬上线，拓宽了公益渠道。

**营销背景**：

· 致康园日常运营经费短缺。

· 提供指导和搭建平台，帮助脑瘫儿童建立战胜病魔的自信。

**营销策略**：

· 把残疾儿童的画作放到淘宝和官方网站售卖，并建立全年运行的义卖网站，一年 365 天，每天一副“心”作品，向全世界传递孩子们身上非凡的精神力量，并将义卖所得作为致康园的一项日常收入。

公益遇上互联网之后，温度直线上升，互联网给它创造了更好的传播条件，也给了它一扇透明的玻璃，不管是付出者还是旁观者，都能清清楚楚看到爱心的动向。不仅如此，公益的形式也在向互联网转型。把线下义卖的方式搬上线，更拓宽了公益渠道。

致康园是由爱国华侨吕舜玲女士 10 年前依靠变卖 2 套祖传洋房建立的脑瘫儿童康

复机构，10年间，变卖洋房的资金所剩无几，现在每月运营都面临着巨大的资金缺口，也缺乏资金购置新的设施。更大的困难在于，训练充满了汗水和痛苦，并且进展缓慢，孩子们需要不断鼓励和支持，来帮助他们坚定信心，坚持康复训练。

在中国，每1000个学前儿童中就有1.5至2个患脑瘫，而学校和公共区域很少预留给残疾儿童，脑瘫儿童的康复之路充满阻碍。不难发现，慈善往往集中于物质上的资助，但物质支助只能缓解一时，只有帮助他们获得战胜困难的能力，才能真正解决问题。通过院长的介绍我们了解到，支持残障儿童坚持训练、战胜病魔的最大动力是能像普通人一样自力更生，所以让他们看到希望，相信自己的能力能够改变生活，才能使他们获得自信。

许多人并不知道，脑瘫孩子的肢体运动能力受到了伤害，但他们的智力跟常人差异并不大。在创意的世界里，不受国籍、年龄、哪怕是身体的限制，每个人都是平等的，都有机会通过自己的力量，让生活变得更好。

因此，不能囿于单纯的捐赠物资，更需要提供指导和搭建平台，让他们感受到，他们比常人并不差，他们也有能力，能为自己生活的环境和身边的人做出贡献。引导孩子用双手画出“心”的色彩，拓展原本局限的义卖渠道，把义卖搬上线。建立义卖网站，拍卖残障儿童的画作。截至目前，已筹得善款98600元。

### 预热进行时

2012年10月16日，率先在上海、北京、青岛三地公司内部展开预热活动，就此次爱心活动作了详尽的推广和介绍，员工们深受触动，于10月19日一起走进致康园，唱歌，游戏，还引导这群孩子们一起完成爱心画作，“地球之心”、“和平之心”、“自由之心”、“成长之心”、“快乐之心”、“热情之心”、“活力之心”，首批画作的每一幅都以“心”为主题，传达出人们心中的爱，温暖、呵护、幸福。

尽管吕舜玲不断地将自己的收入投入到这一事业，但致康园一直入不敷出。“每个月要支出17～18万元，可只有5～6个儿童能缴齐费用，加上社会捐款，每月收入也就是7万元左右。”

为帮助孩子们能够拥有正常的学习生活环境，志愿者们决定帮助孩子们用色彩把自己的智慧和坚强表达出来。“蓝色的树皮，黄色的树干，五颜六色的爱心树叶……”捐赠了先进的教学设备和爱心礼物后，志愿者们指导孩子们完成了 7 幅缤纷的爱心画作。

“每一幅都画出了孩子心中的爱，温暖与欢乐。”由于部分孩子的手指无法灵活舒展，这些画作完成得相当不容易。画作中效果最好、带有朦胧美和抽象意境的画作，是孩子们用自己的五指一个个反复印上去完成的。

7 幅画作将被制成印刷品，与原作一起自 11 月 1 日起在淘宝网上公开义卖，印刷品 100 元一本，画作 2 万元起拍，募集所得都将捐赠给致康园。

紧接着，2012 年 11 月 4 日，值致康园建院九周年园庆，各界爱心人士共聚一堂之际，我们再次来到致康园，展示首批爱心画作，同时进行爱心拍卖，并将筹得的善款当场捐赠给了致康园，让孩子们切身体会到，他们和普通人一样，有能力可以让自己和身边的人过得更好。

## 建立义卖网站

其实，致康园的互联网平台的公益活动本身也早已付诸行动。

2010 年 10 月 25 日，2010 年上海世博会英国馆正式对外宣布，构成英国馆“种子圣殿”外立面的 6 万多根亚克力“触须”，除供给两国的相关植物研究机构外，其余会交与淘宝，进行大型公益团购。这些亚克力管中蕴含着各种植物种子，具有很高的珍藏和纪念价值，世博会期间作为礼品只送给过光临英国馆的国家元首、领导人和 VIP 客人。该次大型公益团购活动的收益总计 263.07 万元全部用于慈善事业，捐献给了上海致康园。

事件性的互联网公益活动只能起到一时的帮助作用，如何既能长久得到经费的帮助，又能给予孩子正面积极的信心呢？建立全年运行的义卖网站也许是不错的选择。一年 365 天，每天一副“心”作品，向全世界传递孩子们身上非凡的精神力量，并将义卖所得作为致康园的一项日常收入。

活动官方网站和淘宝不止停留在捐助，更重要的是为脑瘫儿童收获自信，点燃新的希望。而活动也得到了社会各界的良好反响。此次活动通过微博、网上媒体等平台传递开来，截至目前，已筹得善款 98600 元，在一定程度上缓解了运营资金入不敷出的压力，还为致康园添置了新的设备和仪器。

在作画的过程中，原本害羞沉默的孩子也变得开朗、积极了，每一笔、每一画，专注地传达出他们对生命的热爱与期待。而对于我们最大的收获，就是完成作品的那一刻，看到他们脸上浮现出的天真笑容。

而网友们看到作品后也纷纷感叹，“画技直逼克利姆特”、“关爱他们，反而被深深感动”、“爱就像光，到达对方后反射回来，温暖着自己”，这些温暖的话语，深深地感动了孩子们，让他们对康复产生了新的希望。

目前，义卖网站仍在运行，下一阶段活动正在筹备中。

金麦奖
golden wheat
awards

# 营销趋势

# 泛互联网整合营销趋势

姚　斌：淘宝天下传媒有限公司资深市场总监，《卖家》杂志执行主编，金麦奖执行秘书长。曾任淘宝广告部门创始团队，经历电商营销发展的变迁，关注传统营销和电商营销的融合和发展。微信号：iyaobin。

金　烨：《卖家》品牌总监，毕业于浙江大学广告系，原淘宝皇冠店主，从事互联网营销策划多年，长期供稿于各电商杂志。自媒体：文案摇滚帮，微信号：ideakick。

多年以后，面对五花八门的营销策略，我回忆起当年唾沫横飞地探讨互联网营销的那个下午，他们说传统广告公司将死、传统营销将死，却不能说出他们将死的原因，不能说出互联网营销到底会变成怎样。

就像突然之间全国网民都在缅怀马尔克斯，但没几个人能认真读完《百年孤独》。每个人都在谈营销模式的变革，却不能说出其中的意义。

传统整合营销将企业的品牌理念、产品特点以广告、公关、赞助、促销等各种形式通过电视、报纸、杂志、户外、网站等媒体传达给消费者。传统的整合，整合的是营销手段和媒介。广告公司无非是卖一个创意加N个媒介组合——企业提供一款产品，广告公司头脑风暴一个创意，利用各种媒介传播这个创意。史玉柱提供了脑白金，广告公司策划了“今年过节不收礼，收礼只收脑白金”，然后投放铺天盖地的广告。

传统营销模式下，广告公司本质上卖的是媒体资源，赚取批量采购的差价。而创意是最不值钱的，谁都能做创意，只有好坏之分。好坏又由谁来评价，智力的价值从来都没有一个标准的评估模式，国际惯例是客户满不满意。再差的创意，在铺天盖地狂砸广告的轰炸下，依然能造成全国影响力；再好的创意，没钱投放强势媒体，也只有业内人士关起门来点赞。这个时代，越来越多的企业主倾向于自己做品牌和产品创意策略，广告公司更是越来越沦为媒介资源代理商，从媒体批发资源，转卖给企业主。

互联网为何能颠覆这一模式？互联网整合营销并不是基于互联网平台的营销，而是用互联网思维做营销，所以我们更愿意在前面加个“泛”——“泛互联网营销”，不局限于互联网资源，与传统营销的区别也不只是投放平台的不同，而是完全用另一种思维做营销。

让我们告别想破脑袋做创意，狂砸 RMB 投广告的思路。在互联网思维下，营销具备三个以前不具有的特点：技术驱动、实时实效、互动传播。

人类的每一次进步，都是由技术驱动的，从农业文明到工业文明，源于纺织机发明的生产力进步。在我们所处的信息时代，技术的驱动力更加迅猛。技术对营销模式的革命体现在三个方面：数据采集、媒体形式、生活方式。

技术带领我们进入大数据时代，每个消费者的行为都变成各种数据模型，让企业能够更精准地找到目标群体、掌握目标群体的消费习惯、即时改进营销策略，这些传统营销领域需要大量市调或者根本无法做到的事情，却是一切泛互联网营销的基础。一个最简单的例子是我最近要装修房子，百度搜索装修技巧，从此我打开门户、论坛等各种网站，出现的广告都跟家具家电装修有关。这在电视报纸等传统媒体上是无法实现的，在这个背景下，任何营销策略都将越来越依赖数据分析。

技术也改变了媒体的展现形式，话题不断的无线营销就是完全由技术创新支撑的。2048 这个小游戏大热的时候，一直走在营销界最前沿的杜蕾斯做出了模仿这个游戏的“脱光攻略”，2048 是 2＋2＝4、4＋4＝8，最终累加到 2048，杜蕾斯则是单身＋单身＝搭讪，搭讪＋搭讪＝表白，最终两个人的关系累加到“爱爱”，只要玩到“爱爱”即可获得杜蕾斯的一个惊喜礼品。这个在互联网营销中惯用的互动小游戏伎俩，传统营销却完全无法实现。从 web1.0 门户时代到现在的 web3.0 自媒体时代，互联网技术的进步使传统的单向传播变成了网状、无中心传播，读者变成了用户，媒体在营销过程中不再是被投放的概念，而是互动和自发传播。这极大地降低了媒介的采购成本，作为媒介代理商的广告公司如何不死。

技术对生活方式的革命更是毋庸置疑，近年来对营销策略影响最为深远的就是触屏技术的民用，智能手机让诺基亚倒下了，也会让无数不智能的营销产品倒下。曾经地铁站、热门商圈随处可见的优惠券领取机器，被手机端的大众点评、淘点点代替，随着LBS技术的进步，还会有餐馆去投放实体优惠券吗？技术对生活方式的影响，使营销必须是从产品策划包装就开始深度参与。市场营销策略越来越主导产品的策略，就像新媒体时代，内容必定要为经营服务。不久以后的另一个对生活方式产生革命性影响的技术，我赌一毛钱是物联网，这对营销能产生何种影响，值得所有营销人关注。

在这些新技术驱动的基础上，泛互联网营销天生具备了实时实效的特点。传统媒体投放买时段、买版面，几人看到不可知、几人看到后想购买不可知、几人到店后购买不可知。投放成本高但效果难以监测。奥美的总监说最不喜欢做电商企业的生意，因为他们总会问给你500万你能给我带来多少销量，他只能回答不会亏太多。但互联网营销完全不同，基于大数据技术，投放本身就能针对有需求的人群，大大减少无效展现。而CPC、CPS等收费模式的出现，使投放效果完全可控，投放回报完全可计算。泛互联网营销中的每一个过程都可以实时用数据监控，及时反馈改进策略，营销直接对销售效果负责。不仅在电商领域，整个互联网的营销行为，不讲实效都是扯淡，所以金麦奖只评选实效营销。你说你这个营销只为了提高品牌知名度不需要提升销量，即便是提升品牌知名度，在互联网营销层面，也可以用百度指数、微博话题排名等各种手段监控，任何营销都要对效果负责。互联网的特性和技术，决定了未来的互联网营销必然是以实效为目的的营销。

而媒介形式的多样化又极大地改变了传统传播策略。web3.0时代每个人都是媒体，每个人都可以有品牌，人人即媒体，传播从媒体到人变成从人到人，传播过程呈现无中心、网状化。我们所说的社会化营销，本质上就是通过一个话题或事件的创意，引起用户自发传播，让用户成为你的媒介组合，这带来的结果就是极低的媒体成本，造就极大的全网影响。同时，这改变了传统营销的策略方法尤其是创意策略。

传统营销制定策略的洞察、定位、创意、传播八字箴言模式，在泛互联网营销策略中依然适用，但前期的洞察和定位依赖大量的数据技术。创意不仅是传统的平面创意、TVC创意等广告表现形式上的创意，而是产品、话题和事件、用户体验的创意。

产品创意的发展趋势我认为有三个维度：极致性价比、前沿科技、定制个性化。

小米手机产品本身的极致性价比特性就是一个营销策略的核心，饥渴营销只是一种手段，没有极致性价比的产品，又何来大家都想买却买不到之说。同样的前沿科技产品本身就具有差异性，google眼镜是一个，愚人节几大互联网公司的假新闻产品，搜狗的可穿戴输入手环、百度可以检测出地沟油的筷子，就是未来产品创意的方向。

在互联网全网覆盖的特性下，产品可以做到极致个性化依然有很多人买，所以天猫女装三甲在正常人眼中都是非主流风格，反倒比较大众化的ONLY、欧时力在网上卖得并不算顶尖。

互联网思维下的定制走的则是轻定制路线，可口可乐的昵称瓶只改了标签上印的字，送给韩寒、王石的那颗褚橙不知是从哪棵特别牛逼的树上摘下来的，只是包装上有一句走他们心的文案。互联网思维下的定制创意策略，会逐渐走向这类低成本、走心的轻定制模式，让大规模个性定制成为可能，高成本全盘改变产品还服务不了几个人的定制就让那些钱多得没地方花的土豪去干吧。

泛互联网营销为何多个泛，一是思维模式的不同，二是互联网营销也用到传统营销的资源，但用法不同。去年“双11”三个淘品牌女装茵曼、裂帛、阿卡包日投放了东方卫视的TVC广告，这是传统营销的做法，而这次投放的核心却不是希望这则电视广告本身能带来多大的传播效应，而是基于淘品牌出淘首次投放电视广告、光棍节反其道倡导女性光复单身这两个话题引发的后续传播，最终落点在互联网渠道的话题传播，引起行业KOL和全民的探讨，用户自发传播讨论这个话题，传统媒体自发关注报道。这也是目前互联网企业营销的一个惯用手段，用传统的方式做一件事引起互联网传播，比如小米投放春晚电视广告。而未来，这种形式必然有不同版本的创新，唯一不变的是话题事件创意在互联网营销中的重要性，创造一个话题或事件，引起用户病毒性传播，这是泛互联网营销中的一个大趋势，也是社会化营销的本质。

用户体验伴随着互联网营销出现，产品的用户体验、购买过程的用户体验、营销活动本身的用户体验，都是泛互联营销创意策略关注的点。2014年金麦奖倡导无处不营销的概念，打造的就是金麦奖论坛本身的用户体验，通过会议现场的创意，让参加论坛的观众有别具一格的参会体验。具体我不能说，你来参会就知道。但用户体验上的创意，也是未来泛互联营销在创意策略中不能忽视的一个环节。

在传播层面，传统营销注重消费者接触渠道、媒介投放组合、媒介投放阶段，这些在泛互联网营销中依然重要，但最重要的不是消费者能接触到哪些媒体，而是消费者本身在哪些媒体上。目标群体是豆瓣的用户，我们就在豆瓣上举办活动、开小组，互联网营销的趋势除了接触消费者，更重要的是通过媒体渠道与消费者互动、把握用户自发传播的阶段。泛互联网营销在传播层面不局限于互联网媒体，也不局限于广告投放，它越来越趋向于抱团合作、整合资源、互惠互利。我们看到各种跨界合作，比如罗莱LOVO家纺品牌与兔斯基跨界开发产品，并利用兔斯基的符号进行传播，比如红米手机只在QQ空间预约发售，利用双方的粉丝、广告、公关资源共同推一场饥渴营销盛宴。泛互联营销的传播策略，会越来越弱化媒体采购的环节，更多的采用媒体合作，整合多方强势资源共同推广，实现你帮我卖货、我帮你增加用户的双赢模式。

我们可以大胆地预测，基于数据分析，以产品为核心，围绕用户需求和体验，整合各渠道资源，创造热点话题事件，引导用户主动关注传播，最终转化成实实在在的销量，这种泛互联网整合营销的模式必然成为未来营销的大趋势。这场互联网思维颠覆传统营销的大变革正在进行时，我们期待何时变成完成时。

# 正确认识移动营销

周　翔：微软5年咨询顾问，于2011年创立Kancart移动电商平台，著有移动电商领域第一本专业书籍：《决战移动电商》，《福布斯》杂志中美30位30岁以下明日之星之一，福布斯中国网站开设专栏，PayPal全球移动战略合作伙伴，亚太区移动战略合作伙伴。Kancart目前服务超过8000家零售商，客户遍布亚太地区和南美洲地区。

认为移动电商是下一个金矿，最初的原因是移动流量的不断上升，势必带来相应量的移动订单。之后看到移动设备转换物理世界流量到数字世界流量的潜力后，更是兴奋不已！

但先别忙着兴奋，我们很快发现，这关一帮纯电商什么事情？尤其是如果我们考虑下国内海量中小电商们。对这些电商中的屌丝们来说，移动推广怎么做？

移动互联网虽然是一个全新的领域，大家都是零起步没多久。但是巨头们原有的资源，在移动互联网上都可以继续发挥出很大的作用。移动互联网不是凭空产生、独立存在的，某种程度上来说，移动互联网是先从互联网上衍生出来，再独立发展的。所以这个先衍生的过程中，原有的优势也会被一起衍生。

移动电商对大部分现在的中小电商来说，是一个很好的新渠道，但很难成为下一个增长引擎。他可以带来一定的销售额增长，但是很难期望他成为今后销售额的爆发点。我们需要回归理性和平实。

## 锁定流量来源

移动流量有两大来源：一个是从桌面分流过来的，回到家不愿意开电脑是这种情况。另一个就是随时随地的碎片时间流量。大部分时候移动流量增长的背后其实是同一群用户。

交易额也是从这两个流量来的。对电商来说，桌面和移动是你的两个销售管道。移动虽然不可能成为你一个大的爆发点，增长引擎，但又确实能给你带来实实在在的收入增长。

移动电商和桌面电商其实是针对同一群用户，作用是要让这群用户在原本可能在桌面不会下单的时候在移动上下单，甚至可能有一定重合（就算不在移动上下也会在桌面上下），因为互动接触的机会多了，最后宏观来看能使整体交易额有一定增长。但因为用户的消费力或需求没有本质变化，所以对纯电商来说交易额上也不会有巨大的变化。移动推广，对大多数的电商来说其实没有太大的不同，没有大家想的那么复杂或者和原来的推广有多大差异。只要你拉来流量，移动流量就会自然增长，你的流量中自然会产生一定比例的移动流量。

对不太搞线下活动、没有实体店、没有媒介广告投放的中小型纯电商来说，在移动推广上需要知道，移动对你来说拉新的能力是不强的，就算拉来新，成功完成第一次新用户订单甚至注册账号，但其转化率也不高，毕竟用户体验是他相对桌面的弱项。而移动对你比较有效的是用来活跃老用户。

你可以利用的相对特殊一点的就是一个二维码。设法让你的二维码出现在用户的摄像头前。传单也好，包装也好，视频也好，图片也好，甚至是情人节的礼物用二维码传一段视频给收到礼物的人。二维码不一定是到你移动网站的首页，完全可以到单品，到照片，甚至是直接完成抢购动作之类的。这就可以衍生出很多推广方法了。

另一个是抓住移动的优势——随时随地，把现有移动流量榨干。具体说来就像类似“抢购秒杀”的促销活动。比如晚上 10 点开始的限量抢购活动，用户不可能在 10 点一定能坐在电脑前，这个时候手机的优势就极大地体现出来了。对运营来说，就是提前一周时间做好预告工作，定期找一些理由，不同商品搞一下这样的活动。你的移动流量会被不断放大到极限，并且交易额也会增长。

## 大中小型电商如何做移动推广

大型电商做移动推广和中小型电商做移动推广的目的和方法有比较大的不同。

首先，大型电商推广预算充足，单位的投入产出比例，即使流量的订单转换比例不是第一优先级，也可以大批量采购流量，最终产生的总交易额是最优先考虑的问题。流量质量的高低差别在于，用户这次的访问流量是否对你的产品服务有需求，需求强弱，是否是现在就有需求。目前互联网上搜索关键字的流量质量最高，因为它代表了当时当刻用户的需求内容以及用户已经采取行动在寻找这样的信息、产品或服务。

小型商户需要把有限的预算购买最高质量的流量，以产生尽可能高的投入产出比。比如锁定某件热卖的特价商品的关键字，购买搜索引擎广告投放，或者 SEO，有人搜一次就可以看到一次。还有二次营销的广告效果也很好。这些都是可以控制投入预算但效果又最直接的推广。同时，我们建议大部分情况下不要单独针对移动设备做，而要与桌面移动一起做，这样效果最好。除非你销售的这个商品服务特别适合手机上即时需求的购买，而不太会有人坐在电脑前购买。不能在电脑前购买？有这种情况吗？有，户外的紧急情况，比如车抛锚需要拖车。

社交网络的话题传播也是一个很好的推广方式，从中小商户到大型商户都可以做。但是这个太依赖你设计的话题内容创意比较难复制。你可以坚持一直做，然后付费请人帮你转，但可能 10 次里只有 1 次是可以传播起来的，其他都是很快就停止传播的，平均下来社交网络的话题传播成本也不低。除非你很有想法，特别有才华，才能以比较低的成本传播出去。

自己生产的内容要在社交网络上广泛传播确实有一定难度，好在社交网络现在也都直接推出了付费的广告投放服务。虽然用户在社交网络内不会直接输入关键字，需求不是那么明确和精准。但对于服装、饰品这类商品，它们本来就不是有计划的精准需求，是看到图片觉得好看才可能买的。在社交网络的相关内容页面内投放展示性广告也可以在短时间内带来大量流量。虽然精准度没有搜索关键字高，但是仍然可以用量来弥补，同样可以带来可观的收入。

## 传统品牌零售商移动推广

传统品牌零售商因为有多种线下流量渠道，在移动推广是有特殊优势的。通过移动电子商务打通原本的多条销售渠道后，这些销售渠道内无法立刻转换为订单的流量,可以被引导至其他渠道继续转换，可以从线下渠道导流到线上渠道，也可以从线上渠道导流到线下渠道。

传统品牌零售商移动推广有两个特点，成本极低，目前能产生的总流量相对这些商户的规模来说也较低。成本低的原因是因为这些线下流量是商户已经通过其他方式的成本投入所得到的。目前能产生的流量低的原因是用户还没有这样的使用习惯，需要商户通过其他一些促销活动来引导用户，提高转换比例。但这只是现阶段，随着消费者对智能手机越来越熟悉，以及传统品牌零售商越来越多地进入移动电子商务领域，消费者通过移动与商户互动的习惯一旦形成后，再辅以各种移动销售活动的运营，从移动上带给传统品牌零售商交易金额比重将越来越高。线下传统行业＋互联网思维＋移动将能颠覆每一个传统行业。

最后总结一下移动营销的趋势：

1. 不要把移动营销和原来线上营销割裂开来看，比如搜索引擎这个非常重要的流量来源，目前国内桌面和移动搜索的结果是有密切关系的。邮件营销同样对移动用户有效，记得你的EDM要开始考虑移动用户的体验。

2. 移动营销要沿用发挥线上营销的长处，并积极结合线下媒介来产生更深的互动，建立更长时间的联系纽带。

3. 移动上的硬广除了全屏的效果好些，其他的效果都不太好。屏幕小确实是个致命伤，只有全屏时候才能吸引住用户注意力。

4. 移动上的营销必须是软广，嵌入各种形式的内容中，文章、图片、视频、音频，甚至是APP的栏目冠名等等，润物细无声才是移动营销的王道。

5. 移动营销影响最深远的记住这句话：移动的四感感知能力，可以感应出使用者当前在线下世界所处的环境和他的兴趣点所在，从而分析出使用者当前的潜在需求，将这个线下流量变为一个精准的数字流量，引导给移动数字世界。

# 社会化营销趋势

姚　斌：淘宝天下传媒有限公司资深市场总监，《卖家》杂志执行主编，金麦奖执行秘书长。曾任淘宝广告部门创始团队，经历电商营销发展的变迁，关注传统营销和电商营销的融合和发展。微信号：iyaobin。

自 2009 年新浪微博出现以后，社会化营销在 2010 年被推到了风口浪尖。之所以如此，来自于两方面推动的原因：2010 年，传统企业大量进入电子商务，并处于尝试的初级阶段。这里不得不说“双 11”对促进传统企业进入电商的最后一脚功不可没。在此之前，传统行业的品牌巨头们都还只是在观望。传统巨头对电商的关注为社会化营销的发展起到了非常好的铺垫作用。其次，一直以来为传统品牌开疆拓土的广告代理公司们发现，在电商时代，核心推广资源都在平台手中，他们似乎没有什么故事可说了。但是，微博的出现为他们带来了新的话题：社会化营销＋大数据。通过微博追踪用户的行为关键词，然后进行精准的事件营销。这对还未涉足电商的品牌来说，已经是非常新的理念了。所以，众多服务传统企业的广告代理公司们一起推动了这个新概念。这为社会化营销的发展提供了最生猛的生力军。

社会化营销由传统的事件营销衍生到互联网而来，核心还是事件，但是因为有了互联网的因素。使得相比在报纸、电视等传统媒体里传播的事件发展得更快，更碎片，更多变。如今社会化营销的事件传播渠道已经不止微博，还有微信、来往、秘密等社会化内容平台。通过三年多的发展，社会化营销的手段及成熟度已经相当高了，并在众多营销方式中脱颖而出，成为如今新兴的宠儿。通过去年金麦奖的观察来看，他的趋势表现为：

社会化营销在电商时代的重视程度会越来越高。

因为电商是一个相对封闭的环境，不像传统行业，商业竞争是通过地域来划分的，并且除全国媒体外，每个地域也都有自己的主次媒体，可选范围还是很多的，竞争也是相对缓和，一线城市进不去，可以到二线城市去发展。在电商领域里，能卖货的就这么几个平台，可选范围非常少。虽然电商的流量很高，随着互联网发展的人口红利的消失，每天进入互联网的品牌还在日益增多，导致全国的商业竞争在有限的几个平台内发生。每个平台的营销成本就自然被通过竞价的方式抬高。这个时候，社会化营销因为是通过事件来诱发用户主动传播，中间几乎没有什么推广成本，使得越来越多的企业尝试社会化营销的方式来降低整体推广成本。

另外，从2013年开始，无线电商时代的来临，用户已经越来越多地习惯通过手机去获得信息。企业虽然知道这个趋势，但是能够切入的点非常少。因为无线时代最直接的竞争还是技术驱动的APP之间的竞争，这个和大多数企业似乎没有太大的关系。无线端的投放平台也是从近年才开始出现，而且投放的模式还是相对简单的图片展示或者商品展示，毫无营销手段可言。在无线时代，企业能够切入的似乎只有内容。而内容的高端商业化就是社会化营销。这也符合无线时代的营销趋势。

社会化营销会更注重实效。

电子商务打破了传统商业里传播和销售分离的状态。因为电商平台里，广告和销售都是在同一个平台里完成。传播即有流量，流量即有销量。我们已经很难定义淘宝是一个纯粹的销售平台还是一个媒体，很多社会型事件就是从淘宝这样的平台起步的，比如聚蕉行动。只要是能够向大众传递信息的平台都可以视为媒体。因此，在互联网时代的社会化营销已经不仅仅满足于传播事件，而是通过事件吸引流量，进而产生销量。如茵曼的放鸽子事件，虽然是从他们退出“双11”的事件开始引起大家热议，到引导用户到页面上去玩放鸽子游戏，最终都是为了发放优惠券促使用户到店铺做最终成交。

社会化营销将会跨传统与互联网双线传播。

传统媒体和互联网媒体在未来的传播成本将会趋同，传统媒体擅长的是范围传播，互联网媒体擅长精准传播。为了追求事件的发展效应最大化，会需要尽可能针对精准人群的广泛传播。因此传统和互联网两种媒介可以在事件传播中相互取长补短，整合运用。两种媒介成本的趋同也为这种尝试进行了良好的铺垫。2013年的金麦奖案例中，罗莱的兔斯基案例以及三大女装的光复单身案例都有了相互整合的趋势，相信在未来几年，这种趋势会越来越明显。

在社会化营销的未来趋势里，对企业的营销人员提出了更高的要求。不但要同时了解大众传播和线上传播的特征，还要对企业自身的产品特性相当的熟悉。因为当下的社会化营销还同时具有碎片化和多变的特征，如果要很好地引导事件吸引来的人流成为有购买转化的流量，思考的变量很多。除了事件本身，传播的细节也同样重要。同一个事件，是否针对不同的媒体特性寻找到最佳的表现手法（纯文字、图文结合、视频、页面），是否寻找到正确的传播节点来引爆群体的关注，是否能用正确的文案来赢得目标人群的共鸣，是否能够根据事态的发展不断引导期望的发展，这都是技术活，但是社会化营销的魅力就在于此，一切都规划完毕，就看引爆的瞬间是否足够精彩。

# 2014 年数字营销再定义

无论是传统企业还是互联网企业，把握数字营销的核心，跟上数字营销步伐，都是统一行动。

肖明超：独立商业趋势观察家、知名中国消费趋势研究专家、数字营销专家，自媒体“肖明超—趋势观察”创办人。中国精众营销理论开创者，北京航空航天大学特聘教授，中国娱乐营销传播研究中心首席顾问，被媒体称之为中国消费趋势与营销传播领域的“趋势占卜师“，被《销售与管理》杂志评为“年度最佳营销创新人物”。常年为国际国内500强企业和媒体机构等提供趋势洞察、策略咨询、数字营销与创新传播服务。微信号：trendforesee。

2014年已经到来，这一年，关于“互联网思维”的讨论依然在此起彼伏；这一年，关于移动互联网的争夺依然汹涌澎湃；这一年，关于大数据依然萦绕于耳；这一年，互联网依然有很多热点。无论是传统企业还是互联网企业，把握数字营销的核心，跟上数字营销步伐，都是统一行动，但是哪些是趋势呢？

## 趋势1：品牌加速互联网“转型”

为什么一定要做互联网营销？2013年热议的互联网思维，至今依然还没有停歇。但是，仅仅把雕爷、黄太吉、马佳佳的做法当作是“互联网思维”是片面的。2013年他们博取了很多人的眼球，也引来了争议，也吸引了客流。但是，对于一个企业而言，短期内活得火爆不代表长期可以活得持久，因此，“互联网营销战术”不等于互联网思维，企业对接互联网平台，也不是仅仅做几个牛掰的营销案例就叫懂得互联网了，而互联网世界也不能盲目自大认为互联网无所不能。

2014 年，很多企业会开始思考如何真正地转型为互联网公司，这种转型不是单纯的营销转型，而是真正的后端到前端的转型，从产品研发到营销的完整体系的转型。2014 年初，65 岁的海尔集团灵魂人物张瑞敏在海尔的互联网创新大会上指出，互联网思维是零距离、网络化的思维。在互联网时代，企业内部一旦均衡静止就只能等死。他的结论是，海尔要做并联平台的生态圈，打破企业内外部的边界，当家电产品与互联网相连后，传统家电企业单一的产品销售已失去竞争力。海尔的设想是将每一台家电变成“会思考”的智能终端，实现人与家电、家电与家电之间的互联互通，“海尔一定要做平台，即生态圈”。为此，海尔发布了“智慧家庭”的战略。长虹则提出“家庭互联网”主题，推出全球首个完整实现互联、互通、互控的家庭互联网产品形态，从长虹 CHiQ 电视、CHiQ 冰箱以及即将上市的长虹智能空调，也正在加速中国传统家电制造企业转型，并且搅动了国内智能家电行业的市场格局。

未来，数字化会重新划分企业的势力范围，早投入、早占位就有创新的行业机会。2014 年，传统企业的互联网思维反思和转型是必然的趋势。

## 趋势 2：传统媒体与数字媒体的整合

数字媒体的崛起给企业带来了巨大的营销想象力，涌现出了各种依托于新的数字媒体和技术平台的营销，比如搜索营销、视频营销、微博营销、微信营销、移动互联网营销、RTB 大数据平台等等。

但是，很多企业的传统营销和数字营销却依然是两张皮，线上线下的区隔性依然非常明显。而在企业的营销组合中，媒体应用的多元化却是常态，在媒介 360 与华通明略发布的 CMO 调查报告显示，超过 80%的广告主会在一次典型营销活动中同时使用四种以上的媒体，在多媒体组合营销中，电视、传统互联网、移动互联网和户外广告都是必不可少的组成部分。

企业无论用多少种媒介，最终目的还是要打动消费者，而消费者并非独享线上的世界，消费者在很多传统的媒体和实体世界依然非常活跃。因此，传统媒体与数字媒体的整合、协同与打通成为这两年 CMO 都普遍关心的问题，而两者协同的趋势在未来将会越来越明显。

媒体多元化的整合趋势打破了传统单一依靠或通过某个支持达到营销目的的方式，体现了广告主对加强综合性平台和技术性平台整合应用的实效要求，而技术和媒体结合的使用，提高了媒体的互动性和对用户抓取的黏性。

从 2013 年的大中华区的艾菲奖案例中也发现这样的趋势，哪怕 300 万元以下的营销小投入，也有创意和跨媒介的整合，通过若干节点的整合来达到提升实效的目的，在这样的整合背景下，单是一张平面或一条 TVC 已经无法引起人们的兴趣。今天，大创意不再是一个单独的创意，而是成为一种跨传播平台的组合创意，病毒视频、微博、移动互联网、地面活动等等，所有你能想到的创意形式都可能引发话题，带来无法预计的传播能量。

而在 2013 年的金麦奖的参赛电商营销案例中，这个趋势也很明显，电子商务开始从注重单一的互联网流量和促销，开始转向注重跨媒体的品牌整合营销。参赛的有很多案例是以洞察消费者为核心，来结合网络营销甚至是线上线下整合营销创意来引爆的，而对比发现，这些案例达成的营销效果比单纯仅仅是流量和促销的案例要大得多。

## 趋势 3：企业从输出好品牌到输出好内容

消费者天生不喜欢营销，也不喜欢看广告。数字媒体让信息碎片化加剧，单纯是打人群数量的简单粗暴的营销，正在面临挑战。当人们会因为互联网空间中的一条不好的评论就放弃一个产品的购买的时候，内容变得比任何时候都要重要和有价值。互联网媒体尽管成为传统媒体广告支出的转移者，但是，互联网的广告形式和媒体形式也需要变革，传统的展示型的互联网广告也在遭遇到受众注意力和点击率下降的挑战，内容营销成为一股重要的趋势。

企业利用网站专题报道、视频、博客、信息图、报告、社交网络等方式创造可吸引消费者的各种“内容”以达营销目的是必然的趋势。成功的企业都知道以高质量的内容吸引顾客、建立信任、增加网站流量、促进社交媒体分享，从而产生实际销量，因此，内容营销已不再是锦上添花的一种手段，而是成为有效在线营销的重要基础组成部分。如同某网站营销副总裁所说："现在微博营销对内容的要求非常高，做营销就越来越难，微博营销的成败取决于内容。"大部分 CMO 认为，好的内容和创意是成功营销最关键的因素，53%的 CMO 认为，内容共创对营销越来越重要。

而较之从前，企业需要提供有价值的信息并且让信息便于共享，企业内容有用、有趣且能吸引受众将更为重要。同时，在这一趋势的引领下，原生广告（Native Ads）是新趋势，这类型的网络广告不同于传统的干扰性广告，可整合入网站内容并让消费者自己决定是否观看，Nike、可口可乐、苹果 Adobe 和 GE 都在创作有质量的内容，通过 Facebook，Twitter，Sharethrough，WordPress 的原生广告形式进行分发，广告与公关的界限会在数字时代变得越来越模糊，广告公关化、公关内容化是必然的趋势，品牌内容的输出多少将决定一个品牌是否拥有充足的内涵。

## 趋势 4：从移动支付破局到移动电商裂变

2014 年 1～3 月，嘀嘀打车和快的打车通过大量烧钱的方式拉开了一场争夺市场的激战，从对乘客和司机分别补贴 15 元，最后降低到 5 元，两个打车软件都投入了几亿元以上的成本。

两个巨头为什么要打这场战争，本质是为什么？这不是打车软件的战争，而是一场移动支付的战争。腾讯和阿里不惜代价，利用人们每天都会需求打车的软件入手，让用户用支付宝和微信绑定银行卡，通过教育、引导用户之后，形成移动支付的习惯，加速电子支付替代纸币的速度。这个破局，正在改变传统银行的支付业务形态，例如中信银行推出了"异度支付"，让消费者在实体店购物，只要掏出手机打开异度支付，再输入密码就可以支付，2014 年，在这个领域还会上演更多的争斗。

一方面，移动支付带来的是新的交易路径，支付宝、微信通过对接支付系统，实际上打通了商品信息、货币信息和用户信息。品牌零售业也可以通过与移动支付的嫁接而提升消费者的黏性。例如，北京市百货大楼、东安市场、朝阳大悦城、华联 BHG、银泰百货等企业大规模涉猎微信支付、支付宝，传统零售也正式步入移动支付时代，拉开了零售业 O2O 转型大幕。同时，通过移动支付与会员卡等进行捆绑，吸引“会员”把钱存到商场，让会员产生信任和依赖，从而产生更多消费，提高商场效益。例如，银泰商业集团已与支付宝合作推出了首张可以储值的电子会员卡“银泰宝”，通过手机登陆银泰宝就能享受会员权益，实现快速充值、信息查询、便捷支付等功能。同时，这张会员卡还伴有增利查询功能，消费者在会员卡储值金额后，可获得一定收益。

另外一个方面，解决了实时性便捷性的移动支付问题，移动电子商务的发展也将因此提速，而移动电商的发展不会是简单地由 PC 端向移动端迁移的过程，而将是一场以移动消费者为中心的电子商务模式重构。不论是淘宝、京东等 PC 互联网时代的电子商务强者，还是 O2O 转型的银泰、万达等传统零售巨头，甚至是海尔等品牌厂商，都将成为未来这一市场竞争中的重要参与者。同时，社会化移动电子商务将成为新的竞争焦点，无论是“微博”与阿里电商平台的整合，“来往”和“微信”围绕社会化电商移动入口的竞争等等，都将由于移动支付的发展而带来格局的变化，所有的企业都要思考如何在移动电商平台上重构商业。

## 趋势 5：企业的数字营销，要塑造社会化人格

2013 年是中国自媒体迅速成长的一年，很多人在微信中订阅公众账号，企业也推出自己的公众账号，希望近距离与消费者沟通和联系。2013 年，土漫科技借助三星手表 Gear 刚刚发布之际，利用朋友圈卖掉 2 万块 499 元的智能手表；自媒体人鬼脚七通过拍卖的方式卖掉“双 11”的自媒体广告。这些事实在说明，有人格化的魅力，才能让好创意迅速带来扩散。

2014 年，社会化媒体会被消费者越来越多地使用，以迫使公司快速反应，“社会化营销”被所有 CMO 排在第一位。随着移动互联网的发展，越多越多的消费者通过移动设备来使用社交媒体，来表述问题和抱怨，而不再拨打传统的客户服务电话，呼叫中心将变得过时，或者至少会改变他们工作的模式，带来移动客户服务 APP 的增长，这使得企业必须重视数字化的实时营销。社会化营销的本质是关系，是链接，是建立与用户的

深层关系和持续链接。企业需要思考如何在社交媒体上把自己变成自媒体，建立社会化的人格魅力。

社会化人格还体现在消费者洞察，消费者的更加族群化的素描才能找到与消费者的共鸣点，社会化的营销本质上是回归消费者生活场景，吻合场景的激活的营销。

总的来说，2014 年的数字营销需要被重新定义，今天的营销不单纯只是创意，只是媒体，而变成了洞察、创意、媒体、技术和平台的整合，作为数字时代的企业，必须抓住新的趋势，与时俱进。

金麦奖

golden wheat awards

点评专家团

※ 以下排名按照姓氏拼音首字母顺序排列

冯华魁：自媒体【调戏电商】创始人，国内营销第一刊《销售与市场》渠道版栏目主编，专注报道电商 6 年，写过上百篇实战总结文章，其中《传统企业要做 O2O 必须实行大电商战略》一文开启了传统企业 O2O 热潮；《绫致如何用微信打通 O2O》一文更是在全国引爆微信 O2O。自媒体【调戏电商】现有 5 万粉丝，帐号：tiaoxiEC。个人微信号：huakui007。

胡晓东：祖籍陕西，就读于北京大学、北京科技大学。前后有两次创业经历，曾就职于联想集团，担任联想全球配件产品负责人。2011 年进入移动互联网领域，成为多看科技联合创始人，负责多看公司阅读业务，并与团队一起，在一年半内使多看阅读成为中国移动阅读主流平台之一。长于跨界业务管理，在数字出版与互动娱乐领域有一定造诣。现任阿里巴巴集团数字互动娱乐事业群数字阅读事业部资深总监。

胡志弘：“淘宝天下”—— 一个打造中的枢纽型电商服务平台、一家具有互联网特质的媒体公司的掌门人。潜身传统纸媒 20 余年，与团队共同致力于文化创意、文化创造领域的采访与写作，营造了广泛的影响力。2009 年，推动“以新媒体为核心的全媒体战略”的浙江日报报业集团与中国最大的电子商务平台阿里巴巴集团共同创办纸质新媒体《淘宝天下》后，投身于新媒体，探索传统纸媒的互联网化转型。4 年来，与团队一起成功将《淘宝天下》从最初的单一纸质媒体打造成为拥有“淘宝天下”纸刊、电子刊、官网，“卖家”纸刊、电子刊、官网以及基于大数据营销的 DM“店惠宝典”所构成的、面向淘宝用户和商家的复合型服务平台。

黄　韬：清华自动化系 90 级本科，95 级硕士，毕业后于清华大学任教 3 年。清华大学企业家协会（TEEC）会员。后历任美国信息医疗产品总监，市场副总经理；美国通用无线产品总监、上海公司总经理；2003 年创立飞拓无限，与中国移动合作开展无线互联网广告营销；2007 年创建丽人丽妆，从事品牌授权模式的化妆品零售电子商务，从最初的相宜本草到今天已运营欧莱雅集团、太平洋爱茉莉、联合利华集团、宝洁集团、汉高集团、拜尔斯道夫集团、资生堂集团等众多品牌旗舰店，对于传统品牌开展电子商务有着独到的理念和丰富的经验。

贾　育：中科院软件所博士，电子科技大学特聘教授，江苏省高层次创业创新人才，昆山市领军型创新创业人才，美国卡内基梅隆大学（iCarnegie）授权讲师，台商电子商务“两岸和商网”创始人、总经理，民生银行社交网络总架构师，2005 年中国教育电子公司总工程师、工信部电子发展基金专家。

贾丽军：大中华区艾菲奖执行主席、《创意经济》杂志主编、卓越形象创意产业机构（EXISCHINA）CCO 首席创意官。

金　光：资深电子商务专家，前阿里集团大客户部营销专家。

刘　琪：自媒体人，新商业观察者，福布斯中文、百度百家、钛媒体等媒体专栏作家，原《IT经理世界》杂志编辑、电商产品线总监。自媒体“刘琪的商业观察”（微信ID：liuqi-guancha），是一本微电商与族群商业的深度读本，以原创深度解读文章为主，粉丝数万，主要聚焦移动互联网下的电商与互联网化变革，以及消费与技术变革下的族群商业实践。

庐陵子村：原名彭勇，江西吉安人。互联网从业者，专注于社会化营销及新媒体公关。出品自媒体品牌（书客），微信号：shukewenzhai。

朴世桓：杰尔鹏泰电商事业部总经理。2003成均馆大学，经营学博士；2004成均馆大学，研究教授；2005碧珍(中国)日用品有限公司，总经理；2008 OpenTide China，广州分公司总经理；2012 Cheil OpenTide电子商务事业部总经理。釜山广告节、国内唯一电商奖“金麦奖”评审、高峰论坛特邀演讲嘉宾。
在电子商务及品牌跨界领域拥有10多年的实战经验。

苏　然：妙创意电商品牌设计有限公司联合创始人，南慕家族、淘宝3C配件TOP副总经理，mooke品牌总监，曲美家具集团顾问，网商动力、京东大学、优米网等多家培训机构讲师。

王　东：资深传媒人，曾任职华商传媒集团、第一财经传媒，历任《钱经》杂志出版人、《好运Money+》杂志执行总编辑等职务。长期以来关注传统媒体转型、新媒体发展、电商媒体、社会化媒体营销、大数据营销等领域。

王子乔：资深互联网营销人，极客潮流品牌Ctrl+创始人，自媒体人。硕士研究生，毕业于中国传媒大学广告学院，先后供职于阿里巴巴、百度和腾讯市场部，横跨BAT三座大山，深谙互联网公司文化，主业互联网公司市场营销工作，副业经营微信公众账号：东乔西看（PrinceQiao），秉承独立视角，站在科技与人文的边缘，带你东瞧西看互联网风云，奇趣营销，麻辣影评，行走在路上的风景。相信科技与人文的结合才是最美好的事。

魏武挥：知名博客ItTalks，新媒体的实践者、研究者和批判者，多家科技媒体专栏作者。微信号：ittalks。

吴孝明：Jeffrey Wu，资深数字营销专家，前新意互动广告公司总裁，上海复旦大学国际关系博士,近 20 年的广告公关行销顾问经验，是广告传播界资深的专业经理人。连续五年被评为“AD100 年度风云人物”，并获得“2010 年度中国创意传播领袖人物奖”、2010 年与 2011 年“影响中国广告业年度人物”、2012 年“年度网络营销最具魅力男性”等称号。

夏燕成：第八至十二届中国优秀广告作品 IAI 年鉴奖学术界评委，最具眼光评委奖得主；2010 年中国艾菲奖终审评委；2012 中国国际创意传播“虎啸奖”评委；2012 年中国网络营销大赛“金鼠标奖”评委；2013 年中国社交网络营销“金蜜蜂奖”评委；台湾《中国时报》广告金犊奖大陆筹备委员会委员及推广老师；第十八届、第廿届金犊奖第一阶段评审委员；第七届中国大学生广告艺术节学院奖评委；第二、第三届中国大学生广告艺术大赛四川赛区评委。

肖明超：独立商业趋势观察家、知名中国消费趋势研究专家、数字营销专家，自媒体“肖明超 - 趋势观察”创办人。中国精众营销理论开创者，北京航空航天大学特聘教授，中国娱乐营销传播研究中心首席顾问，被媒体称之为中国消费趋势与营销传播领域的“趋势占卜师“，被《销售与管理》杂志评为“ 年度最佳营销创新人物”。常年为国际国内 500 强企业和媒体机构等提供趋势洞察、策略咨询、数字营销与创新传播服务。微信号：trendforesee。

杨风召：南京财经大学国际经贸学院教授，复旦大学博士，澳大利亚悉尼科技大学访问学者，多次在江苏电视台和南京电视台担任电子商务节目评论嘉宾。研究方向为电子商务、商业智能和互联网广告。主持或参与国家 863 项目、国家自然基金项目以及省部级项目等 20 多项，政府咨询和企业委托项目 30 多项。在国内外重要刊物以及国际会议上发表论文 20 多篇。出版教材 4 部、专著 2 部。获省部级科技进步奖 2 项，市级科技进步奖 5 项，市级优秀自然科学论文三等奖 2 项。

姚 斌：淘宝天下传媒有限公司资深市场总监，《卖家》杂志执行主编，金麦奖执行秘书长。曾任淘宝广告部门创始团队小二，经历电商营销发展的变迁，关注传统营销和电商营销的融合和发展。微信号：iyaobin。

叶茂中：叶茂中营销策划机构董事长，2008 年荣获国家工商局颁布的中国广告 30 年突出贡献大奖、中央电视台策略顾问、清华大学特聘教授。

俞　雷：知名营销专家、财经作家和高级职业经理人。曾任职于世界500强企业玛氏中国和欧莱雅中国，并曾任贝因美集团全国销售总监，喜临门家具股份有限公司副总裁。著有《最糟糕情况下的营销》、《逃离外企》、《公司名利场》和《追寻商业中国》。

禹　雷：高端女鞋中国第一品牌sheme董事长助理，国际艾菲大中华区执委会顾问，中国经典传播虎啸奖终审评委。在香港大学中国商业学院主修"零售管理与购物者营销"专业。曾任通灵珠宝股份公司营销总经理；中国第一个O2O商场天猫爱蜂潮主要创始人、副总裁；任中国本土公关TOP10迪思公关总经理期间实现历史最佳业绩；任新华社财经记者期间第一个报道中国房地产进入拐点，新华指数重要推广成员。

张　璐：氩氪互动总经理 新锐数字营销人。商业管理学士，上海交通大学市场营销及电子商务MBA。上海交通大学网络营销客座讲师。对互联网传播，电子商务，无线营销有丰富的实际操作经验，曾多年就职于麦肯光明、恒美等多家国际化广告公司，从传统广告到新媒体营销都有独到的见解，并且拥有扎实的营销理论和多门类客户的服务经验。长期服务LVMH路威铭轩,McDonalds麦当劳，SEPHORA丝芙兰，Avene雅漾等国内外知名客户。

周　翔：微软5年咨询顾问，于2011年创立Kancart移动电商平台，著有移动电商领域第一本专业书籍：《决战移动电商》，《福布斯》杂志中美30位30岁以下明日之星，福布斯中国网站开设专栏，PayPal全球移动战略合作伙伴，亚太区移动战略合作伙伴。Kancart目前服务超过8000家零售商，客户遍布亚太地区和南美洲地区。